shi xiang jia
师想家

JIAOYU JINGDIAN MINGZHU JIEDU

教育经典名著解读

——助力一线教师快速成长

杨志刚　汪啸波　胡欣红　著

山西出版传媒集团
山西教育出版社

图书在版编目（CIP）数据

教育经典名著解读 ：助力一线教师快速成长 / 杨志刚等著. —太原 ：山西教育出版社，2024. 6

ISBN 978-7-5703-3782-8

Ⅰ. ①教… Ⅱ. ①杨… Ⅲ. ①教育学-著作-简介-世界 Ⅳ. ①G40

中国国家版本馆 CIP 数据核字（2024）第 062978 号

教育经典名著解读：助力一线教师快速成长

JIAOYU JINGDIAN MINGZHU JIEDU：ZHULI YIXIAN JIAOSHI KUAISU CHENGZHANG

责任编辑 康红刚
复　　审 陈旭伟
终　　审 康　健
装帧设计 宋　蓓
印装监制 蔡　洁

出版发行 山西出版传媒集团 · 山西教育出版社
（太原市水西门街馒头巷 7 号　电话：0351-4729801　邮编：030002）
印　　装 山西聚德汇印务有限公司
开　　本 720×1020　1/16
印　　张 16. 25
字　　数 237 千字
版　　次 2024 年 6 月第 1 版　2024 年 6 月第 1 次印刷
书　　号 ISBN　978-7-5703-3782-8
估　　价 58. 00 元

序言

看到多远的过去，
就能看到多远的未来

这些年，有不少一线教师向我坦言，自己似乎在教书育人中陷入了“莫比乌斯带”陷阱：当你尝试前行时，却在侧面绕圈子；以为进入圈内时，却发现身处圈外。

每每这时，我都会推荐给他们一些教育名著让其阅读。日月忽其不淹兮，春与秋其代序。总有一段文字影响生命的成长，总有一本书陪伴我们度过特别的时光，总有一个故事留下抹不去的痕迹。在阅读中，我们都会明白这样一个道理：经历时间沉淀，才能厘清历史的坐标；站在高山之巅，方能领略河流的奔腾。

进入新时代，越来越多的人习惯于走马观花、一目十行，时间以一种看上去被节约了的方式浪费着。至于其他看似高效便捷但副作用是令人渐渐心浮气躁或思维怠惰的事物，更是不胜枚举。如何在万马奔腾里稳住自己的内心节奏，如何在人声鼎沸中保有自己的思考和脚步，成为我们每个人所面临的考验。

“鉴往而知来”，发现时代变迁的大势，追寻历史演进的规律，这一直是中国传统文化中对历史功能的认知。当代一位学者说得更为具象：“历

史能使人们对过去和现在的事情作出合理的解释，又能对将来的事情作出合理的推测。”

尤其是在眼下教育正处于“深刻变革、深刻变动、深刻调整、深刻变化”的时代，滚石上山、爬坡过坎，难免会有种种矛盾，带来种种困惑。从哪里来，往何处去？正如不少教师所说，每天读一点教育名著，感受前人的教育精神，吸收前人的教育智慧，增进自身的教育经验，体悟教育的发展规律，或许会在面对教育问题时形成许多不同的解决方案。

中国教育学会名誉会长顾明远先生就特别主张教师要读点教育名著。教育是科学，当前脑科学、人工智能等都对教育产生了革命性的影响；教育又是人文艺术，要靠经验的积累，历史的经验不可少。他认为，读点教育名著可以了解历史上人才培养中的得与失、经验与教训，使教育在传统和创新的交替中不断发展。

在北京师范大学“京师学者”特聘教授、教育学部学术委员会主席檀传宝看来，努力追求广博的知识结构、良好的学科专业素养、完善的教育专业素养，是“好教师”应有的三种修炼。而要完成这三种修炼，阅读是根基。

“欲知大道，必先为史。”教育者要了解教育史，探索教育规律的宝贵财富。本书收集、编选了古今中外对教育有突出贡献，特别是对今天我国教育改革有启发意义的教育名著，并总结了丰富的教育经验，揭示了教育的许多真谛。比如，化民成俗其必由学、尊师重道、建国君民教学为先、富而教之等教育发展的规律，温故知新、学思结合、知行合一、手脑并用、博学明辨审问慎思笃行等学习的规律，禁于未发、藏息相辅、循序渐进、因材施教、循循善诱、长善救失、举一反三、教学相长、不陵节而施、不拔苗助长等教学的规律。

“经”是经久不易之书；“典”是规范神圣的典册。本书精挑细选 15 本中外教育名著，穿越历史烟尘，回到历史情境开展对话，让哲人的思想光辉照进一线教师的精神世界。本书精心设计解读版块，从作者简介、写作背景到经典名段、解析导读，犹如在知识的上空升起了一个据点，将分散的知识重新链接和架构起来，让教育经典从书中走出来，从而不断助推一线教师提升知识素养、拓展育人视野、厚植职业情怀，因而可以说这真是一本不可多得的供教师专门阅读的必备书籍。

全书打破了以往教育史书追求大而全的系统性呈现方式，力求突出不同教育时期的特点，好读易懂，通过介绍经典教育人物、教育事件、教育制度等以点带面地展开叙述。在我们看来，任何改革和理念都不是空穴来风，都是在前人的探索和积淀中诞生的。从教育史上有代表性的人物与事件中，教师往往能找到今天的改革之源，从而更深切地领会新课程的价值追求，做继往开来的传承者。

纵观当下，一些学校习惯打着改革创新的旗号，无视教育规律和原则，搞五花八门的所谓教改，“专家”们发明了各种教学模式，从过去的“杜郎口模式”“导学案模式”，到前些年的“衡中模式”“翻转课堂”“5+2模式”“思维导图模式”，再到如今的项目化学习、大单元教学设计等。每个理论都会在实施几年后，被新的概念所取代，其变化之快和众多“实名无疆”的名词让人琢磨不透。而且，不管是教改模式还是教学理念，往往只停留在表面，只看到冷冰冰的“分”，而无视活生生的“人”。

细细梳理《教育经典名著解读》，我们可以清晰地得到这样的脉络：教育应当启人智、润人心，应当适其性、扬其才。从孔子提倡的“有教无类”和“仁者爱人”，到柏拉图的“育人为本”和“灵魂教育”；从卢梭的自然主义教育思想，到经亨颐倡导的“成才必先成人”；从杜威的教育即生长、生活、经验，到陶行知的生活即教育、社会即学校、教学做合一……书中这些杰出的教育家都以自己的独特方式倡导回归人本的教育宗旨，积极开展各具特色的务实兴学探索，谱写了不同时期教育改革深度求索的华美乐章。

立足当下，深入推进“双减”、高水平大学建设、普惠性人力资本提升等重点工作，一系列重塑教育生态的变革正在轰轰烈烈地进行，不管是夯实学校教育主阵地作用、深入推进“五育”并举，还是解决教育领域党中央关心、群众关切、社会关注的急难愁盼问题，都需要我们从历史中汲取智慧与力量，不断提升历史素养、增厚历史底蕴，遵循教育规律、教学规律、人才成长规律，在更好满足人民群众对更高质量教育期盼中赓续奋斗，体现新担当，展现新作为。

你能看到多远的过去，就能看到多远的未来。着眼长远，传承红色根脉，推进教育现代化，破解“卡脖子”“卡脑子”“卡嗓子”的问题，为中国式现代化建设梦筑基护航，更需要广大教师通过学习历史上的教育名著来增强内心信仰、明确前行方向、传承师者精神，心怀“国之大者”，精于“道术”“学术”“技术”“艺术”，深耕细耘“为党育人、为国育才”的责任田。

历史上的教育名著犹如一个个“燃灯者”，照亮整个教育的天空。我们在其引导下，亦可做一个个、一群群、一年年、一代代的“燃灯者”，去传递教育的理想和真义：把孩子当成独立的个体，耐心陪伴孩子成长，努力发掘他们身上的优势和每一次进步，既尽力而为，也顺其自然，让孩子们看见一个最好的自己！

浙江教育报刊总社副社长、副总编　杨志刚

目录

目录

《理想国》

一、柏拉图简介：极富传奇色彩的一生

开学的第一天，苏格拉底对学生们说："今天我们只学一件最简单也是最容易的事，你们把胳膊尽量往前甩，然后再尽量往后甩。"苏格拉底示范了一遍，接着说："从今天开始，每天做300下，大家能做到吗？"

学生们都笑了，这么简单的事，有什么做不到的？过了一个月，苏格拉底问学生们："每天甩胳膊300下，哪些同学在坚持着？"有90%的同学骄傲地举起了手。

又过了一个月，苏格拉底又问。这回，坚持下来的学生只剩下八成。

一年以后，苏格拉底再一次问大家："请告诉我，最简单的甩胳膊动作，还有哪几位同学坚持了？"这时，整个教室里，只有一人举起了手。这个学生，就是后来成为古希腊大哲学家的柏拉图（前427—前347年），他和苏格拉底、亚里士多德并称为"希腊三贤"。

柏拉图的一生，极富传奇色彩。

公元前427年，柏拉图出身于雅典的贵族家庭，在家中排行老四。在

他很小的时候，父亲就去世了，母亲是公元前5世纪著名的政治改革家和诗人梭伦的同族。

柏拉图早年接受了良好的教育，锻炼了强健的体格。据说柏拉图原姓阿里斯托克勒，因为体格强健，老师让他改名柏拉图，希腊语表示“宽广的身体”之意。

柏拉图有着出色的学习能力，加上才华横溢，因而古希腊人称之为阿波罗之子。据传还是婴儿的时候，曾有蜜蜂停留在柏拉图的嘴唇上，所以他的口才“甜蜜、流畅”。

柏拉图起初打算继承家族传统而从政，但后来情况发生了变化。在与斯巴达的战争中，雅典民主制政府失利，随即“三十僭主”上台执政。“三十僭主”转而又被新的代议制政府取代。

公元前407年，20岁的柏拉图跟随苏格拉底学习，此前曾向克拉底鲁学习赫拉克利特哲学，后跟随赫莫根尼学习巴门尼德哲学。据说，他一度还对戏剧颇感兴趣，但有一次，他给苏格拉底看自己写的剧本，却当场被否定，从此死了心。

公元前399年，恩师苏格拉底受审并被判死刑，柏拉图对现存的政体完全失望，于是开始长达12年之久的游学。

柏拉图先到邻邦墨加拉，从那里渡海去北非，先后到过希腊殖民城市昔伦尼和金字塔之乡埃及。然后来到南意大利，在那里接触到毕达哥拉斯派门徒如阿基达等，这些人知识丰富，对哲学有着执着的信念。游学期间，柏拉图赢得了很多志向远大、才能出众的青年的敬佩，其中包括狄翁，他是统治叙拉古的狄奥尼修一世的女婿。

公元前387年，40岁的柏拉图迎来了命运的转折点。他结束游学返回雅典，并在雅典城外西北角创立了自己的学校——柏拉图学园，这所学园成为西方文明最早的有完整组织的高等学府之一，是中世纪时在西方发展起来的大学的前身。学园坐落于一处曾为希腊传奇英雄阿卡德摩斯住所的土地上，因而以此命名。学园存在了900多年，直到公元529年被查士丁尼大帝关闭为止。学园受毕达哥拉斯思想的影响较大，课程设置类似于毕达哥拉斯学派的传统课题，包括算术、几何学、天文学以及声学。学园培养出了许多知识分子，其中最杰出的是亚里士多德。

柏拉图一边著书，一边教学。他在阿卡德米的入口处写了“不懂几何学者勿入”的字样，告诉人们，没有几何学的知识休想登上柏拉图的学术殿堂。这也是西欧科学史上值得纪念的事件。在柏拉图出生的时候，有志青年只能靠外来“智者”的巡回讲学接受“高等教育”；而在50年后的雅典，一些有志青年却从各地蜂拥而来，向柏拉图求学问道。由于柏拉图的出色组织和指导，当时的许多数学大师，如克尼特斯和尤多克索带领着各自的学生投奔而来。

柏拉图的著作大都是以对话形式写成的，主要有《克利托（同）篇》《普罗塔戈拉篇》《高尔吉亚篇》《斐多篇》《菲德罗篇》《智者篇》《法律篇》《共和国篇》（即《理想国》）等。

在此期间，柏拉图曾经有3次西西里之行，他试图把政治理想付诸现实，但均以失败而告终。

第一次是公元前387年，柏拉图到达西西里岛，在叙拉古宫廷会见僭主狄奥尼修一世，宾主交谈并不投机。僭主信奉军事实力，柏拉图谈论唯心论哲学，结果不欢而散。

第二次是公元前367年，柏拉图应戴昂邀请，去叙拉古担任新即位的狄奥尼修二世的教师。

第三次是公元前361年，狄奥尼修二世再邀柏拉图前往叙拉古，结果仍不顺利，败兴而归。最后在返回途中被人卖为奴隶，幸得熟人慷慨解囊帮他赎身。

除了荷马之外，柏拉图也受到许多作家和思想家的影响，包括毕达哥拉斯所提出的“和谐”概念以及阿那克萨戈拉教导苏格拉底应该将心灵或理性作为判断任何事情的根据；巴门尼德提出的连接所有事物的理论也可能影响了柏拉图的关于灵魂的概念。

60岁时，柏拉图迎来了一生中最大的一次冒险活动。叙拉古的狄奥尼修一世去世了。他30岁的儿子继承了王位，称为狄奥尼修二世。当时叙拉古正面临着迦太基在西西里西部扩张的威胁，叙拉古的铁腕人物狄翁是新王的姐夫，年轻的新王因为长期生活在奢侈的宫廷中腐化堕落了，狄翁对叙拉古的未来忧心忡忡。于是他请求他仰慕了20年的柏拉图做狄奥尼修二世的导师，而柏拉图也将这种邀请视为对自己关于政治权力与科学思想相结合的观点进行实验的一次良机。这样，柏拉图接受了狄翁的邀请。

柏拉图以"纯真"的信念开始了对叙拉古国王的教育，狄奥尼修二世也很快与柏拉图亲近起来，全身心投入到几何学课程中，这给柏拉图和狄翁带来了信心，几何学一时成为宫廷中的时尚。但是，也许狄奥尼修的性格太懦弱，也许心灵的教育开始得太晚，也许嫉妒的恶魔并不会随着"纯真"的闯入而退出，不久，情况逆转，狄翁被放逐，柏拉图被迫返回雅典。可是，柏拉图仍然同狄奥尼修二世保持着通信联系，同时劝说他和狄翁和解。然而，不劝还好，这一劝反而让狄奥尼修二世变本加厉，不但没收了狄翁的个人财产，而且还强迫他的妻子改嫁。看到如此局面，柏拉图很痛心，但他还想最后试一试，于是他再次航行到叙拉古。可是，他的希望再一次落空了，而且狄奥尼修二世的侍卫还仗势欺人，打压柏拉图，后来在友人的帮助下，他才脱离险境，返回雅典（公元前360年）。柏拉图这才放弃了培育"哲学王"的试验，潜心于讲学和著书。

直到公元前347年，柏拉图在参加一次婚礼的宴会上无疾而终，享年80岁。

柏拉图死后，被埋在自己的学园内。他所创立的学园由门徒主持代代相传，继续存在了数个世纪之久。

若在当代，柏拉图肯定是一个"网红"。他有强健的体格、宽阔的肩膀、高高的鼻梁、深邃的目光。他的“理念论”推动了西方科学的发展和进步，他的“柏拉图式恋爱”观至今令很多人神魂颠倒。

二、写作背景：50岁后才能踏入这一境界

柏拉图跟随苏格拉底学习哲学长达8年。在这期间，雅典国内局势剧变，先是伯罗奔尼撒战争中雅典战败，失去希腊霸主地位，继而“三十僭主”推翻了民主政治，统治了雅典8个月，倒行逆施，民怨甚大，后来民主派重新夺回政权，重建雅典的民主制，却以不敬神和毒害青年的罪名处死了苏格拉底。

这一系列的事件对柏拉图的人生产生了非常大的影响，他在《第七封信》中写道，这三件事发生后，“我思考所有这一切，思考治理国家的人以及他们的法律和习惯……直到最后我得出结论：所有现存的城邦无一例外都治理得不好，它们的法律制度除非有惊人的计划并伴随好的运气，不然是难以医治的。从而我被迫宣告，只有正确的哲学才能为我们提供分辨什么是对社会和个人是正义的东西。除非是真正的哲学家获得政治权力，或者是出于某种奇迹政治家成为真正的哲学家，不然人类就不会看到好日子”。这段文字实际上说出了柏拉图创作《理想国》的原因和意图。

《理想国》中的对话发生在公元前422年，也就是伯罗奔尼撒战争的中期。而当公元前375年左右柏拉图开始创作《理想国》时，时间已过去了近50年。也就是说，《理想国》中的对话内容只是柏拉图根据一些传闻独立创作的。

《理想国》写于柏拉图的第二次意大利之行之前。根据某些学者推断，该书写于《泰阿泰德》之前，因为后一著作中明显包含了一些暗示《理想国》的地方。它很可能写于《斐多篇》之后，因为在《理想国》第十卷中，苏格拉底说，昔日他们对有关灵魂不朽的问题已有过全面的讨论。此外，在《理想国》第八卷中，苏格拉底慎重地指出，哲学的最终目的是认识“美好”，一个人只有到达50岁后才能真正踏入这一境界，对于毕生研究哲学的人来说，这话指的可能就是柏拉图自己。根据学者们推算，写这部著作大约花了柏拉图数年的时间。

三、《理想国》:“半部西方哲学史”

（一）内容介绍

纵观《理想国》全文可以发现，这本著作的叙事方式是基于人物的对话与辩论而进行的。

全书的开头部分如同朋友的闲聊，读者可以轻松地跟上他们的脚步；而穿过了这个序幕，读者被渐渐地带到了一片晦暗茂密的森林，其中充斥着深奥的形而上学以及辩证法，许多地方让人百思不得其解；当穷尽了这片森林，突然迎来了一个通俗易懂的神话故事，仿佛来到了一片让人歇脚的草坪。

柏拉图的《理想国》一书中，柏拉图借苏格拉底之口与他人探讨正义，分析个人正义与城邦正义之间的互通性及其交融与矛盾之处，十分系统地阐述了柏拉图心中对于正义的理解与概念，蕴含着柏拉图心中设计并展望着的理想国的宏伟蓝图，在书中展现了一个柏拉图式的“理想国”才能真正实现的正义。

柏拉图在《理想国》中以故事为题材，叙述苏格拉底到贝尔斯祷祝，归途被派拉麦克邀往家中，宾主滔滔不绝谈论起来。两人的辩论从多个角度暴露了奴隶主阶级的哲学思想、政治思想、艺术思想及教育思想。故事中的苏格拉底是虚拟的、假托的，实际上就是柏拉图的代言人。文中借苏格拉底之口和人讨论正义，分析个人正义与城邦正义之间的互通性，系统地阐述了正义的概念。柏拉图设计并展望着心目中理想国度的蓝图，提出在“理想国”中才能真正实现正义。

《理想国》共十卷。

第一、第二卷讨论公道正义问题。在柏拉图的思想中，国家的建立是为实现公道正义，因而这一观念贯穿了《理想国》全书。

从第二卷后半部分到第三卷，讨论卫国者的教育，也是执政者的初级阶段教育。第二卷探讨了个人、城邦与教育问题，涉及了《理想国》中一个著名的隐喻故事——隐身人隐喻（即盖吉斯的故事）。第三卷探讨了虔敬、勇敢与节制三种德行，还对音乐教育与体育、城邦统治者的选拔、人的起源等问题进行了辩论。本卷涉及了《理想国》中另一个著名的隐喻故事——高贵的谎言（即人为大地之子）。

第四卷讨论教育的效能与领导，还谈及节制、勇敢、睿智、正义等的意义。

第五卷讨论学前教育和妇女教育。主要涉及妇女是否可以成为城邦护卫者的问题以及护卫者中的“共有”情形、哲学与哲学家的概念问题。

第六、第七卷讨论哲学家的培养，也就是执政者的高级阶段教育。第六卷进一步强调真正哲学家的本质，探讨了哲学家为王的原因、哲学家教育与善的关系。本卷涉及了《理想国》中另外两个著名的隐喻故事——太阳隐喻（即太阳与善）和线段隐喻（四个世界）。第七卷探讨教育中的影子与现实问题，涉及了《理想国》中又一个著名的隐喻故事——洞穴隐喻。

第八、第九卷谈论政体。在苏格拉底看来，非正义城邦的出现是正义城邦堕落的结果。而堕落的初始原因是统治者对生育时节的选择错误，进而导致不优秀的子女进入统治阶层。

第十卷谈论艺术。这一章里主要论述了两个主题：应该把诗人逐出理想国和正义者将在死后得到神的报酬。本卷对诗歌只能模仿而不能把握真理的表述方式进行了批判。本卷涉及了《理想国》中又一个著名的隐喻故事——厄尔隐喻。

任何以实物为载体的隐喻都包括两方面的意思：一是事物本身所代表的意思，二是它的象征意义。《理想国》中涉及蕴意深远的六大隐喻：隐身人隐喻、高贵的谎言、太阳隐喻、线段隐喻、洞穴隐喻、厄尔隐喻。其中最著名的有以下三个。

洞穴隐喻。他把一个国家比作一个深黑幽暗的洞穴，那些不懂哲学的人就好像是被监押在洞穴里的囚犯，他们被绑住而不能动弹，面对着墙，只能看着由背后的熊熊火光所投射到墙上的幻影。当有些人脱离了捆绑的束缚，能有机会走到洞穴之外一探究竟，虽然当他们刚走出洞穴时刺目的阳光将使他们产生暂时的不适应，但是等眼睛适应了光线，他们将会发现一个真实而绚丽的世界。哲学家要做的是启迪人民，擦亮他们的双眼，看见现实生活之上那个真实的世界，看见知识和善。从这样的观点来看，哲学家才是城邦最好的治理者。

线段隐喻。知识是关于存在的事物的知识，而无知却和不存在的东西相关；意见处于知识和无知之间。柏拉图为了区分意见和知识的对象，他在《理想国》的第六卷中描绘了一条不均等分割的线段，而不等长的线段的每部分又被不等长的线段再次分割。第一次分割成的两个部分分别是知识与意见的对象；意见的对象又被划分成可见物体与他们的影子或映象；知识的对象被划分为思想和数学对象。于是这样一条令人费解的线段就形成了。

太阳隐喻。柏拉图用太阳比喻人类理念，即世界中的最高原则——善。柏拉图认为所有的事物或理念都要趋向于这个善。在可见世界里，太阳是我们的眼睛，是我们之所以能感受万事万物的原因，而在另一个理念世界，万物能获得理念世界的知识，也是因为某种本源性的东西存在，这个本源是最高的存在，就像太阳一样，这个理念世界的太阳叫作善。在原文中，苏格拉底说："眼睛所具有的能力作为一种射流，乃取自太阳所放出的射流。”

柏拉图是古希腊伟大的教育家、数学家，是西方客观唯心主义的创始人，其哲学体系博大精深，对其教学思想影响尤甚。正如R. 波普尔所说：“柏拉图著作的影响（不论好歹）是无法估计的。人们可以说，西方的思想，或者是柏拉图的，或者是反柏拉图的，在任何时候不是非柏拉图的。”

英国哲学家怀特海说：“一部西方哲学史不过是对柏拉图哲学的一系列注脚而已。”在罗素看来，“柏拉图和亚里士多德是古代、中古和近代的一切哲学家中最有影响的人；在他们两个人中间，柏拉图对于后代所起的影响尤其来得大”。朱光潜认为，“《理想国》是西方思想的源泉，也是我向青年推荐的西方哲学著作”。

《理想国》一直占据西方大学图书馆借阅榜第一位，被称为“西方知识界必读之书”。

（二）意义和作用

“马看到什么，是人决定的。”这是电影《封神》里的一句台词。影片里，纣王给战马戴上眼罩，战马便无惧烈火一往无前。

那么，在今天这个信息满天飞的时代，孩子看到什么，是由谁决定的呢？其实，早在2000多年前，柏拉图在《理想国》里就有了答案。

柏拉图的《理想国》、卢梭的《爱弥儿》和杜威的《民主主义与教育》被后世教育学者公认为是教育学的三大名著，对世界教育实践和教育思想产生了重大的影响。《理想国》作为三大教育名著之首，其重要意义不言而喻。

《理想国》里，柏拉图始终强调，教育是国家与人的根基，要把教育当作最重要的事业来看待，要注重对受教育者的分段教育和受教育者整体素质的培养。他强调，教育要以育人为本，并提出灵魂教育、人文教育、终身教育等理念。

教育必须由国家掌握。要始终把国家的命运和人类的未来与教育密切联系在一起。柏拉图认为，一个向上的国家，关键在于有一位有智慧、有能力并能够真正关心国家、守卫国家的统治者，而只有通过教育才能培养出真正的守卫者。在柏拉图看来，教育无论是对于国家还是对于个体来说都是极为重要的大事。对于国家来说，教育是理想国家产生的重要前提，更是维持理想国家存续的主要力量，甚至可以说，没有教育就没有理想的国家。因此，柏拉图认为教育必须由国家掌握。教育机构由国家出资建设，教育内容由国家进行严格审查，毕业生也由国家根据考试成绩决定去留。总之，教育是国家的事业。对于个体来说，教育是实现幸福的必备条件。柏拉图在第七卷开篇列举了著名的洞穴比喻说明受过教育的人与没受过教育的人的本质区别：受过教育的人是走出洞穴见到真实世界的人；而没有受过教育的人则是那些仍然生活在洞穴中，只能看到影像的可怜虫。在柏拉图看来，受过教育的人能真正看到善，因此是最幸福的；而没有受过教育的人则只能看到影像，永远看不到真的东西和美的东西，更看不到善，因此是不幸的。总之，接受教育，实现灵魂转向，是个人实现真正幸福的前提。

柏拉图提出了金字塔形的教学体系与启发式教学方法的构想。他设立了全面而丰富的课程体系，并以学生的心理特点为依据，划分了几个年龄阶段，分别授以不同的教学科目。根据柏拉图的见解，公民子女为国家所有，由国家负责教育和养育，男女平等受教育。分为五个阶段：学前教育阶段0—6岁，重视早期教育，注重游戏；初等教育阶段7—16岁；军人教育阶段17—20岁；哲学家预备教育阶段20—30岁；哲学家教育阶段30—35岁。学生受完这一阶段教育后成为哲学家，就可以执政，一方面执政，另一方面要继续学习，到50岁，能治国，就成为哲学王。柏拉图设计的教育制度是以培养身心和谐的统治者为目的的；在培养方式上，坚持理论教育和实践教育相结合，例如他主张年轻的军人应该去战场接受考验，未来的哲学王要一边接受理论教育，一边去实践中接受锻炼。他的如此完美和丰富的教育体系是第一次被提出来的，对后世的教育体系产生了重要影响。

重视学前教育与终身教育。柏拉图是第一个提出学前教育思想并强调早期教育的重要性的哲学家。他认为儿童的学前教育是必不可少的，就像幼小的生物，其初始阶段的可塑性是非常强的。他特别指出，玩游戏、听故事以及鼓舞人心的音乐，能够培养孩子正直、善良的道德品质。他同时强调故事、儿歌的教育影响。家长给孩子们讲的故事要删除那些关于幻觉、虚伪、暴力等有害的故事内容，要充满着智慧、勇气和友善，这样才能通过简单的教育形式将美根植于孩子们的内心，使他们在生活中受益匪浅。教育不仅要越早越好，而且还要树立终身学习的理念。柏拉图认为，人的灵魂是不朽的，它可以不断投生。基于此，柏拉图提出了“认识的公式”，即认识的过程就是不朽的灵魂对理念世界的回忆。他强调人在有了工作后还要继续保持受教育的思想。不仅如此，他还认为那些不管在学习上还是在工作中都以十分优异的成绩通过考核的人，也必须要接受最后的考验，即接近完美的、最高善的标准武装自己，改造自己的灵魂，从而能够更好地、更长久地管理国家、管理自己。

柏拉图提出：“任何不能唤醒灵魂的教育，或不能产生灵魂转向的教育，都不是真正的教育，充其量只能称为外在的强制。”教育归根结底应该是对人的教育，其出发点和落脚点都是实实在在的人。教育的最终目的是促使“灵魂的转向”，培养自由全面发展的人。用“一种灵魂转向的技巧”引领“囚徒”从洞穴内上升到洞穴外，从“可见世界”走向“可知世界”，从而追求到“真”的知识与“善”的理念，最终实现人的自由全面发展。柏拉图认为，人的灵魂应得到健康和谐的发展，为此应着重培养学生抽象思辨的能力和分析处理问题的能力。他将应知应会的知识分为两大类，即与生产技艺有关的知识和与文化教育有关的知识，而且认为知识本身不存在高低贵贱之别，学习体育和音乐不是为了单纯地训练体魄和灵魂，而是为了提高灵魂修养，学习天文、几何、算数也都不在功利，而在于把握数的本性，培育心灵的抽象思考。这种强调内外兼修的教育思想，“犹如在肥沃的土壤中健壮成长的大树，由于得到精力旺盛的体格的支持而获得充足的发展，培养吸收有益的思想养料来协助点燃智慧之火的自由精神，使人在观念和精神等方面更为高尚和开阔通达”。

音乐与体育的教育思想。柏拉图认为：“教育就是用体操来训练身体，用音乐来陶冶心灵。”在他看来，体育和音乐教育是两项基本教育。他认为，教育是体育和音乐的结合形式。通过体操教学训练身体，锻炼孩子的体格，一个强健的身体是更好学习和生活的基础；通过音乐熏陶可以陶冶孩子们的心灵，这里的音乐不仅仅指现代的流行音乐，还指覆盖文学和故事的多种形式的音乐。成功的教育基于一定的音乐熏陶和必要的体育训练，只有通过这种熏陶的精神渗透方式影响儿童的心灵，才能促进他们形成良好的品格素质和行为习惯。音乐文艺教育对人的发展“最关紧要”，一个人如果自幼受到好的音乐文艺教育，“节奏”与“和谐”就会深深地浸入他的心灵，“并从中吸取营养，使自己的心灵成长得既美且善”。

柏拉图不止一次地强调，教育不能把灵魂里原本不存在的知识直接灌输进去，就如同不能把视力放进盲人的眼睛里一样。柏拉图探讨了“灌输式”教育和“启发式”教育两种模式，认为“灌输式”教育模式禁锢了人的才智和追求理性的态度，因而积极倡导“启发式”教育之于灵魂解放的价值和意义。为此，柏拉图还提出了一种“快乐教育”的理念，反对“灌输式”的强迫学习模式，提出用“做游戏”的方式进行知识的传授和学习。

男女平等的教育思想。在《理想国》一书中，柏拉图认为天赋能力在男性和女性之间是无差别的，实则是人与人之间的差别，因此男性与女性受平等教育的权利是相同的。他指出，“为了培养护卫者，我们对女子和男子并不用两种不同的教育方法，尤其是因为不论女性男性，我们所提供的天然禀赋是一样的”。教育的作用是培养城邦的守护者，女性和男性肩负一样的使命，所以对女性教育的目的是培养出与男性一起能够保卫国家的守卫者。

如今小孩子的成长环境迫使家庭和学校的教育偏离了人成长所需要经历的酸甜苦辣咸的全面而且丰富的路径，把人的成长赶到了相对单一的知识成长之路上，一些人成了“单细胞”的思维，心理出问题的概率自然也就提高了。

柏拉图不仅是古希腊伟大的哲学家，而且也是西方乃至整个西方文化的哲学家和思想家，他在《理想国》著作中对教育的构想，不仅推动了当时的教育发展，而且对当代教育事业的发展也产生了深远的影响。

四、经典语录

1. 对早期教育的重要性的论断

苏格拉底：你知道，凡事开头最重要。特别是生物。在幼小柔嫩的阶段，最容易接受陶冶，你要把它塑成什么型式，就能塑成什么型式。

阿德曼托斯：一点不错。

苏格拉底：那么，我们应不应该放任地让儿童听不相干的人讲不相干的故事，让他们的心灵接受许多我们认为他们在成年之后不应该有的那些见解呢？

阿德曼托斯：绝对不应该。

苏格拉底：因此我们必须寻找一些艺人巨匠，用其大才美德，开辟一条道路，使我们的年轻人由此而进，如入健康之乡；眼睛所看到的，耳朵所听到的，随处都是；使他们如坐春风如沾化雨，潜移默化，不知不觉之间受到熏陶，从童年时，就和优美、理智融合为一。

格劳孔：对于他们，这可说是最好的教育。

苏格拉底：亲爱的格劳孔啊！也就是因为这个缘故，所以儿童阶段文艺教育最关紧要。一个儿童从小受了好的教育，节奏与和谐浸入了他的心灵深处，在那里牢牢地生了根，他就会变得温文有礼；如果受了坏的教育，结果就会相反。再者，一个受过适当教育的儿童，对于人工作品或自然物的缺点也最敏感，因而对丑恶的东西会非常反感，对优美的东西会非常赞赏，感受其鼓舞，并从中吸取营养，使自己的心灵成长得既美且善。

2. 关于音乐和体育对人的塑造的论断

苏格拉底：那么，这个教育究竟是什么呢？似乎确实很难找到比我们早已发现的那种教育更好的了。这种教育就是用体操来训练身体，用音乐来陶冶心灵。

阿德曼托斯：是的。

苏格拉底：我们开始教育，要不要先教音乐后教体操？

阿德曼托斯：是的。

苏格拉底：你把故事包括在音乐里，对吗？

阿德曼托斯：对。

苏格拉底：因此，不是正如我们说过的，音乐和体育协同作用将使理智和激情得到协调吗，既然它们用优雅的言辞和良好的教训培养和加强理智，又用和谐与韵律使激情变得温和平稳而文明？

格劳孔：完全对。

苏格拉底：这两者（理智和激情）既受到这样的教养、教育并被训练了真正起自己本分的作用，它们就会去领导欲望——它占每个人灵魂的最大部分，并且本性是最贪得财富的——它们就会监视着它，以免它会因充满了所谓的肉体快乐而变大变强不再恪守本分，企图去控制支配那些它所不应该控制支配的部分，从而毁了人的整个生命。

3．对于男女平等教育的论断

苏格拉底：很好，格劳孔，到这里我们一致同意：一个安排得非常理想的国家，必须妇女公有，儿童公有，全部教育公有。

苏格拉底：那么，如果在男性和女性之间，发现男性或女性更加适宜于某一种职业，我们就可以把某一种职业分配给男性或女性。但是，如果我们发现两性之间，唯一的区别不过是生理上的区别，阴性受精生子，阳性放精生子，我们不能据此就得出结论说，男女之间应有我们所讲那种职业的区别；我们还是相信，我们的护卫者和他们的妻子应该担任同样的职业为是。

苏格拉底：那么，我的朋友，没有任何一项管理国家的工作，因为女人在干而专属于女性，或者因为男人在干而专属于男性。各种的天赋才能同样分布于男女两性。根据自然，各种职务，不论男的女的都可以参加，只是总的说来，女的比男的弱一些罢了。

4．其他名句

我喜欢跟你们上了年纪的人谈话，我把你们看作经过了漫长的人生旅途的老旅客。这条路，我们多半不久也是得踏上的，我应该请教你们：这条路是崎岖坎坷的呢，还是一条康庄坦途呢？

美德似乎是一种心灵的健康，美和坚强有力，而邪恶则似乎是心灵的一种疾病，丑和软弱无力。

不能让荣誉、财富、权力，也不能让诗歌诱使我们漫不经心地对待正义和一切美德。

一个受过适当教育的儿童，对于人工作品或自然物的缺点也最敏感，因而对丑恶的东西会非常反感，对优美的东西会非常赞赏，感受其鼓舞，并从中吸取营养，使自己的心灵成长得既美且善。对任何丑恶的东西，他能如嫌恶臭不自觉地加以谴责，虽然他还年幼，还知其然而不知其所以然。等到长大成人，理智来临，他会似曾相识，向前欢迎，因为他所受的教养，使他同气相求，这是很自然的嘛。

知识是每个人灵魂里都有的一种能力，而每个人用以学习的器官就像眼睛。——整个身体不改变方向，眼睛是无法离开黑暗转向光明的。同样，作为整体的灵魂必须转离变化世界，直至它的“眼睛”得以正面观看实在，观看所有实在中最明亮者，即我们所说的善者。

如果有人说，正义就是还债，而所谓“还债”就是伤害他的敌人，帮助他的朋友。那么，我认为说这些话的人不可能算是聪明人。因为我们已经摆明，伤害任何人无论如何总是不正义的。

如果正义遭人诽谤，而我一息尚存有口能辩，却袖手旁观不上来帮忙，这对我来说，恐怕是一种罪恶，是奇耻大辱。

追求真实存在是真正爱知者的天性；他不会停留在意见所能达到的多样的个别事物上的，他会继续追求，爱的锋芒不会变钝，爱的热情不会降低，直至他心灵中的那个能把握真实的，即与真实相亲近的部分接触到了每一事物真正的实体，并且通过心灵的这个部分与事物真实的接近、交合，生出了理性和真理，他才有了真知，才真实地活着成长着。

让我们一致认为这一点是哲学家天性方面的东西吧：即永远酷爱那种能让他们看到永恒的不受产生与灭亡过程影响的实体的知识。再让我们一致认为：他们爱关于实体的知识是爱其全部，不会情愿拒绝它的一个无论大点的还是小点的、荣誉大点的还是荣誉小点的部分的。

一个“真”字。他们永远不愿苟同一个“假”字，他们憎恶假，他们爱真。

哲学家是智慧的爱好者，他不是仅爱智慧的一部分，而是爱它的全部。

真理和知识都是美的，但善的理念比这两者更美。我们也可以把真理和知识看成好像善，但是却不能把它们看成就是善。善是更可敬得多的。

遇到不幸时尽可能保持冷静而不急躁诉苦，是最善的。因为，这类事情的好坏是不得而知的；不作克制也无补于事；人世生活中的事本也没有什么值得太重视的；何况悲痛也只能妨碍我们在这种情况下尽可能快地取得我们所需要的帮助呢！

对于一个国家来讲，还有什么比闹分裂化一为多更恶的吗？还有什么比讲团结化多为一更善的吗？

当一个国家最最像一个人的时候，它是管理得最好的国家。比如像我们中间某一个人的手指受伤了，整个身心作为一个人的有机体，在统一指挥下，对一部分所感受的痛苦，浑身都感觉到了，这就是我们说这个人在手指部分有痛苦了。这个道理同样可应用到一个人的其他部分，说一个人感到痛苦或感到快乐。

不是神决定你们的命运，是你们自己选择命运。谁拈得第一号，谁就第一个挑选自己将来必须度过的生活。

美德任人自取。每个人将来有多少美德，全看他对它重视到什么程度。

不管怎么说，愿大家相信我如下的忠言：灵魂是不死的，它能忍受一切恶和善。让我们永远坚持走向上的路，追求正义和智慧。这样我们才可以得到我们自己的和神的爱，无论是今世活在这里还是在我们死后（像竞赛胜利者领取奖品那样）得到报酬的时候。我们也才可以诸事顺遂，无论今世在这里还是将来在我们刚才所描述的那一千年的旅程中。

（浙江省教育报刊总社　杨志刚）

《民主主义与教育》

一、杜威简介："西方的孔子"

他是胡适和陶行知的老师，被蔡元培称为"西方的孔子"，他的名字已成为进步教育运动的代名词，他的教育理念至今影响着世界。

他就是约翰·杜威（1859—1952年），美国著名哲学家、教育家、心理学家、实用主义的集大成者，也是机能主义心理学和现代教育学的创始人之一，是美国思想史上最具影响的学者之一，甚至被认为是"美国的精神象征"。

1859年10月20日，美国佛蒙特州，一个中产社会阶级的杂货商家中，一名男婴呱呱坠地，他就是约翰·杜威。而此时谁也想不到，这名男婴百年之后会成为美国历史上最具影响力的人物之一。

这一年，也是英国进化论的提倡者达尔文发表《物种起源》巨著的一年。杜威的家乡向来习于自治、崇尚自由、笃信民主制度，这些可以说是新英格兰殖民区的传统精神。

杜威出生后，父亲一直希望他成为一名机械师，但由于母亲拥有严格的宗教信仰，坚持要求他继续接受教育。杜威小的时候有点害羞，并不是很聪明的小孩，不过他很喜欢看书。

他的哥哥约翰·阿奇博尔德（John Archibald）在两岁多的时候因掉进沸水烫伤而死。为了纪念他死去的哥哥，杜威以他的兄长“约翰”之名命名。杜威还有一个哥哥戴维斯·里奇·杜威（Davis Rich Dewey）和一个弟弟查尔斯·米纳·杜威（Charles Miner Dewey），他的哥哥后来成为一名著名的经济学家。1867年9月，他进入当地公立学校第三区小学上学。1872年，杜威进入伯灵顿的一所中学接受中等教育。由于他学习认真，仅用三年的时间就完成了四年的中学课程。

15岁那年，杜威就读于佛蒙特大学。在那里，他很喜欢在恩师哲学教授托里（H. A. P. Torrey）的指导下学习哲学。他回忆说：“托里是一位优秀的教师，我的成长应该归功于他对我的双份恩惠：一是他使我的思想明确地转向了把哲学研究作为终生的职业；二是在那一年里他用大量的时间对我进行指导，我开始专心于哲学史方面经典著作的阅读，并学习富有哲理性的德国哲学著作。”1879年，杜威以全班第二名的优异成绩从大学毕业，获得了文学士学位，并成为美国大学优秀生联谊会会员。

大学毕业后，在堂兄的帮助下，杜威分别在宾夕法尼亚州石油城中学（1879—1881年）以及佛蒙特州伯灵顿镇夏洛特村莱克维尤高级中学（1881—1882年）任教。初为人师的杜威教学“笨手笨脚”，效果并不好。“由于杜威年轻，又没有接受过专门的教学训练，也缺乏实际的教学经验，所以最初的教书生涯不尽人意。”

为此，导师托里建议杜威：“不应该继续在中学教书……应该把哲学当作自己一生的事业。”托里让杜威把哲学研究作为自己未来的事业，这在当时的确是非常大胆的，因为在此之前，几乎所有的美国哲学教授都是神职人员。听了托里的意见之后，杜威最终清醒地意识到，“他并不适合在中小学教书”。“在经过一番仔细考虑之后，杜威接受了托里的建议，并很快制订了在约翰·霍普金斯大学攻读研究生的计划。”

应该说，正是托里造就了杜威这样一位未来的思想巨人，也正是托里的影响与建议，杜威最终将哲学研究作为自己的职业。1882年9月，杜威进入约翰·霍普金斯大学深造。在这样一个享誉盛名的大学里，杜威度过了两年学习生涯，并取得了丰硕的成果。1884年，杜威获得约翰·霍普金斯大学哲学博士学位。

之后，杜威在芝加哥大学、哥伦比亚大学长期任教。在芝加哥大学任职期间，学校任命杜威担任哲学、心理学和教育学系主任。他认为当时的教育方法与儿童的心理不协调，决定将其哲学和教育理论付诸实践。1895年秋天，芝加哥大学拨款1000美元建立了杜威祈盼已久的教育学实验室。1896年1月，杜威在芝加哥大学开办了“芝加哥大学实验学校”，该校通常被称为“杜威学校”（Dewey School），它为杜威建构他自己的教育思想体系打下了必要的基础……杜威开始形成了具有自我特色的教育思想。1904年，他转到哥伦比亚大学任教，一直到1930年退休。

在此期间，杜威先后赴日本（1919年）、中国（1919—1921年）、土耳其（1924年）、墨西哥（1926年）、苏联（1928年）等国家访问讲学，考察教育状况，宣传实用主义教育思想。

1919年，杜威曾先后在北京、南京、杭州、上海、广州等地讲学，由胡适、陶行知等人担任讲学的翻译，把民主与科学的思想直接播种在中国。杜威夫妇原来打算过了夏天就回美国，后来他们变更了计划，决定在中国留一整年。

这是由于五四运动引起了他们极大的兴趣，他们要看个究竟。哥伦比亚大学准予杜威一年的假，以后假期又延长到两年。所以，他在中国的时间总共是两年又两个月，就是从1919年5月到1921年7月。在中国期间，杜威做了200多场演讲，所到之处受到热烈欢迎，所讲内容广为传播，影响深远。

胡适、陶行知、郭秉文、张伯苓、蒋梦麟等都曾经在美国哥伦比亚大学留学，均是杜威的及门弟子。杜威在近代中国知识界被誉为“美国教育大家”“世界思想领袖”，他充当了中美两国之间的“文化大使”，把美国的民主理念和实践介绍给中国，也将中国寻求国际支持和民族独立的民意传达给美国，成为两个国家交流经验与思考的关键人物。

1919年10月20日，是杜威60岁生日，北京大学校长蔡元培特地为他举行了生日晚餐会。会上，蔡元培致辞：“我所最先感想的，就是博士与孔子同一生日……我觉得孔子的理想与杜威博士的学说有很多相同之处。这就是东西方文明要媒合的证据了。但媒合的方法，必先要领得西洋科学的精神，然后用它来整理中国的旧学说，才能发生一种新意。”

1920年10月17日，在北京大学授予杜威名誉博士学位的典礼上，蔡元培直接称杜威为“西方的孔子”。

在《杜威先生与中国》一书中，胡适这样描述杜威的影响：没有一个外国学者在中国思想界的影响有杜威先生这样大，对中国教育产生了直接的影响。直到现在，提及教育改革时，杜威的教育思想仍是一大风向标。

晚年的杜威是活跃的社会活动家，他推广平民教育、批判贫富差距、担任民间游说团的主席、组织国际学术自由联盟和教师协会、试图建立专为劳工阶层发声的人民党。

杜威81岁时，还挺身而出为罗素鸣不平。当时罗素因在两性问题上发表开放言论，引发教会不满，在纽约市立学院遭受不公待遇，杜威联合爱因斯坦声援罗素，批评此次事件为美国国家名誉上的污点。

1949年10月20日，杜威90岁生日，时任美国总统的杜鲁门登门为其庆祝。1952年6月1日，杜威在纽约去世，美国历史学家康马杰称其为“美国人的良心”，恐怕这就是一个知识分子所能享受的最高荣誉了。杜威是20世纪上半叶美国最著名的学者之一，2006年12月，美国知名杂志《大西洋月刊》将杜威评为“影响美国的100位人物”中的第40名。

在93年漫长的人生中，杜威笔耕不辍，著述甚多，涉及政治、哲学、心理、教育、伦理学、逻辑、宗教、社会学等领域，一共有30多本著作和近千篇论文。教育代表著作有《我的教育信条》（1897年）、《学校与社会》（1899年）、《儿童与课程》（1902年）、《教育上的道德原理》（1909年）、《教育上的兴趣和努力》（1913年）、《民主主义与教育》（1916年）、《经验与自然》（1925年）、《教育与经验》（1938年）等。其中《民主主义与教育》一书全面阐述了实用主义教育理论，是杜威实用主义教育思想的代表作。

二、写作背景：教育乃是社会生活延续的工具

杜威生活的年代，是美国正从农业社会向工业化社会转折的时期，也是一个热火朝天的时代。

1861年4月12日至1865年4月9日南北战争，北方工业资本主义取得胜利。整个19世纪，美国人不像欧洲人那样墨守妨碍变革的传统和陈规旧习。革命的传统和共和主义思想使他们感到自己是一个新型的、与众不同的人。他们有意识地使自己向前看，而不是向后看；他们重视变革而轻视传统，他们公开宣称自己信仰“进步”“发展”和“改革”。

在19世纪中叶，美国（不包括南部）是世界上现代化速度最快的国家。19世纪下半期，经济和政治的发展为美国教育的发展提供了契机。然而阶级矛盾的出现也对教育发展提出了挑战。此时美国需要探索新的教育形式，以适应工业革命和解决社会政治生活中各种问题的需要。

1839年，美国建立了第一所培训教师的师范学校。1852年，通过了第一个义务教育法。因而说出生于1859年的杜威生活在一个崇尚进步主义、实用主义的时代，这个时代在呼唤与之相应的教育哲学。与此同时，杜威开启改革教育的实践尝试，并在继承和发展了黑格尔学说、实用主义、功

能主义心理学和进化论有关思想的基础上，形成了其认识世界的独特思维方式。

杜威于1894年至1904年担任芝加哥大学哲学、心理学和教育学系的系主任。这10年是他改革教育的尝试阶段。杜威顺应当时的新教育潮流，围绕两大中心进行探讨：一是使学校和社会发展的需要合拍，二是使学校和儿童与青少年的身心发育的规律合拍。1896年，他创立了实验学校，进行课程、教材和教法上的实验，把教育理论和实际结合起来。他把以粉笔和口讲为形式的课堂改变为儿童由活动而求知的课堂。根据教育改革的实践，他于1897年发表《我的教育信条》、1899年发表《学校与社会》、1902年发表《儿童与课程》，虽然篇幅简短，但发人深省。之后因与芝加哥大学校长的教育理念有分歧，杜威离开芝加哥大学进入哥伦比亚大学任教。经历长期的教育实践和研究，他于1916年著成《民主主义与教育》这一具有体系的实用主义教育哲学著作，他试图通过教育来改良社会。

百年来，《民主主义与教育》这本哲学著作对教育世界的影响似乎从未衰减，它是所有教育学专业学生、教育研究者的必读书，也是许许多多教育实践者的思想明灯。

《民主主义与教育》对西方教育史上著名哲学家、教育家的思想进行了批判性讨论，同时吸收现代哲学、社会学、生物学、心理学的成就，形成了一个完整的实用主义教育思想体系。杜威在这本著作中全面阐述了实用主义教育理论，分析和陈述了民主社会所蕴含的理想，并应用这种理想来谈论教育问题。

三、《民主主义与教育》：“教育即生长”

20世纪初，美国教育家杜威对世界教育事业产生了深刻的影响，他的经典之作——《民主主义与教育》从实用主义哲学的角度出发，构建了一个理想的民主主义社会下的教育体系，被西方学者公认为是与柏拉图的《理想国》、卢梭的《爱弥儿》齐名的人类三大教育瑰宝。

杜威的教育哲学思想，一般被称为实验主义，日本翻译作实际主义。在实验主义运动中共产生三位大师：第一位大师是皮尔士，第二位大师是詹姆士，第三位大师就是杜威。

在杜威的学生胡适看来，杜威是实验主义运动中的第三个领袖，年纪比前两位年轻，寿命又特别长，活到90多岁，所以他的影响最大。他运用的方法也比较谨严，所以他的影响也比较健全。

胡适认为，杜威的教育哲学的产生有三个背景：第一，生长的区域是一个真正民主的社会：没有阶级，绝对自由，不是间接的代理民主，而是直接实行民权的真正民主社会，所以他从小就有民主的习惯。最能代表他思想的著述有《学校与社会》和《民主主义与教育》两本书。第二，两三百年来的科学方法——皮尔士大师所提倡的科学方法，就是应用到自然科学方面的，如物理学、化学、生物学、地质学等这一类实验科学的方法。第三，19世纪后半叶产生"生物演化论"，也就是所谓"生物进化论"，严复译为"天演论"。在杜威出生的那一年（1859年），就是达尔文名著《物种起源》出版的那一年。这本书出版后轰动了全世界的生物学界。

因此，杜威的教育哲学思想就是在这三个背景下产生出来的，而最要紧的是他注重科学方法，也就是继承皮尔士、詹姆士实验主义的传统，以科学实验室的方法做基础来讲真理问题、哲学问题、知识问题、道德问题以及教育问题。

《民主主义与教育》除序言外，全书共26章，可以分为四个部分。

第一部分包括第一章至第六章，主要讨论了教育的性质。论述了包括教育与生活、教育与环境、教育与生长的关系以及批判了一些教育观念和理论，并在此基础上指出教育就是个人经验的继续不断改组或改造。这种改组能够增加经验的意义并能提高指导后来教育过程的能力。因此，教育的根本问题在于能否不断地改组或改造经验。

第二部分包括第七章至第十七章，主要讨论了教育的过程。包括论述了教育与民主主义、兴趣与训练、思维与教学、课程与教学等的关系，以此说明民主主义教育的标准和要求以及具体实施民主主义教育的方法。杜威认为必须对传统的文化思想、传统的课程以及传统的教学和训练方法进行必要的改革，民主主义的教育思想应该越来越主导着公共教育制度。

第三部分包括第十八章至第二十三章，主要探讨了教育价值。杜威在对教育价值问题上各种二元论进行批判的基础上，阐发了自己对劳动与闲暇、知与行、自然与人、个人与世界、职业与文化的关系的看法。杜威指出，教育价值的要点是使经验保持它的统一性或完整性。因此，他强调在组织学科教材时，应注重使经验保持它的统一性或完整性，以免造成各种学科的孤立与隔离。

第四部分包括第二十四章至第二十六章，主要讨论了教育与哲学的关系、知识与道德的关系以及哲学在教育中的实际应用。关于哲学与教育的关系，杜威认为，哲学是教育的最一般方面的理论，而教育是使哲学上的分歧具体化并使其受到检验的实验室。他还指出认识知识与行为的关系，一切能发展有效参与社会生活的能力的教育都是道德的教育。

精读全书，我们可以发现，“教育即生长”“教育即生活”“教育即经验的不断改组和改造”三大教育命题是构成杜威教育哲学的重要基石。

（一）教育即生长

杜威以其生物化心理学为依据，认为儿童的心理内容基本上就是以本能活动为核心的习惯、情绪、冲动、智慧等天生心理机能的不断开展、生长的过程。

生长是杜威教育理论体系中的一个中心名词。对于“生长”，“首要条件是未成熟状态”，“未成熟状态”不能简单地被解释为“匮乏”，其中所蕴含的儿童的依赖性与可塑性，恰恰是教育得以发生的首要条件。

生长就是“向着一个后来的结果，逐渐向前发展的运动”。从这个角度看，教育就是促进这种本能的生长。他明确指出：“教育即是生长，除它自身之外，并没有别的目的，我们如要度量学校教育的价值，要看它能否创造继续不断的生长欲望，能否供给方法，使这种欲望得以生长。”

教育即生长理论是针对当时的教育无视儿童、凌驾于儿童之上的现状而提出的，强调一种新的儿童发展观和教育观。杜威说，“教育不是把外面的东西强迫儿童或青年去吸收，而是需要使人类与生俱来的能力得以生长”。

在杜威看来，传统教育的最大弊端是它是以各种手段和措施对孩子施以“牛不饮水强按头”的强迫式教育，是作为一种“外来的压力”来逼迫他们学习其他成人的经验且无视他们自身的本能及倾向的教育。

杜威反对传统教育对儿童生长过程中的漠视和压制，也同样反对传统学校中社会精神的匮乏。教育是促进儿童天生本能、欲望生长的一种过程。

提出教育即生长，将儿童从被动的、被压抑的状态下解放出来。杜威所理解的生长，是动机与外部环境、内在条件与外在条件互相交互的结果，是一个不断社会化的过程，而教育本身就是起到促进本能生长的作用。

生长论要求尊重儿童，使一切教育和教学合于儿童的心理发展水平和兴趣、需要的要求。但这种尊重也并不是放纵。

在杜威看来，生长不是消极的结果。如果单纯放任儿童的兴趣，让他无休止地继续下去，那就没有“生长”。他在此基础上，提出了著名的“儿童中心主义”教育原则。

杜威认为，传统的教育的重点可能是在儿童之外的任何地方，而唯独不在孩子的本能中。

在杜威儿童中心主义的概念中，教育即将产生的变革是重心的变革，相当于哥白尼把天文学的中心从地球变为太阳。在新的体系下，儿童应该是中心，所有的教育措施都应该围绕着他们而组织，儿童是一切教育的起点、目的和中心。

（二）教育即生活

在《民主主义与教育》的开篇中杜威就指出："教育是生活的必需品。"关于"生活"，"我们使用'生活'这个词来表示个体的和种族的全部经验……'生活'包括习惯、制度、信仰、胜利和失败、休闲和工作"。如此，生活囊括了人类社会过去与现在的经验、个体与群体的经验，"生活便是一个自我更新的过程"，人类社会通过经验的更新而得以延续，经验的更新又通过社会的传递与沟通而得以实现。1925年，杜威进一步指出："生活是指一种机能，一种无所不包的活动，其中包括有机体，也包括环境。"有机体与环境之间的互动构成了"生活"，与杜威的另外两个教育命题——"教育即生长""教育即经验的不断改组和改造"——中的"生长"与"经验"融为一体，共同阐明教育的本质。

在杜威看来，教育是儿童生活的过程，而不是未来生活的新任务。"生活即是发展；发展、生长，即是生活。"

在生活过程中，儿童的本能生长就此展开。生活，即是生长的社会性表现。教育即是生活本身，而不是为未来的生活做准备。

而学校作为社会生活的一种形式，应该与儿童的生活相契合，适应变化的趋势并成为推动社会发展的重要力量。因此，学校教育应该利用现有的生活情境作为教学的主要内容，并非过分死板地依靠现有的科学知识组成文理学科来教授知识。

在"教育即生活"的基础上，杜威又提出了"学校即社会"的教育原则。

在1899年的《学校与社会》一书中，杜威表示校内和校外存在巨大的鸿沟，以至于形成二分法，而这十分浪费。

从孩子的角度来看，学校的巨大浪费一方面源于学生无法在学校里以任何完整和自由的方式运用他在学校以外获得的经验，而同时，他也无法将自己在学校所学的知识应用到日常生活中。

这就是学校与真实生活所造成的相互隔离。当学生进入教室时，他必须把大部分思想、兴趣和活动完全停滞，导致学校无法利用这种日常经验，只能通过各种人工手段激发学生对学校学习的兴趣……这样的效果是显而易见的。

杜威坚持认为，除非在学校活动和学生的生活经历之间建立起最初的联系，否则真正的学习和成长将是不可能发生的。

为了弥补学校和生活之间的鸿沟，杜威明确提出，要把学校办成一个小型的社会或一个雏形的社会，要求学校生活本身必须是一种社会生活，具有社会生活的全部含义；要求校内学习与校外学习联系起来，学校生活不能与社会生活隔离开来。

100多年前杜威说“学校即社会、社会即学校”，当时很难被人接受，现在不仅在社教融合、产校融合方面普遍流行，灵活的学籍制度、鼓励在学创业制度都达到了杜威当年完全无法想象的程度。

杜威的教育命题“教育即生活”在中国“落地”离不开两个人：一个是陶行知，一个是陈鹤琴。前者直接将“教育即生活”调了个个儿，变为“生活即教育”，并提出“社会即学校”“教学做合一”等教育命题；后者则提出“活教育”理论，分别发展了“活教育”目的论、课程论及方法论。

（三）教育即经验的继续不断改组或改造

“依赖性”代表一种力量而不是软弱，包含了相互依赖。与此同时，“可塑性”主要指从经验中学习的能力，从经验中获得可以用来处理以后遇到的困难的力量。而且，由于生活就是生长，所以个体不同阶段的生活同样真实和积极，内容同样丰富，地位同样重要。就“经验”而言，生长的理想归结为“教育是经验的不断改组与改造”。如此，“既能增加经验的意义，又能提高指导后来经验进程的能力”。

经验是机体与环境相互作用的过程，是一种行为、行动，是各种理性与非理性因素的集合。杜威认为，所有的教育过程都离不开经验。教育是在经验中由于经验而来、为着经验而去的一种发展过程。而所谓受教育的过程，就是儿童不断地取得个人经验、个人经验不断改组、不断改造以及不断转化，而非学习前人和其他同龄人经验的过程。

在获得经验的过程中，新的经验与原有经验相互结合，从而达到对经验的改组，在这个过程中，不断增加经验并增长指导后来经验的能力。

而想要获得经验，就必须通过亲身的活动，杜威由此提出了“从做中学”原则，并把它作为教学理论的中心原则，贯穿在诸如教学过程、课程、教学方法、教学组织形式等教学领域的各个方面。

“从做中学”是杜威的许多教学理论中的基础。在基础教育中，杜威主张“教学应从学生的经验和活动出发，使学生在游戏和工作中，采用与儿童和青年在校外从事的活动类似的形式”。要求学校科目相互联系的真正中心，不是科学、文学、历史、地理等理论科目，而是儿童本身的社会活动。此外，学校还要设置车间、农场等让学生在活动中学习实际知识和技能。

杜威尖锐地批评了把人的学习和社会环境割裂开来的做法，他指出，如果忽视社会环境对儿童的指导性影响，就是放弃教育的功能。杜威身跨哲学、心理学和教育学三大领域。在哲学上，杜威批判了赫尔巴特把学生看作被动受教对象的传统教育学思想，强调学校生活应该以学生为中心，一切必要的教育措施都应该服从于学生的兴趣和经验的需要，都应该有利于促进学生的生长。在心理学上，杜威是机能主义心理学派的创始人，他在1886年出版了美国第一部心理学教科书——《心理学》，1899年当选为美国心理学会主席。他主张学习是机体与环境的相互作用，强调心理与外部环境的不可分割，强调心灵、机体等因素的积极作用。他认为，有机体并不只是被动地适应环境，同时也在某种程度上改造环境。在教育学上，他认为哲学是教育的最一般的理论，教育是检验哲学理论的最重要的阵地，是“使哲学上的分歧具体化并受到检验的实验室”。他亲自披坚执锐，把教育实验研究提高到了一个新水平。

从1896年到1904年，他在芝加哥大学任教时创建了芝加哥实验学校，史称“杜威学校”。他按照科学实验室的思路来建设实验学校：对某种理论、陈述和原则予以说明、试验、证实及批判；在特定的路线之内，做某些事实和具体原则的量的补充，使路线本身更加完备丰满。这所学校1896年开学时只有16个学生，到1902年，学生达到140人。后来因为杜威辞职而停办。

杜威创办实验学校，是为了验证与丰富“教育即生长”的理论。他编制与试行了一整套新的课程系统，创造了一种新的教学模式，构建了一种新型的师生关系。他主张通过学习和重演家务、农业生产、冶铁、畜牧、运输、商业交换，甚至重演石器时代、铁器时代、希腊社会、印第安部落、殖民时代等历史场景，来帮助学生学习各种知识。杜威学校的学生基本上都在活动，不是出去郊游，就是在进行手工制作，或者在表演和讨论。杜威希望通过这些活动，来满足学生们的固有冲动，让他们学会自己探究，自己解决问题，从而使他们的智慧和人格得到全面发展。

杜威学校虽然没有取得预想的成功，但他留给后人的遗产是极为丰富的。第一，杜威第一次明确地将哲学、心理学、教育学有机地结合起来并运用于研究复杂的教育行为，杜威学校运行了8年，社会影响广泛；第二，他坚持用科学的方法实践和检验他的教育理想和教育理论，使教育改革的实验研究从人为场景扩展到真实场景，使教育的综合改革实验达到前所未有的水平；第三，杜威的尝试暴露了行为主义学说的片面性和局限性，使对学习和教育本质的讨论在更高的层次上展开。

由三个教育命题，杜威发展出了“学校即社会”“从做中学”的教育实践论和方法论，并一以贯之地体现了这种整体性和连续性，甚至在个体与环境的交互作用关系中，也体现了整体性和连续性的基本特征。

（四）教学论

在杜威的实用主义教育思想体系中，教学论是一个十分重要的组成部分。

1. 从做中学

在批判传统学校教育的基础上，杜威提出了“从做中学”这个基本原则。在他看来，儿童生来就有一种要做事和要工作的愿望，对活动具有强烈的兴趣，对此要给予特别的重视。如果儿童没有“做”的机会，那必然会阻碍儿童的自然发展。

但是，儿童所“做”的或参加的工作活动并不同于职业教育。杜威指出，贯彻“从做中学”的原则，会使学校所施加于它的成员的影响更加生动、更加持久并含有更多的文化意义。

2. 思维与教学——五步教学法

杜威认为，好的教学必须能唤起儿童的思维，即明智的学习方法。在他看来，如果没有思维，那就不可能产生有意义的经验。因此，学校必须提供可以引起思维的经验的情境。

针对一个思维过程，杜威的教学方法具体分为五个步骤：一是疑难的情境，二是确定疑难的所在，三是提出解决疑难的各种假设，四是对这些假设进行推断，五是验证或修改假设。

由“思维五步”出发，杜威认为，教学过程也相应地分为五个步骤：一是教师给儿童提供一个与社会生活经验相联系的情境，二是使儿童有准备地去应付在情境中产生的问题，三是使儿童产生关于如何解决问题的思考和假设，四是儿童自己对解决问题的假设加以整理和排列，五是儿童通过在课堂或生活中进行实践来检验这些假设。

这种教学过程在教育史上一般被称为教学五步法。在杜威看来，在这种教学过程中，儿童可以学到一种创造知识以应付需求的方法。

（五）儿童与教师论

杜威说："我们教育中将引起的政变是重心的转移。这是一种变革，这是一种革命，这是和哥白尼把天文学的中心从地球转到太阳一样的那种革命。这里，儿童是中心，教育的措施便围绕他们而组织起来。"从批判传统学校教育的做法出发，杜威强调学校生活应该以儿童为中心进行组织，我们必须站在儿童的立场上，将儿童作为教育的出发点。

在强调"儿童是中心"思想的同时，杜威并不同意教师采取"放手"的政策。在杜威看来，无论是从外面强加于儿童，还是完全放任儿童自流，都是根本错误的。由于教育过程是儿童与教师共同参与的过程，是他们双方真正合作的过程，因此，在教育过程中，儿童与教师之间的接触应该更亲密，从而使得儿童更多地受到教师的指导。

杜威提出教育与生长、生活、经验交织交融，构成一种整体、连续、交互的关系，这是其结合美国社会实际所做出的选择，它开启了一条美国教育现代化乃至世界教育现代化之路。同样，直到今天，他的教育哲学思想对中国教育现代化发展的价值不言而喻。

美国、德国教育学界都曾列举过20世纪内的100本教育学经典著作，结果是99本都不一样，只有1本著作相同——那就是杜威的《民主主义与教育》。

四、经典语录

1. 社会不仅通过传递、通过沟通继续生存，而且简直可以说，社会在传递中、在沟通中生存。

2. 因为生活就是生长，所以一个人在一个阶段的生活和在另一个阶段的生活，是同样真实、同样积极的，这两个阶段的生活，内部同样丰富，地位同样重要。

3. 学校教育的价值，它的标准，就是看它创造继续生长的愿望到什么程度，看它为实现这种愿望提供方法到什么程度。

4. 教育的本质是顺从，而不是改造。

5. 教育就是经验的改造或改组。这种改造或改组，既能增加经验的意义，又能提高指导后来经验进程的能力。

6. 就学生的心智而论（即某些特别的肌肉能力除外），学校为学生所能做或需要做的一切，就是培养他们思维的能力。

7. 教学的问题在于使学生的经验不断地向着专家所已知的东西前进。所以，教师既须懂得教材，还须懂得学生特有的需要和能力。

8. 教育者的问题在于使学生从事这样一些活动：使他们不但获得手工的技能和技艺的效率，在工作中发现即时的满足以及预备为后来的应用，同时，所有这些效果都应从属于教育——即从属于智育的结果和社会化倾向的形成。

9. 学生作业的目的愈合于人性，或者愈与日常经验所要求的目的相近，学生的知识就愈真实。

10. 教育并非一件“告知”和被告知的事情，而是一个主动的建构过程。这个原理，在理论上几乎人人承认，而在实践中却又几乎无人不违反。这种令人遗憾的情形难道不是由于原理本身不过是被人告知的教条吗？

11. 习惯有两种表现形式：一种形式是习以为常，即有机体的行动和环境取得全面的、持久的平衡；另一种形式是主动地调整自己的行动，以便能够应对新的情况。前一种习惯提供成长的背景；后一种习惯构成持续不断地成长。

12. 如果能预见到相当遥远而具有一定特性的结果，并且作出持久的努力达到这种结果，游戏就变成了工作。

13. 总是有一种危险，即我们所用的符号并不真正具有代表性，代表事物的语言媒介不能唤起不在目前的和遥远的事物，使之进入目前的经验，符号本身却将变成目的。

14. 教育并不是谋生的手段，而是与过富有成效和本身有意义的生活的过程是一致的，它所能提出的唯一最终价值正是生活的过程本身。

15. 一个进步的社会把个别差异视为珍宝，因为它在个别差异中找到它自己生长的手段。因此，一个民主的社会，必须和这种理想一致，在它们各种教育措施中考虑到理智上的自由和各种才能和兴趣的作用。

（浙江省教育报刊总社　杨志刚）

《爱弥儿》

一、卢梭简介："另一个牛顿"

让-雅克·卢梭（Jean-Jacques Rousseau，1712—1778 年）是 18 世纪法国杰出的思想家、哲学家、教育家、文学家，生前特立独行、毁誉参半、躬身自省，身后思想熠熠生辉。

伏尔泰、卢梭是 18 世纪欧洲思想史上最闪亮的两个人。歌德说："伏尔泰结束了一个旧时代，而卢梭开创了一个新时代。"

与伏尔泰众星捧月般的人生形成鲜明对比，卢梭的一生历尽艰辛。

卢梭 1712 年 6 月 28 日出身于瑞士日内瓦一个加尔文教之家，父亲艾萨克是钟表匠，母亲出身于牧师家庭，家教家风良好。卢梭出生时身材弱小，自称"我出生时差点死去，他们几乎不抱希望能救活我"，9 天后母亲因为产后热去世，卢梭称之为"人生的第一次不幸"。

不幸中有幸运，父亲悄然中给他埋下阅读的种子。

卢梭对父亲的职业十分尊敬，曾颇为自豪地写道："一个日内瓦的钟表匠可以被介绍到任何地方，相比之下巴黎的钟表匠只能在巴黎谈论下钟表。”

在卢梭五六岁的时候，父亲就鼓励他开展大量阅读。每天晚饭之后，父亲和他就会在一起阅读母亲留下的书籍。“我父亲这么做的目的是培养我对阅读的兴趣，不过很快我们就发现里面的故事是如此有趣，以至于我们整夜地阅读直到章节的结束。早晨听到燕子在窗前飞过时，父亲会不好意思地说‘快快快，咱们上床睡觉吧，我比你们更像个孩子’。”父亲制造钟表的时候，卢梭就会把《希腊罗马名人传》当成小说阅读，并模仿书中英雄的性格和行为。

父母是孩子最好的老师，在父亲的影响下，卢梭开启了通宵达旦阅读的生涯。勒絮厄尔的《宗教与帝国史》、博絮埃的《世界通史》、普鲁塔克的《名人传》、纳尼的《威尼斯史》、奥维德的《变形记》、拉布吕耶尔的著作、丰特奈尔的《宇宙万象》和《死者对话录》以及莫里哀的著作等。这些书充分滋养了一个孩子的心，卢梭称它们“有趣”，一遍遍阅读。

阅读中，小卢梭的理解能力不断升级，人生观逐步确立。在《忏悔录》中，他写道：“这些有趣的书以及我们父子俩就这些书的谈论铸就了我那种自由的共和思想，那种不屈服的高傲性格，不愿受桎梏和奴役。我变成我在读其生平的那些人物了：他们的忠贞不渝、英勇不屈深深地打动了我，使我目光炯炯，声音洪亮。”

美好的童年到10岁戛然而止。艾萨克与当地富有的地主发生争执，为了避免法庭的指控，他远走他乡，将卢梭留给舅舅抚养。父亲后来再婚，卢梭与父亲就很少联系了。艾萨克是不称职的父亲，可他在卢梭年少时埋下的阅读的种子是他给儿子最宝贵的财富。

舅舅安排卢梭到靠近法国边境的博赛小镇一位牧师家中寄宿，学习拉丁文等。博赛的自然风光唤醒了卢梭的本性，他很快适应了新生活，并对大自然生出一种深深的迷恋。“回归自然”是萦绕卢梭一生的内心渴望，特别是历尽磨难时，大自然是他疗伤的避难所，“回归自然”也是他贯穿始终的思想核心。

两年后卢梭被舅舅送去学习法律，但他无法忍受法条的枯燥乏味，先生也斥责他木讷、愚蠢，无法做“刀笔吏”，说卢梭只能做个拿锉刀的匠人。

数月后，卢梭果然成了一位雕刻匠人的门徒。这位脾气暴躁、作风粗俗的雕刻师傅没给卢梭留下什么好的影响，这三年间，他染上了不少恶习：懒惰、撒谎、偷窃，眼看着成了问题少年。唯一值得欣慰的是，他把隔壁租书店里的书都读完了。不堪师傅打骂，厌倦了平庸生活，卢梭终于出走，一去不回头。

16岁的卢梭开启了他的流浪生涯。他在不同地方分别当过钟表学徒、音乐家和教师。这一时期让他接触到各种社会阶层，积累了丰富的人生经验。他曾困在泥沼中挣扎求生，也曾被好友爱人背叛抛弃，命运让他一直在失去，但他从来都不曾真正地抛弃自己。

与华伦夫人在一起的四五年间是卢梭一生中最甜美、最幸福的时光。阿纳西自然风光如画，每天早饭后，卢梭开始阅读，包括蒙田、拉布吕耶尔、培尔、波须埃、洛克、伏尔泰等人的作品以及几何学、代数等自然科学书籍。卢梭的大部分哲学、科学知识都是在这一时期习得的。

1742年7月，时光的流逝让他开始将目光投注在外面的世界，他决定彻底告别华伦夫人，带着十五个金路易和一部名叫《纳尔西斯》的喜剧手稿以及他自己发明的一种用数字代替音符的简易记谱法，只身来到法国和整个欧洲的文化中心——巴黎，开始了自己惊艳历史的后半生。

然而，这种光环多来自后人的赞誉，离开华伦夫人来到巴黎，才是卢梭真正艰难一生的开始。他笨拙地靠近上流社会，却和乌德托夫人等一众上流人士闹翻；他崇拜伏尔泰，帮助伏尔泰修改歌剧，但不仅未得到伏尔泰的认可，还多次受到伏尔泰的批评。

卢梭在他的生涯中经历了多次被排斥的时期，这些时期不仅让他陷入困境，也对他的思想和生活产生了深远的影响。

卢梭最早的流亡生活发生在他离开法国前往意大利的时期。他离开法国是为了逃避当局的追捕，因为他的思想和著作引发了政府的关注。在意大利，卢梭的生活并不容易，他过着贫困的生活，但在那里，他开始写作《忏悔录》。

卢梭的思想和著作在法国引发了争议，尤其是《社会契约论》一书。由于受到审查和威胁，他被迫离开法国前往英国。然而，即便在英国，他的著作也引发了争议，因为他的思想与当时的政治氛围不合。在英国的流亡生活并不幸福，卢梭在那里感到孤独和被孤立。

卢梭最终选择返回瑞士——他的家乡，以期望得到更多的安全和庇护。然而，即使在瑞士，他仍然受到监视和限制。尽管他在瑞士度过了晚年，但他的生活环境仍然是复杂的，他的思想继续引发争议。

在生命的最后两年中，心灰意冷的卢梭在巴黎过着与世隔绝的生活，每天在陋室里安静地抄写着乐谱，或者在树林中悠闲地采集植物标本。愤世嫉俗的偏激和不甘示弱的性格渐渐让位于一种悠然自得的安宁——他由一个愤怒的疯子变成了一个平静的贤哲。

卢梭是一位百科全书式的人物。他的《爱弥儿》至今仍是西方教育史上最有影响力的教育著作之一，散发着绚丽的光芒；他的小说《新爱洛伊丝》描写的唯美爱情，是浪漫主义文学流派的开创者；他的自传体回忆录《忏悔录》，对自己的一生做了毫无保留的记录，开启了现代自传体文学的先河；他的《孤独漫步者的遐想》是18世纪自我思考方面著作的榜样，引起后代写作中对自我和反省的关注；他的《论人类不平等的起源与基础》和《社会契约论》是如今政治和社会思想的基石。

卢梭就是这样一个有先知先觉的巨人，犹如星空中耀眼的明星，照亮漆黑的星空。

俄国作家车尔尼雪夫斯基很好地概括了他的一生：卢梭是一个一贫

如洗、受人中伤、背井离乡但仍然思念故乡的人，一个疑心重重、无比高傲而且理应高傲的人，一个城府很深同时什么也不会隐瞒的人，一个蔑视一切同时又需要一切的人，一个卷入许多不可饶恕的、危害别的天赋不那么高的事情中去但仍然能够保持灵魂的纯洁、无辜与天真无邪的人。除了他的天真无邪以外，他还是一个对当代人神秘莫测、为后代人极易理解的、既狡黠又善于洞察人心的人，一个对世人充满柔情蜜意的、天才的恨世者。

有人说，所有走哲学之路的人，都要路过一座名为康德的桥。

可事实是，康德的很多思想的启发来自卢梭的作品之中，他将卢梭奉为自己的思想启蒙者，因此从不吝啬表达对卢梭的敬仰之情："卢梭是另一个牛顿。牛顿完成了外界事物的科学，卢梭完成了人的内在宇宙的科学，正如牛顿提出了外在世界的秩序和规律，卢梭发现了人的内在本质。"

二、写作背景：竟自由乐成长

卢梭写作《爱弥儿》的背景，包括18世纪法国的社会环境、启蒙思潮的兴起以及个人经历。

继16、17世纪荷兰和英国相继发生资产阶级革命之后，18世纪的西欧正处于资本主义经济日益发展壮大、封建社会行将崩溃、更为深刻的资产阶级革命即将到来的时期。这种情况在法国表现得尤为明显。当时，法国是一个落后的封建专制国家，路易十四的"朕即国家"这句骄横的名言，就反映了这种专权状况。

当时，封建贵族和僧侣们凭借封建王权和神权对第三等级的人施加沉重的压迫，使整个第三等级其中包括资产阶级完全处于政治上无权的地位。在经济上，封建贵族和僧侣们拥有大量的土地，控制着财政税收大权，残酷剥削和掠夺第三等级，特别是广大工农劳苦大众。但是，随着资本主义生产的发展，资产阶级的经济实力日益扩大，使它再也不能容忍那种无权状况了。反对封建压迫，推翻君主专制制度，扫除资本主义发展的障碍，成了第三等级的共同要求。

在这样的时代，教育受教会的控制，教会成为封建统治者进行封建统治的工具。当时的法国，天主教统治着教育，控制着人们的思想和言论，古典主义和神学占统治地位，教学内容严重偏离生活实际。在学校里，教师教给儿童“一切的知识，却就是不教他认识他自己，不教他利用自己的长处，不教他如何生活和谋求自己的幸福。最后，当这个既是奴隶又是暴君的儿童，这个充满学问但缺乏理性、身心都脆弱的儿童投入社会，暴露其愚昧、骄傲和种种恶习的时候，大家就对人类的苦痛和邪恶感到悲哀”。这种教育残害人的心智，使人愚昧无知。天主教宣扬中世纪的“原罪说”，认为人生下来就是有罪的，人活在世上只是为了赎罪。因为人生下来就是有罪的，所以就应该严格地约束儿童的行为，对儿童实行严酷的制度。

在专制统治、等级制度、天主教势力盛行、社会矛盾和阶级矛盾特别尖锐的背景下，启蒙思想家们试图使人民的思想从传统偏见、神学教条、天主教会和专制政权的压制下解放出来。他们主张宗教上的无神论、哲学上的唯物主义、政治上的民主政体、经济上的自由放任。

在17至18世纪，兴起一场资产阶级和人民大众的反封建、反教会的思想文化运动，这是继文艺复兴后的又一次伟大的反封建的思想解放运动。它的核心思想是“理性崇拜”，用理性之光驱散愚昧的黑暗。这次运动有力地批判了封建专制主义、宗教愚昧及特权主义，宣传了自由、民主和平等的思想，为欧洲资产阶级革命做了思想准备和舆论宣传。

18世纪是个经院主义教育影响极盛的时代，经院学校的教学主要是向儿童灌输宗教思想，儿童所学的学科都具有神学色彩，都是为宗教服务的。卢梭对这种教育深恶痛绝，他认为这种教育压抑儿童的成长，违反儿童的天性，阻碍科学的发展和进步。经院学校那种呆板、机械的教学方法，严重束缚了儿童的智力和个性的发展，不利于儿童主动性和创造性的发挥。在《爱弥儿》中，卢梭明确提出要采取直观教学和实践的方法，让儿童自己去发现问题并解决问题，激发儿童学习的兴趣。针对封建制度下对儿童实行体罚，制定严苛的规章制度的做法，卢梭提出了“自然后果”法，这一原则在《爱弥儿》中得到了很好的阐释。

他在《爱弥儿》上卷中，就开宗明义地指出：“出于造物主之手的东西，都是好的，而一到了人的手里，就全变坏了。”卢梭认为人性本来就是善的，应该对儿童进行爱的教育，遵照儿童的天性，提出“自然教育”的理论。

1762年6月，当《爱弥儿》一书一出版，就给了封建统治者当头一棒，遭到法国天主教会和世俗当局的全面批判和封杀。巴黎大主教贝尔蒙特呼吁人们不要阅读该书，巴黎高等法院也发出了禁书令，并下令逮捕该书的作者。在日内瓦共和国，这个卢梭心目中真正的祖国和自由的故乡，《爱弥儿》甚至被市政当局在广场上公开焚毁，这在当时的社会掀起了一场狂风暴雨。

其实，《爱弥儿》最初是卢梭应德舍农索夫人之请而写的。卢梭阅读洛克的《教育漫话》后，有志以教育工作为终身职业。1740年，他漂泊里昂，果然做了孔狄雅克之弟马布里的家庭教师，教授马布里的二子。虽则不足一年即以失败告终，却引起卢梭对于教育问题的浓厚兴趣，他从此观察思考，深入地反思教育制度。卢梭天资聪明，加上长期的社会经历，使他洞悉社会教育制度出现的很多问题，这为《爱弥儿》的撰写提供了思想理论源泉，遂于1757年著成《爱弥儿》。

在1761年至1762年间，卢梭发表了《新爱洛伊丝》《社会契约论》《爱弥儿》三部著作，对当时的政治和教育都产生了重要的影响。《新爱洛伊丝》是对人的合乎道德的美好感情的赞美；《社会契约论》试图通过建立一个民主自由的共和国来保障人们的自由权利；《爱弥儿》则是通过教育将人培养成自由、民主、博爱的资产阶级新人，这三部著作构成了卢梭的理想社会的宏伟蓝图。《爱弥儿》是卢梭根据自己自学成才的经历和在马布里做家庭教师的实践撰写的，这是他最满意、最系统的著作。

自然主义是卢梭教育理念的核心。所谓自然主义教育就是要顺其自然，要使教育与人的身心发展相一致，不可拔苗助长，也不可滞后。卢梭笔下的教育大体分为三部分：一是受之于自然，我们都是在大自然中成长的个体。婴儿从出生开始，哺育陪伴他的人就一定要尊重自然的天性。二是受之于人，人的教育是我们可以控制的。儿童从接受教育的那一刻开始，教育他的人就肩负着无比重大的责任。三便是受之于事物，儿童在成长的过程中会接触到各种事物，通过对这些事物在视觉、触觉上的感知，以此达到学习的目的。

三、《爱弥儿》：新旧教育的分水岭

（一）内容介绍

《爱弥儿》与《理想国》《民主主义与教育》并称世界三大教育经典著作。在西方教育史上，《爱弥儿》的诞生被看作是新旧教育的分水岭，对后世许多教育家也有巨大的启发和影响力。

歌德称《爱弥儿》是教育的福音；康德因阅读《爱弥儿》不忍释卷，疏忽了十几年雷打不动的散步习惯。杜威教育哲学所追求的教育改进，其要点早已被卢梭一语道破。《爱弥儿》一书中，儿童与世界的互动是蒙台梭利教学的前身。在儿童心理学发展史上，《爱弥儿》也占有极其重要的地位。

在这部著作中，卢梭把自己描写成一个理想的教师，又把爱弥儿描写成理想的学生，叙述了爱弥儿从出生到20岁成长和受教育的全过程。这本书以爱弥儿成长为主线，分为自然人的教育、爱弥儿的诞生、爱弥儿的幼儿时期、爱弥儿的童年时期、爱弥儿的少年时期、爱弥儿的青年时期、爱弥儿的婚姻与爱情几个部分，卢梭阐述他的教育思想于每个时期。文中的主人公有“我”“爱弥儿”“苏菲”。“我”，即作者卢梭，是爱弥儿唯一的老师，也是他的创造者。“我”（卢梭）主张对儿童进行自然教育，根据自然的秩序，把爱弥儿培养成一个自由、博爱、自食其力、充满智慧和仁慈的青年，在爱弥儿结婚生子之后，“我”完成了教育任务，功成身退。

从结构上看，《爱弥儿》全书一共分为五卷：

在第一卷中，着重论述对0—2岁的婴儿如何进行体育教育，使儿童能自然发展。卢梭认为乡下更有利于自然人的发展，妇女们应该从城市到乡下去生孩子。饮食方面：提倡幼儿多吃素食，多吃水果、蔬菜，食品忌单一，以免儿童偏食；乳母吃素食，食肉幼儿体内容易滋生寄生虫，提倡冷饮。着装方面：衣服要宽松朴素，不给幼儿裹头、戴帽、穿袜、穿鞋，让幼儿适应寒冷天气的变化。除此之外，睡眠时间要充足，床褥不可过于温暖和舒适。

在第二卷中，讲述的是童年时期的感觉教育。卢梭认为2—12岁的儿童智力方面还处于睡眠时期，缺乏思维能力，因此主张对这一时期的儿童进行感官教育。通过触觉训练，培养勇气、胆量；通过绘画，进行视觉训练；通过唱歌进行听觉训练；味觉和嗅觉方面顺其自然，儿童在这一时期会从咿呀学语到开始使用语言，同时儿童的想象力、记忆力和自我意识开始发展。

在第三卷中，讲述的是知识教育和劳动教育。在知识教育方面，要教导儿童怎样在需要的时候获取知识，估计知识的价值，爱真理胜于一切。卢梭认为应让儿童学习实用的知识和与儿童个人经验相关的知识，了解自然的变化和社会人生的意义。让爱弥儿去做木工学徒来学习做人，就是通过活动学习知识。在劳动教育方面，更倾向于培养正确的劳动观念，发展智力，锻炼身体，培养道德品质。他认为12—15岁的少年由于通过感官的感受，已经具有一些经验，所以主要论述对他们的智育教育。

在第四卷中，讲述的是信仰和宗教教育。欲念的本源是自爱，我们要爱自己。他认为15—20岁的青年开始进入社会，所以主要论述对他们的德育教育。人应该研究的是自身同他自身周围的关系。卢梭提出防止爱弥儿提早成人，要像庄稼那样缓慢成长，随着他的知识和意念越来越多，应有选择地使他对知识有一定的观念。卢梭认为，教育青年和教育儿童自然的意志，是能使宇宙万物运行的法则。在人的灵魂深处生来就有一种正义和道德的原则，是符合人类意志的表现，这个原则就是良心。

在第五卷中，讲述的是爱情教育。他认为男女青年由于自然发展的需要，所以主要论述对女子的教育以及男女青年的爱情教育。爱弥儿作为社会成员的存在，要为社会履行他的义务。

卢梭提出的按年龄特征分阶段进行教育的思想，在教育史上无疑是个重大的进步，它对后来资产阶级教育学的发展，特别是对教育心理学的发展，提供了极可贵的启示。但是应该指出，这种分期以及把体育、智育和德育截然分开施教的方法，在今天看来是缺乏科学性的。

《爱弥儿》虽然是一本教育类的书籍，但它同时也在探讨着生命的意义。卢梭通过对他所设想的教育对象“爱弥儿”进行教育来反对封建教育制度，并阐述着他的自然教育思想。而自然教育理论思想也正是卢梭教育思想的主体，这本书问世以后，迅速传播到整个欧洲，并引起强烈的反响。卢梭的自然教育思想对许多教育家都产生过巨大的影响，如巴西多、康德、裴斯泰洛齐和杜威都从不同方面受到卢梭思想的启发。

（二）意义和作用

“生活是一场赛跑，如果你不跑快一点，就会被别人踩倒。”

这是电影《三傻大闹宝莱坞》中印度皇家工程学院院长维鲁的名言。他兢兢业业32年，却被叫作“病毒”。在这样的教育理念下，维鲁缺乏同理心，不愿设身处地理解、尊重每位学生，还先后逼死了自己的儿子和两名学生。

综观当下的教育，这样的例子虽然略显艺术夸张，但这样的现象并不少见。在以分数至上的今天，各类教育主体总是满怀“种下龙种”的善良与希冀，对孩子拔苗助长，剥夺孩子成长的天性和快乐，结果往往是“收获跳蚤”的悔恨与悲情。教育目标过度功利化、教育情感沙漠化、教育价值世俗化、教育方法与手段物质化，带来的是“唯理性主义”和“功利主义”，并严重地偏离了受教育者的人性规律。

教育的功利化，带来的直接后果就是，培养的学生“像一只只听话的羔羊，机械麻木地重复着学习，失去寻找生活的乐趣和对真善美的追求，失去对假恶丑的抵制与抗拒”，更无暇去思考“为何而生”的终极意义。这最终必然导致学生对生命价值缺乏尊重、对美好人生缺乏责任，因失却灵气而显得少年老成，并在不知不觉中失却自我，甚至出现了学业挫败、同伴交往障碍、师生关系紧张、亲子关系障碍等心理危机。

让教育回归常识、常理、常情、常规，最终回归人性。我们完全可以认真反思和借鉴卢梭基于人性的自然教育思想。

卢梭在《爱弥儿》中说：“大自然希望儿童在成人以前就要像儿童的样子。如果我们打乱了这个次序，就会造成一些早熟的果实，它们长得既不丰满也不甜美，而且很快就会腐烂；我们将造成一些年纪轻轻的博士和老态龙钟的儿童。”

在卢梭看来，万物的秩序中，人类有它的地位；在人生的秩序中，童年有它的地位：应当把成人看作成人，把孩子看作孩子。儿童是有他特有的看法、想法和感情的；如果享用我们的看法、想法和情感去代替他们的看法、想法和情感，那简直是最愚蠢的事情。

身心健康是受教育者接受教育的基本条件。在对爱弥儿的培养中，卢梭十分重视体育教育和劳动教育，认为“教育的最大秘诀是：使身体锻炼和思想锻炼互相调剂”。如果想要培养一个智慧的人，就要先培养他的智慧所支配的体力；如果想要培养一个自由的人，就要先培养他的自由所允许的体力。在这方面，我们应当提供最丰富多样的教育机会。

在爱弥儿很小的时候，卢梭就开始对他进行体力方面的教育，他不用襁褓包住爱弥儿，而是让他穿上肥大的衣服，使得他的手脚可以自由地运动，以强壮他弱小的身躯，以便降低患病的概率；他让爱弥儿跳远、跳高、爬树、翻墙，教他在悬崖的岩石上可采用怎样的姿势，以此提升他的体力、锻炼他的勇气，他希望爱弥儿“同山羊争胜负，而不要他同舞蹈家较长短”。

卢梭认为，体能的锻炼有助于心理健康的发展。在教育的过程中，卢梭教爱弥儿学会了宽容、谦逊、博爱，减少了偏见和妒忌，所以爱弥儿很难被不良的情绪和心理疾病所困扰。正是由于这些积极的身心健康教育，爱弥儿成长为一个身体健硕、心理健康的孩子。

在《爱弥儿》一书中，卢梭提到这样一个故事：有个年轻人沉溺于酒色，无法自拔，父亲百般教诲，不得其法。最后选择了最直接的方式——带他去性病医院，让他目睹行为产生后果后带来的痛苦。丑陋和肮脏直面而来，刺激了年轻人的神经。看到病房里的他们预示了自己的将来——如果他不悬崖勒马的话。如此，父亲的旁白说教才起到当头一棒、立竿见影的效果，使其刻在骨子里，使他不敢越雷池一步。在此指出空洞的说教不如实际观察感触来的有效。当然对学生最好的教育，不是长篇大论、旁征博引的说教训斥，而是身体力行的示范引导，因为“亲其师，信其道”。

卢梭在论述教育时讲到了两种教育目的：一是培养自然人，二是培养社会公民。“自然人完全是为他自己而生活的，他是数的单位，是绝对的统一体，只同他自己和他的同胞才有关系。公民只不过是一个分数的单位，是依赖于分母的，它的价值在于他同总体，即同社会的关系。”这两种教育目标区分了两种教育，即公众的和共同的、特殊的和家庭的。在培养自然人方面，教育培养以个人的需求为根本，从人的本性出发，最终落实到个人的发展中。

卢梭认为，智慧的教育来源于自由意识的培养；自由不仅在于身心的自由，更在于思想上的自由，锻炼孩子在思想意识上的独立性，不依赖于外物，不为偏见所影响。真正自由的人，只会做他想做的事，他的思想只能为他自己所支配。因此，具有智慧的人，他的生活必然是从容的、自由的，既能够通晓事理，又能够通达人情；既不会盲目从众，也不会自以为是；既能够宽容过往，又能够珍惜现有，还能够看得清未来。这样的教育，是顺应自然的教育，也是人生历练的教育。只有这样的教育，才是智慧的教育。

“顺木之天，以致其性”，孩子的成长和树木一样，也有其自身规律。在符合孩子个性特征和成长规律的前提下，对孩子进行适度的学科辅导、兴趣培养、潜能挖掘，并无不可。但如果不顾孩子的兴趣禀赋、接受能力，违背人性，一味加压，让孩子完成超越年龄和自身的事情，那么我们一点一点强加于孩子的，可能不是锦绣上点缀的花朵，而是压垮骆驼的那一根根稻草。

理解人性，才会真正地看见孩子；理解人性，才会让教育回归本真；理解人性，才会泰然地安放各种教育焦虑。这确实可能是当前很多执着于“拼娃”却“越拼越迷失”的父母们最需要补上的一课，是以成绩排名、特长证书为标准来度量孩子能力的教育者需要正视的一课，更是以升学率、清北率来评价学校教育教学质量的当政者需要反思的一课。

当然，我们需要清楚地意识到，卢梭的自然教育思想尊重儿童身心自然发展的需要，却并非要我们在儿童教育上“听任自然”，而是要尊重儿童内心的状态、完整的人格和精神的自由。但事实上，我们常常被社会“残酷性”所裹挟，在“为未来计”的幌子下对儿童采取“强使”的方法。作为教育者，我们仅仅明白这一点是远远不够的，因为知与行之间的距离需要用实际行动来丈量，而不是把起点和终点都放在“知”这一端。

在提倡个性化教育、提倡素质教育、全人教育的今天，《爱弥儿》中的自然教育思想依旧有借鉴意义，发人深省。

四、经典语录

1. 如果你不首先培养活泼的儿童，你就绝不能教出聪明的人来。

2. 以世界为唯一的书本，以事实为唯一的教训。

3. 我认为，一个孩子的教师应该是年轻的，而且，一个聪慧的人能够多么年轻就多么年轻。如果可能的话，我希望他本人就是孩子，希望他能够成为他的学生的伙伴，在分享他的欢乐的过程中赢得他的信任。

4. 我们生来是软弱的，所以我们需要力量；我们生来是一无所有的，所以需要帮助；我们生来是愚昧的，所以需要判断力。我们在出生的时候所没有的东西，我们在长大的时候所需要的东西，全都要有教育赐予我们。这种教育，我们或是受之于自然，或是受之于人，或是受之于事物。如果在一个人身上这三种不同的教育是一致的，都趋向通用的目的，他就会自己达到他的目标，而且生活得很有意义。

5. 在变化无常的人生中，我们要特别避免那种为了将来而牺牲现在的过于谨慎的畏首畏尾的做法，这种做法往往是为将来根本得不到的东西而牺牲现在能够得到的东西。

6. 当孩子根本不喜欢读的时候，读书对他有什么用处？不能让还不喜欢读书学习的学生对读书发生厌恶的心情。不能让他体会到读书的苦味，以免过了青年时期他还觉得读书是一件可怕的事情。

7. 宁可让儿童一个字也不识，也不要使他为了学到这一些学问而把其他有用的东西都牺牲了。

8. 家庭生活的乐趣是抵抗坏风气的毒害的最好良剂。

9. 童年是理智的睡眠期。

10. 大自然希望儿童在成人之前就要像个儿童的样子。

11. 你要记住，在敢于担当培养一个人的任务以前，自己就必须要造就一个人，自己就必须是一个值得推崇的模范。

12. 上帝造就了我，而我却将模子打破。

13. 好奇心只要有很好的引导，就能成为孩子寻求知识的动力。

14. 真正的教育不在于口训而在于实行。

15. 我们总是在孩子身上找大人，却从不想想他在变成大人之前只是个孩子。

16. 问题不在于教他各种学问，而在于培养他有爱好学问的兴趣，而且在这种兴趣充分成长起来的时候，教他以研究学问的方法。

17. 向他的头脑中灌输真理，只是为了保证他不在心中装填谬误。

18. 如果你的目的只是想到某一个地方去，你当然可以坐驿车，但是，如果是为了游历，那就要步行了。

19. 教育的最大的秘诀是：使身体锻炼和思想锻炼互相调剂。

20. 我们之所以产生嫉妒的心理，是由于社会的欲望，而不是由于原始的本能。

21. 造物主创造的东西都是好的，而一到了人的手里，就全变坏了。

22. 伤害已经出现，他必须忍受疼痛。从根本上说，当我们受伤的时候，让我们感到痛苦的并不是我们受的伤或挨的打，而是由此产生的恐惧。

23. 教育是唤醒，应从适应儿童天性发展的角度出发，将原本在儿童本身的潜能自然地唤起、自然地引导出来。

24. 活着不是能呼吸，而是要有所为。活得最精彩的人，并不是经历岁月最长久的人，而是对生活感受最多的人。

25. 智慧平静的年岁是如此的短促，它过得如此快捷，它还有许多另外的必要的用途，因此，妄想在这段期间把一个孩子培养成一个非常有学问的人，其实是一种愚蠢的行为。所以，问题不在于教他什么学问，而在于培养他有爱好学问的兴趣，而且在这种兴趣充分增长起来的时候，以研究学问的方法教他。毫无疑问，这是全部良好的教育方法的一个基本原则。

26. 每一个人都希望得到幸福，但为了要获得幸福，就一定要首先明白什么是幸福。自然人的幸福是与他的生活一样简单的；幸福就是免于痛苦，也就是说，它是由健康、自由和生活的必要条件组成的。

27. 谁没有受过他自己的热情的欺骗，把它当成是一种真正的才华呢？一个人喜欢一项工作或者适宜于干那项工作之间，是有很大区别的。

28. 自爱一直是非常好的，一直是符合自然的秩序的，因为每一个人对保护好自己负有特殊的责任，所以，我们第一个最重要的责任就是而且应该是不断地关心我们的生命。倘若他对生命没有极大的兴趣，如何去关心它呢？所以，为了保持我们的生存，我们一定要爱护自己，我们爱自己要胜过爱另外所有的东西。从这种情感中将直接产生这样一个结果：我们也同时爱维持我们生存的人。

29. 人并不是生来就一定可以做帝王、贵族、显宦或者富翁的，每一个人生来都是光溜溜地一无所有的，每一个人都要遭遇人生的苦难、忧虑、疾病、匮乏以及形形色色的痛苦，最后，任何人都是注定要死亡的，做人的真正意义正是在这里，没有哪一个人能够免掉这些遭遇。因此，我们开始的时候，就要从与人的天性密不可分的东西入手，了解真正构成人性的东西，着手进行我们的研究。

30. 我们对别人痛苦的同情程度，并不决定于痛苦的数量，而决定于我们为那个经历痛苦的人所设想的感觉。

31. 大雨可以延迟我们到达的时间，但不能阻止我们前进。

（浙江省教育报刊总社　杨志刚）

《普通教育学》

一、赫尔巴特简介：科学教育学的奠基人

约翰·弗里德里希·赫尔巴特（1776—1841年），德国著名的教育家、心理学家和哲学家，科学教育学的奠基人。主要著作有《普通教育学》《心理学教科书》《教育学讲授纲要》《心理学研究》等。他的教育理论代表作《普通教育学》被称为教育史上第一部具有科学体系的教育学著作。

1776年5月4日，赫尔巴特出生在德国奥尔登堡一个司法官家庭中。因为他年幼时不慎跌入沸水桶中，童年时期身体一直很弱，因此，他的母亲为他请了一个家庭教师哲学家于尔岑，让他在家中学习。在于尔岑的教育下，赫尔巴特对语言、逻辑、哲学等方面产生了浓厚的兴趣。

1788年，12岁的赫尔巴特进入奥尔登堡拉丁语学校二年级学习。13岁时，他写下了自己的第一篇哲学论文《论人类道德的自由》，16岁开始研究康德的思想。他在毕业时，用拉丁语做了讲演，对西塞罗与康德的至善观念与实践哲学原理做了分析比较，深受赞许。学校对他的评语是：“赫尔巴特始终以守秩序、有良好的操行、学习用功和顽强著称，并且通

过孜孜不倦的勤奋学习使他自己出色的天赋得到了发展与训练。”

1794年，赫尔巴特进入耶拿大学学习法学，成为费希特的学生，最初深受其影响，但日后逐渐与其分道扬镳。他在大学期间加入了“自由协会”。赫尔巴特认为每个人应当树立公民意志，并通过政治活动或教育工作来在行动上表现出来。

1797年，从耶拿大学毕业，他到瑞士一个叫施泰格尔的贵族家担任家庭教师。三年的家庭教师经历丰富了他的教育经验，对他以后教育理论的形成产生了重大影响。在瑞士，他结识了当时已负盛名的教育家裴斯泰洛齐，并与他成了忘年之交。

1800年，赫尔巴特辞去家庭教师的工作，回到家乡奥尔登堡。之后，受朋友施密特邀请，前往不来梅担任一所教堂学校的数学教师。

1802年，赫尔巴特从不来梅移居格廷根，并在格廷根大学获得博士学位，稍后又获得教授备选资格，开始了他的大学教学生涯。1806年，他发表了著名的《普通教育学》，接着又发表了《形而上学概要》《逻辑概要》《一般实践哲学》等。

1809年，赫尔巴特前往柯尼斯堡大学任教。在那里，他积极参与教育改革，创办了教学论研究所、教育研究所、师范研究班和附属实验学校，同时，他大力开展心理学研究，撰写了《心理学教科书》《论数学应用于心理学的可能性与必要性》等重要的心理学著作。他在柯尼斯堡工作了25年，这是他学术生涯的高峰期。

1833年，赫尔巴特重返格廷根大学执教。1837年，七名教授联名抗议新国王撤销1819年带有民主主义色彩的宪法的决定，这便是德国历史上著名的“格廷根七教授事件”。身为哲学院院长的赫尔巴特虽然反对新国王的做法，但并没有加入签名者行列，并在国王开除这七名教授之后，避免与他们来往。他也因此遭到格廷根大学学生的抵制，这也使他备受打击。

1841年8月14日，赫尔巴特逝世，享年65岁。他的墓碑上镌刻着这样的墓志铭：

探求神圣深湛的真理，
甘于为人类幸福奋斗，
是他生活之鹄的。
此刻，他的自由的灵魂，
充满光明，飞向上帝，
此地，安息着他的躯体。

二、《普通教育学》：教育目的、兴趣培养和道德力量

1806年，赫尔巴特发表了著名的《普通教育学》，这是教育理论发展史上一个伟大的里程碑，标志着教育学作为一门独立的科学理论体系的建立，是近代教育理论走向科学的基础。

赫尔巴特教育学的基础是哲学与心理学。他认为，作为科学的教育学乃是哲学的任务，而且是整个哲学的任务；既是理论研究的任务，又是实践研究的任务，同样也是最深入的超验研究的任务和把一切事实综合在一起的理性判断的任务。同时，他强调，“教育者的第一门科学——虽然远非其科学的全部——也许就是心理学”。赫尔巴特的教育心理学化给以后教育科学的发展带来了深刻的影响，他研究了教育心理学的重要内容，发展了创新性的教学方法，展示了教学中方法学的重要性，发展了研究历史和人文学科的社会视野，指出了教育与伦理学的密切关系，平衡了教师与学生的责任划分。他的教育心理学化的努力在教育史上占有重要地位。

《普通教育学》由“绪论”和“教育的一般目的”“兴趣的多方面性”“道德性格的力量”组成。“绪论”阐述教师学习教育学的意义和作用，其他三个部分则根据教育的“管理、教学和训育”之间的关系进行编排。作

者认为教学是介于管理与训育中间的，教学的明显特征在于其本身，而训育和管理则直接触及学生，因此他把教学的相关内容放在第二编。

下面试着根据该书的结构、内容对赫尔巴特科学教育理论体系做一个梳理。

（一）绪论

在“绪论”部分，赫尔巴特着重阐述了教师学习教育学的意义和作用。《普通教育学》的开头先批判卢梭的自然教育思想和洛克的世俗教育思想。赫尔巴特认为卢梭的“教育应当为人的生长的一切表现”的自然教育，是以牺牲教育者的整个生命来作为对儿童的永久陪伴的，让教育变得异常昂贵。而洛克的“对于父辈来说，决定使他们的儿子成为他们那个世界的人”是一种世俗教育。

所以，赫尔巴特提出教育学应该尽可能严格地保持自身的概念，进而形成独立的思想，从而成为研究范围的中心。“任何科学只有当其尝试用自己的方式，并与其邻近的科学一样有力地说明自己的方向的时候，它们之间才能产生取长补短的交流。”

在这里他第一次提出教育学应当作为一门独立的学科而存在，他主张作为一名教育者，应该懂得科学，具备思考力。作为一名教育者，首先要掌握心理学，因为心理学记述了人类活动的全部可能性，教育学必须以心理学为基础。

他提出，在心理学基础之上建立的教育学，应当“通过教学来教育”。他反对“无教学的教育”，也反对“无教育的教学”。他认为，只有通过教学进行的教育，才能“把我们将某些事物作为学生观察思考对象的这一切工作都视为教学”。对于通过教学进行的教育，他又提出了“科学与思考力”的要求，认为应当把科学与思考力当作“邻近的实际环境”中“很大的整体的一部分”。

他“相信健康儿童的良好天性不应当被视为一种碰不得的稀世珍宝，它是可以接受大多数像我这样的教育者的教育的”，要求教师“不仅带着语言学的头脑，而且带着教育学的头脑来进行这项工作”。教师的教育必须“排除那种排斥思想活跃的学生而重视不爱动脑子的学生的迂腐思想”，这种思想如果融入教学过程中，那将在很大程度上损害教育本身。

赫尔巴特认为，教师“只有知道如何在青年人的心灵中培植起一种广阔的，其中各部分都紧密联系在一起的思想范围，这一思想范围具有克服环境不利方面的能力，具有吸收环境有利方面并使之与其本身达到同一的能力，那么我们才能发挥教育的巨大威力”。

同时，他认为，人类只有“不断地通过其自身产生的思想范围来教育自己”，教育才能发挥真正的作用，才会具备深远的意义。他说，“只有在有思想的人相互一致的时候，理智才能胜利；只有在善良的人相互一致的时候，善才能胜利”。

在“绪论”中，赫尔巴特否定了传统的错误教育观念，提出了以哲学和心理学、伦理学为基础的科学教育学，并概括性地提供了教育的方法、路径和手段，预料了教育教学中可能存在的问题和困难，为解决问题做好了思想和方法上的准备。

（二）第一编：教育的一般目的

1. 儿童的管理

赫尔巴特认为，“如果不紧紧而灵巧地抓住管理的缰绳，那么任何课都是无法进行的”，他同时也认为，如果只满足于管理本身，而不顾及教育，那么这样的管理是对儿童心灵的压迫。他认为每个人来到这个世界都是不带意志的，而随着每个人的成长便逐渐创造出意志来，而这种意志如果不加以管理，就可能会产生反社会倾向。因此，儿童管理是一种预防措施。它一方面是为了避免现在和将来对别人与儿童自己造成伤害，另一方面是为了避免不调和斗争本身，再一方面是为了避免社会参与它没有充分权力参与却被迫要参与的那种冲突。

对于儿童的管理，赫尔巴特认为首先应该采取的措施是威胁，其次是监督。同时他也认为，拘泥于细节的和经常性的监督，对儿童和管理者都是一种负担，并且在威胁和监督下的儿童缺少机智敏捷和创造能力，缺少果敢和自信精神。

所以，必须要对儿童给予心灵上的帮助，即权威和爱。他认为权威可以让儿童的心智服从，可以约束儿童超出常规的行动，有助于扑灭一种倾向于正在形成的邪恶意志。而爱是基于情感的和谐，同时基于适应。爱所要求的感情和谐可以通过两种方式产生：教育者深入到学生的感情中去，十分巧妙地悄悄融合在学生的情感中；或者他设法使学生的感情以某种方式接近他自己的感情。

赫尔巴特认为，要在与管理的对照中看真正的教育。他说“真正的教育对待儿童从来不是生硬的，却常常是很严格的”。教育者应当以各种人道的态度将学生作为人来对待，并应当以应有的充满爱抚的情意将他们作为可爱的孩子来对待。教育者应当感受到人类能够具备的一切美好与可爱的品质。

他特别强调，在管理上，“不应长时间地与孩子过不去！不应故意摆威风！不要神秘地缄默！尤其不要虚伪地友好！无论各种感情活动会发生多少变化，都必须保持坦率、诚恳”。

2. 真正的教育

赫尔巴特明确指出教育的目的有两个：一个是最高的、普遍的目的，指向道德性格的形成；一个是可能的目的，即发展儿童的多方面的兴趣。换言之，教育的目的可以区分为道德目的和意向目的。

他坚信把道德教育放在首位的探讨方法是教育的主要观点，德育问题是不能同整个教育分离开来的，它必须同其他教育问题必然地、广泛深远地联系在一起。同时，教育者要为儿童的未来着想，因为人的追求是多方面的，所以教育者所关心的也应当是多方面的。

在这两个方面，赫尔巴特认为，道德目的是培养道德性格的力量，意向目的是培养儿童的多方面兴趣。道德目的是核心，他认为“使绝对明确、绝对纯洁的正义与善的观念成为意志的真正对象，以使性格内在的、真正的成分——个性的核心——按照这些观念来决定性格本身，而放弃其他所有的意向”。

他认为道德的完善是培养儿童多方面兴趣的根本，而教育的意向目的则是培养儿童的多方面兴趣。培养儿童多方面兴趣，需要把学生的个性作为出发点。但个性不是性格，它是无意识的、情绪化的、不坚定的，会不断地从内心深处表现出新的念头与欲望来，而性格是坚定的，是有意志力的，所以他认为，真正的教育措施应该是通过扩展了的兴趣来改变个性，必须使其接近一般形式，然后才可以设想个性有对普遍适用的道德规律发生应变的可能。

（三）第二编：兴趣的多方面性

这一部分从阐述“多方面性”与“兴趣”的概念入手，探讨“多方面兴趣的对象”以及为发展多方面兴趣所开展的教学及其过程和结果，从兴趣的多方面性的问题上来解释学校的教学计划和学科设置，阐述教学的过程、环节等一系列问题。

1. 多方面兴趣

赫尔巴特用“没有一定数量的内心生活的富源”的种种意愿定义“多方面性”的概念。而“兴趣”是指在对象的观望中形成，“停留在被它观望到的现在的对象上”。他认为，兴趣的对象与实际欲望的对象是完全不同的，因为欲望“力争把握它还不曾占有的未来的对象”，而兴趣则观照“现在的对象”。

在兴趣的多方面性学习过程中，人们首先要经过专心和审思阶段。专心是指“热衷于人类艺术活动的某一种对象”，当他明晰把握每一件事，全心全意地献身于每一件事时，他的“人格依赖于意识的统一，依赖于积聚，依赖于审思”。一种专心活动接着一种专心活动，然后在审思中会合起来。

因此，任何的教学活动都应当依次经历“清楚—联合—系统—方法”四个阶段，即赫尔巴特的著名教学形式阶段理论。在教学活动的开始，教师可以通过提供直观教具并辅以简单易懂的语言描述，引起儿童注意并获得对新教材的清晰表象，从而为学习新知识做好准备，这就是“清楚”。然后，教师可以通过与学生之间轻松的对话，调动学生的创造性心理活动，帮助学生努力将前一阶段所获得的表象与原有的观念发生联系，是为“联合”。接下来，教师通过概括和讲述定义、规则与原理等办法，使学生审思新旧观念的联系，并在此基础上形成新的概念体系，这就是“系统”。最后，教师通过引导学生将已经体系化的新知识在实际中加以运用，以检验是否有效，并通过反复练习以巩固新习得的知识，这就是“方法”。

赫尔巴特强调应当将兴趣作为教育教学的基础，他将兴趣分为四个阶段，即“注意、期望、要求、行动”。“注意”是指“一种观念突出于其他观念，并对它们发生作用，从而不由自主地压制和遮盖了其他观念”的心理状态。当这种观念停留于新的意识中，尚未与原来的观念发生联合前，则是“期待”。当这种兴趣激发出主体的欲望时，就会变成对新旧观念联合的“要求”。而在新的认识的指导和驱使之下，学习者就会采取兑现行为的活动，是为“行动”。

在明确多方面兴趣的概念之后，赫尔巴特从心理状态上分析多方面兴趣的对象。他认为，从心理状态上看，学习者在对兴趣的学习上存在“认识”和“同情”两个层面。“认识是在观念中摹写在它面前的东西，同情是把自身置于别人的情感之中。”“在认识中，事物与观念之间存在着一种对立；相反，同情却增殖着相同的情感。”

“认识”的成分可以分为关于多面性的、关于它的规律性、关于它的美的关系；“同情”的成分可以分为对于人类的、对于社会的以及两者对环境的关系。“认识”与“同情”两者都是不改变原样地接受它们所发生的一切，“前者似乎在于经验，后者似乎沉浸在同感之中”。

2．教学

赫尔巴特认为，人通过经验从自然中获得知识，通过交际获得同情。因此，从认识和同情出发，他把教学作为经验与交际的补充。他说：“有谁在教育中撇开经验与交际，那就仿佛避开白天而满足于烛光一样。”

他认为“只有教学才能满足平衡地培养广泛的多方面性的要求”。所以，应当“设想出一种教学方案，一开始仅以认识与同情的成分来安排，完全不考虑我们科学材料的各种分类，因为这些材料本身对于人格各个方面是没有区别的，与多方面性的平衡发展是毫不相关的”。这种方案“首先应当在材料有所偏重的地方对它们作出分析、补充与调整，其次应当部分地通过材料彼此间的联系，部分地直接通过教学，使平衡得到恢复”。

在教学步骤上，赫尔巴特认为，“教学必须把认识与同情作为彼此不同、基本上独立的心理状态同时加以发展”。他在之前就强调过学习者的专心与审思，所以他确立了一个教学规则，即在教学对象的每一个最小组合中给予专心活动与审思活动以同等的权利。他把教学分成四个阶段，即前面所述之“清楚—联合—系统—方法”。同时，他区分了“认识”与“同情”两种不同的教学步骤，在“认识”层面上，教学应当：指明—联结—教导—给予哲学的观点；而在“同情”层面，教学应当：直观—连续—令人振奋的—深入现实的。

在教学的材料上，他认为教学涉及事物、形式、符号三个层面。他特别强调形式和符号是抽象的，“绝对不可以使抽象本身具体化为事物，而必须始终通过对事物的实际应用来证实抽象本身的意义”。

在教学的方式上，他认为必须把“任何矫揉造作的方式排斥于教学之外”，必须使学生始终保持急切期待的心理，以此来激发学生，给学生最大限度的自由是最好的教学方式。

在教学过程上，他把过程分为“单纯提示的教学—分析教学—综合教学”三个方面。“单纯提示的教学”是“描述应使学生相信所描述的即其所见的”。“分析教学”是“通过分解其所遇到的特殊现象，上升到一般的领域”。而“综合教学”是“建立在它自身的基础之上的，只有它能够承担教育所要求的建立整个思想体系的任务”，“综合性教学”强调联结性。

在教学的结果上，赫尔巴特认为心灵的充实应当是教学的一般结果，但它比其他任何细枝末节的目标更重要。教学的结果最重要的是培养心灵状态的质量，而不是其他。他说，我们的学习不是为了学校，而是为了生活。“生活的乐趣是与内心崇高的感觉一致的，后者知道如何从生活中解脱出来。”

（四）第三编：道德性格的力量

教育的最终指向是道德的目的。在这一编里，赫尔巴特进一步明确了性格和道德等概念的内涵，阐明了道德性格的表现形式与性格形成的自然过程，并据此重点阐述了训育的作用及其实施。

1．道德性格

赫尔巴特认为性格与个性是不同的，个性是情绪化的、不稳定的，而性格“见诸一个人决意要什么与决意不要什么这两者之间的比较之中”，是具有一种意志的前后一致性和坚定性的。

他把性格分为客观部分与主观部分。客观部分是指人业已具有的意志部分，主观部分是指人产生的新的意志部分。他认为对性格客观部分的教育是困难的，“我们对儿童早期进行教诲，而其业已形成的乖谬的性格往往会隐藏起来，到时候又会表现出来，所以我们似乎必须把教诲放在主观部分中”。

同样，赫尔巴特把道德也分为积极部分与消极部分，而且这两个部分是相互贴近的。道德需要转化为性格，因此，要“从道德观的美学威力出发，才可能出现那种对美的纯粹的、摆脱了欲望的、同勇气与智慧相协调的热情”。

他认为道德性格有两种表现形式：一是道德性格是为了什么目标决定的，即控制欲望和为观念服务的性格；二是它如何和为何要证明它的坚定性，即可被决定的部分与决定的观念，包括“我们所要忍受的——公正”“我们所要有的——善良”“我们所要做的——内心自由”三个方面。

在这一部分中，赫尔巴特着重阐述了性格形成的自然过程。他认为“行动是性格的原则”，行动从欲望中产生意志。由兴趣逐步上升为欲望，然后又依靠行动上升为意志，这样的积累过程形成了人的思想范围。思想范围包括一切智慧工作（包括知识与思考）的积累。因此，他认为，性格培养的主要基础是思想范围的教育。他说：“第一，我们不能让那些没有正当欲望可以投入行动的人按照他们自己的思想去行动，否则他们只会往坏的方面有所进步，在这方面不如说，教学的艺术在于对他们的行为加以抑制！第二，假如青年人的思想范围已经完全地培养出来了，以至于他们纯洁的趣味达到了完全能够控制幻想行为的程度，那么我们对于他们进行性格培养的关心在他们一生中几乎可以完全抛开了。”

2. 训育

赫尔巴特认为管理不能算作教学，那种对儿童的意志进行培养，同时又必须对意志进行抑制的行为不是管理，而是训育。

训育是对青少年的心灵产生直接影响，即有目的地进行的培养。训育，一部分“是帮助教学，使教学成为可能并去影响一个业已独立的人今后性格的形成”，另一部分“是通过行动或非行动直接使学生产生或不产生初步的性格”。因此，训育对儿童性格的形成非常重要。

训育可以激发情感，或者抑制情感，它的措施可以分为“诱导”“赞许”“压制”“强迫”“奖励”“惩罚”等。赫尔巴特认为，管理仅着眼于行动造成的结果，而训育则还要看尚未付诸行动的意图。训育不是短促而尖锐的，而是延续地、不断地、慢慢地深入人心和渐渐停止的，是一种陶冶。训育是“依靠一个火苗来点燃第二个火苗”。

赫尔巴特认为，训育应该有的放矢，“教育者必须在儿童周围营造具有充分影响力的那种自然而然的感情气氛，必须使用各种行为方式与思维方式的结果来感染他”。以教育的惩罚性而论，训育应“尽可能避免给予正面的、专断的回答，应完全遵循人类行为的自然结果”，而管理性惩罚则“不论通过什么途径，都不过是对好与恶的应得报应量的回答”。

训育的最终目的是形成道德性格的力量，其核心在于养成学生良好的道德观念和品格。赫尔巴特认为，儿童真正需要具备的是“内心自由、完善、仁慈、正义、公平”这五种道德观念。如果一个受教育者具备这五种道德观念，那么社会秩序就能得到维护，教育的作用也正在于此。

（五）简评

赫尔巴特作为世界教育史上的“科学教育学的奠基人”“现代教育学之父”，在教育科学发展史上具有开创性的地位。他的“道德是教育的最高目的”思想、教育教学理论思想，在现代教育学史上产生了深远的影响。

但随着教育学的发展，《普通教育学》中的一些教育主张也存在着一些局限性。如各部分的逻辑性不足，对教学阶段划分的机械性，对儿童本质认识的片面性，对宗教认识的保守性等。还有，《普通教育学》的语言晦涩难懂，也非常考验读者的耐心。

三、经典名句赏析

1. 假如要把监督作为常规工作的话，那么就不可能要求那些在监督下成长的人们机智敏捷，具有创造力，具有果敢精神和自信行为。

赫尔巴特认为，在儿童的管理中，监督是不可缺少的手段，因为没有监督的教育是很难达到目的的。但拘泥于细节的或经常性的监督，对于监督者和被监督者来说都是一种负担。这是因为监督和压制会妨碍孩子自己管理自己的可能，使他们习惯于墨守成规、不思改变，限制了自由思考和行为，无法根据自己的兴趣和需求去探索和实践。这样的教育方式容易导致人们形成依赖性和被动性，缺乏独立思考和解决问题的能力。

因此，赫尔巴特主张教育应该尊重个体的自由和创造力，鼓励人们主动探索和解决问题，从而培养出具有独立思考、创新能力和自信行为的人才。这种教育理念对于当代教育改革具有重要的启示意义，值得我们深入研究和借鉴。

2. 教育的最高目的——道德。

赫尔巴特认为，教育的最高目的是道德，真正的教育实际上是一种道德教育。这一观点深刻地揭示了教育的本质和价值取向，强调了道德在人类发展中的核心地位。

他认为儿童需要具备“内心自由、完善、仁慈、正义、公平”这五种道德观念。这意味着教育的根本任务是培养具有道德品质的人才，这与我们现代教育中强调立德树人的根本任务是一致的。道德品质是一个人为人处世的基石，是一个人内在素养和人格魅力的体现。通过教育，我们要让学生树立正确的价值观，形成良好的道德品质，如诚实、守信、尊重他人、关爱社会等。这些品质不仅有助于学生个人的成长，也有利于社会的和谐发展。

道德是教育的最高目的，体现了教育的人文关怀。教育不仅仅是传授知识和技能，更重要的是引导学生关注人的精神世界，关注人的道德品质。同时，道德是教育的最高目的强调了教育的道德责任。作为培养人才的重要机构，学校肩负着传承文明、弘扬道德的使命。这就要求教育工作者要时刻关注学生的道德成长，以身作则，为学生树立良好的道德榜样，以人文精神增进人们之间的理解和信任，促进社会的和谐与进步。

3. 但愿把任何矫揉造作的方式排斥于教学之外！无论提问还是讲授，无论诙谐还是慷慨激昂，无论语言精练还是抑扬顿挫，一旦看上去是被作为任性的配料在应用，而不是出于客观事物与情绪的需要，那么这一切将会使人厌恶。

赫尔巴特非常强调教学的方式，他认为在教学中，如果学生一直处于被动状态，会使人厌恶和压抑。所以在教学上，要努力使学生“保持急切的期待心理”，要在可以顺利进行教学的范围内，给学生最大限度的自由，他认为这才是最好的方式。因此他强调排斥任何“矫揉造作”的方式。这里的“矫揉造作”指的是不自然、过分修饰或做作的表现。这种教学方法让人感觉到是刻意为之，而非源自内心的真实表达，这种教学方式会让人感到厌恶。因此，他倡导一种真诚、自然的教学风格，认为这样的风格才能更好地吸引学生，也更符合教育的本质。

这段话强调了教师在教学过程中应当追求的真实和自然，提醒教师们要避免过分雕琢和做作，真正用心去教学，以此激发学生的学习兴趣和热情。

4. 只有从道德观的美学威力出发，才可能出现那种对美的纯粹的、摆脱了欲望的、同勇气与智慧相协调的热情，借以把真正的道德化为性格。

赫尔巴特认为“一个人必须用道德的眼光来观察他在世上的全部态度”，而这又是和审美观紧密相连的，所以，这句话强调了道德观的美学威力在培养真正道德性格方面的重要性。他认为，应该将美学与道德相结合，美学不仅关注审美体验，还应当关注道德修养。

“美学威力”在这里指的是美的力量，它能够激发人们追求道德的热情，从而塑造出具有真正道德品质的性格。在追求道德的过程中，人们需要克制自己的私欲，以理智和勇气去追求真正的美德。通过这样的努力，人们才能将道德观念内化为自己的性格，形成一种坚定而纯粹的道德品质。

总之，赫尔巴特的这句话强调了美学在培养道德性格方面的重要性，倡导人们摆脱欲望、追求同勇气和智慧相协调的纯粹美德，从而将道德内化为自己的性格。这种观点启示我们在美学教育和道德培养方面，要关注个体的内在品质和道德修养，以促进其全面发展。

5. 假如决定不受屈辱的影响，“德行即自由”的崇高感觉不是一时的冲动，那么道德的真正积极部分必然充满一个人的心灵深处。

这句话表达了一个观点，即如果一个人决定不受屈辱的影响，那么“德行即自由”的崇高感觉就不会只是一时的冲动，而是会充满一个人的心灵深处，成为这个人道德行为中真正起积极作用的部分。

“德行即自由”的理念表达了道德行为与内心自由之间的紧密联系。当一个人坚守道德原则，按照自己的良心行事，即使面临困境和屈辱，他也能保持内心的自由和尊严。这种崇高感觉并不是一时的冲动，而是源于一个人内心深处的道德信念和自我尊重。

“道德的真正积极部分必然充满一个人的心灵深处”意味着，一个人的道德行为不仅仅是为了遵守规则或者避免惩罚，更是出于内心深处的道德信念和自我尊重。这种道德行为是积极的，因为它源自一个人内心深处的动力，而不是外部的压力或者诱惑。

因此，只有源于内心的道德信念和自我尊重，我们的道德行为才真正具有积极的意义。

6. 任何人都不许可编造一种正宗的正义；任何人都不许可武断地认

定，能以一种更合理的正义代替现存的正义。

这句话表达了一种对于正义观念的相对性和多元性的认识。在这里，所谓的“正宗的正义”指的是某一特定的、被认为是绝对正确的正义观念。他认为，没有人有权力单方面地创造或确定一种绝对正义的观念，也没有人有权力断定自己的正义观念比现存的正义观念更合理。

这句话暗示了正义是一个复杂而多维的议题，不同的人和文化可能对正义有不同的理解和解释。它也提醒我们，在追求正义时，应该保持谦逊和开放的心态，尊重不同的观点和价值观。

此外，这句话还隐含了对权力和权威的批判。它暗示了那些试图强加自己正义观念于他人的人或机构可能是在滥用权力。在一个理想的社会中，正义的确定应该是一个共识达成的过程，而不是由某个权威或个体单方面决定的。

总的来说，这句话鼓励我们对正义持开放和批判性的思考，同时也提醒我们要尊重多元性和相对性。这是对一种更包容、更民主的正义观念的呼吁。

（浙江省开化县华埠中学　徐俊民）

《大教学论》

一、夸美纽斯：坎坷的人生，动荡的时代

在人类教育史上，有一个人占有光辉的一页，他的名言“教师是太阳底下最光辉的职业”激励着一代又一代传道授业者。这个人就是夸美纽斯（1592—1670年），一位出生于捷克的教育家、哲学家、神学家。

夸美纽斯的一生曲折坎坷，个人命运在动荡不安的时代中屡遭重创。

12岁时，父母病故，两个姐姐相继离世。不幸的命运不仅让夸美纽斯沦为孤儿，也中断了他在兄弟会（基督新教组织）初等学校的学习。

26岁时，整个欧洲卷入了长达30年的全欧洲大战。夸美纽斯的家产、藏书和所有的论文手稿在战火中全部化为灰烬。

28岁时，夸美纽斯的祖国——捷克在白山战役中败北，此后长期被奥地利哈布斯堡王朝统治。

30岁时，大面积的战争引发了瘟疫，夸美纽斯的妻子和两个孩子因瘟疫丧生。

32岁时，捷克当局颁布法令，驱逐所有新教徒离开捷克。夸美纽斯既

不愿放弃信仰，也不愿离开深爱着的祖国。于是，他与兄弟会成员辗转于深山老林，东躲西藏。

36岁时，夸美纽斯不得不怀着沉痛的心情告别祖国，前往波兰避难。此后，夸美纽斯流亡于瑞典、匈牙利、荷兰等国。

78岁时，在荷兰的阿姆斯特丹，夸美纽斯与世长辞，结束了命途多舛的一生。

夸美纽斯是一个虔诚的基督教徒，他的求学、工作很大程度上是在兄弟会的指引下进行的。因父母早逝而辍学后的第四年，夸美纽斯在兄弟会和亲友的资助下进入一所拉丁文法学校学习。毕业后被兄弟会选送到德国的赫尔伯恩大学学习哲学和神学。大学期间，夸美纽斯接触到德国著名教育家拉特克和安德累雅等人的教育革新主张。这为他后来从事文化教育活动打下了良好的根基。之后，夸美纽斯前往海得堡大学攻读博士，但是因为经济拮据没能完成学业。回国后，夸美纽斯在兄弟会的安排下成为母校（上述那所拉丁文法学校）的校长。

深受战争之苦的夸美纽斯热爱和平，痛恨战争；被迫四处流亡的他热爱祖国，忧国忧民。何以变革社会？何以救亡图存？何以重获和平？何以让人成为真正的人？夸美纽斯的回答是教育。因此，夸美纽斯以极大的热忱投身于教育事业，在教育事业中展现出卓越的才华，并获得了丰硕的教育成果：《母育学校》在人类史上首次为6岁以下儿童详细制定了教育大纲；《世界图解》是西方教育史上第一本附有插图的儿童百科全书；《大教学论》集中体现了夸美纽斯的教育思想，是西方教育史上一部体系完整的教育学著作，为近代教育学的建立奠定了基础。夸美纽斯因此被尊为教育学的鼻祖，被誉为“现代教育之父”。苏联教育学家凯洛夫赞美他：“夸美纽斯是一位深邃而有独立见解的哲学家，也是一位博学而天才的教育家，他在新生一代的教学和教育理论实践上完成了一场革命。”

阅读理论著作不仅要关注作者的人生经历，还要结合著作诞生的时代背景。《大教学论》成书于17世纪，先是用夸美纽斯的母语——捷克语写成并出版于1632年，后被翻译为拉丁文出版于1657年。

17世纪，经历过文艺复兴的欧洲，资本主义经济快速发展，资产阶级的独立性空前增强。但是，当时在欧洲政治中占据统治地位的仍是专制主义和教权主义。自然科学的突飞猛进虽然对解放人的思想具有重要作用，也对封建主义的主权、神权、特权给予一定程度的冲击，但还是远远没有达成破除迷信与愚昧的目的。所以，18世纪的欧洲出现了以人的价值和权利为核心的人文精神，形成了以宣传“理性”为中心的启蒙运动。启蒙运动带来的理性之光驱散了愚昧的黑暗，神学对人的禁锢逐渐被打破，人的价值被肯定，人的尊严被重视。人们开始意识到，不依赖神也能够追求现实的幸福生活和自由精神。

这些时代色彩天然地投射在夸美纽斯的思想中，进而转化成文字形成书籍。结合这样的历史背景，也就是文艺复兴之后、启蒙运动之前，就比较容易读懂《大教学论》的教育思想了。

二、《大教学论》：娓娓道来的教育学奠基之作

《大教学论》中的教育思想高屋建瓴，但阅读过程中并不会给人晦涩难懂之感。章节标题高度概括了相应章节的主要内容，一章只讲一个内容，主题鲜明，不枝不蔓。行文时用阿拉伯数字分点陈述，内容较少的章节分4个要点即可完结，内容多的章节则需分60多个要点。每个阿拉伯数字引领的内容都是文字量不大的小段落，有时甚至一个要点只有一句话。这样的形式能帮助读者清晰地分层次，从而更容易把握语意。把简短的文字分点呈现，加之夸美纽斯恳切热忱的表述，虽不是语录体，也没有对话，但足以让读者生出一种好似阅读《论语》的感受。仿佛看见一位微微含笑、慈眉善目的智者投身于基础教育事业，缓缓道来他的主张、他的理

想、他的坚定、他的担忧。

在论述观点时，夸美纽斯较多地使用贴近自然、贴近生活的类比，行文时注意句式的整齐，读来有韵文之感。这样，就使得这部理论书籍不仅鲜活生动了起来，还不时洋溢出诗意之美。比如在讨论“教育需要一个适当的时机”时，书中写道：“例如，一只鸟想要繁殖它的种族，便不会于冬季繁殖，彼时万物都受到寒冷冻僵；也不会于夏季繁殖，彼时万物都受到炎热炙烤；也不会于秋季繁殖，彼时万物随着夕阳徐落，而带有敌意态度的初冬也正在逼近；只有于春季繁殖，彼时太阳给万物带回了生命和力量。并且，繁殖也由几个步骤组成。在天气还冷的时候，鸟会将鸟蛋怀在体内，给它们温暖，保护它们不受寒冷的侵害；空气逐渐变暖时，它就将鸟蛋放在巢内，但要等到温暖的季节来临以后，等到稚嫩的幼鸟逐渐习惯光和温暖以后，才将它们孵化出来。”通过这样一段源于大自然的类比，读者很容易明白时机对于教育的重要性。当然，对于理论基础深厚的读者来说，大量出现这样的类比，不免有些累赘。

《大教学论》全书共33章，大体可以划分成以下几个部分：

1. 第1—5章。作为全书的总领，论及人的价值和意义。夸美纽斯振臂高呼“人是造物之中最高级的、最权威的、最优秀的”，这在当时无疑是伟大的壮举。与此同时，把今生当作永生的预备，把生命的价值放在遥远而未知的天国。这虽是基督教的观点，并不能得到大多数读者的认可，但是，这个认知消弭了人们对死亡的恐惧，因为此生并非永久的居所，死亡被理解为向永生的过渡。也正因为“人”是短暂的过渡性阶段，所以人们应该知足于无法带到天国的物质名利，醉心于丰盈灵魂的知识学习。

2. 第6—7章。主要探讨人生的目的及教育的必要性。作者肯定了人的崇高和完善性，认为人在今生的生活包括三个方面的内容，即植物的、动物的和智性的，分别对应身体、感官运动与精神。每个人的生活和住所也有三种：母亲的子宫、世上和天堂。作者认为人的终极目的是追求永恒的幸福，是要成为“理性的动物、一切造物的主宰，造物主的形象和爱物”。为实现这个终极目标，人相应要拥有三种品性：博学、恰当的德行与虔信。作者对于人生目的的探讨为其后提出相应的教育目的、教学内容及教学方法提供了依据。

3．第8—13章。主要探讨学校教育的必要性及其改良的可能性。基于对人生目的的分析，强调学校教育应该是普遍的，一切男女青年都应该受到教育，并且能学到使人有智慧、德行、虔信的科目，倡导通过将时间、科目和方法以恰当的秩序加以安排，从而更好地组织学校教育。

4．第14—19章。主要探讨了教学的规律和原则。该部分提出了教学的五大原则，即自然性原则、便易性原则、彻底性原则、简明性原则和迅速性原则，并提出了班级授课、统一教材等主张。

值得注意的是，第15章“延长寿命的基础”论述了健康教育（体育）的价值与方法。这一章的出现看起来与整体的结构不符，但是符合当时的历史背景下的历史潮流，即对人的存在的强调。文艺复兴让人们认识到人是现实生活的创造者和主人，那么对于身体健康的重视也就理所应当。我们现在看来是无须论证的理所当然之事，但在当时的特定历史背景下，提出这个问题就具有特别的意义。所以，夸美纽斯就把这个部分单独成章，并且置于概括性的内容“人的价值和意义”“教育的作用”“学校教育的改革”之后、具体的教育内容之前。以此理解夸美纽斯对健康教育（体育）的重视，就像理解文艺复兴看起来似乎是要恢复古希腊、古罗马时期的思想文化，实际上是要与中世纪的神权做斗争，并且要开启一个新的历史时期一样。

5．第20—26章。主要探讨科学、艺术、语文、道德教育、虔信教育的方法及学校的纪律。科学教学法部分强调了直观教学的重要性，艺术教学法部分强调了实践及理念、模型的重要性，语言教学法部分强调了实践与规则对掌握语言的重要性，道德教育强调了德行、判断、榜样等对于形成道德艺术的重要性，虔信教育部分则强调了信仰的重要性。在对学校的纪律进行探讨时，夸美纽斯认为学校制定纪律的目的并非为了惩罚，而是为了使犯错者不再犯错。这种制定纪律的初衷对于当今的教育惩戒依旧具有借鉴意义。

6. 第27—31章。主要是学制系统及课程论。探讨依据年龄和学力而对学校教育进行划分，将人的学习期（0—24岁）以6年为一期划分为婴儿期、儿童期、少年期、青年期四个阶段，并分别对应于四级学制系统：母育学校、国语学校、拉丁语学校和大学。

7. 第32—33章。总论。对实现“泛智教育”理想的方法进行了总结，并探讨了实现其教育理想的诸多前提，比如经费、地点等方面的保障。

受当时的社会环境和作者的宗教信仰所限，这一部分中论述到的“灌输虔诚”（第24章）、“基督教法则”（第25章）、“神的荣耀”（第33章）并不能适用于当下的学校教育。

需要加以关注的是，“语言的教学方法”（第22章）、“国语学校概述”（第29章）、“拉丁语学校概述”（第30章），需要结合当时的社会背景和夸美纽斯的个人经历来理解。夸美纽斯特别重视母语的学习，而不是一味强调学习拉丁文。另外，在传统的文法学校里开设数学、物理、地理、历史等课程也是受文艺复兴的影响。当基础教育注入科学力量、人文涵养时，民智得以开启，资本主义的新的生产力也得以借此推动。

在“论教导的通用且完善的秩序”（第32章）中，夸美纽斯甚至详细地论述了印刷术在教学中的运用，对这一章节的理解同样离不开当时的社会背景。印刷术的发展与欧洲文艺复兴的发展之间存在着互动关系，因此夸美纽斯是以此来论述教育的发展的。

书中的部分内容，我们现在看起来有稀松平常之感，是因为已经通过日常生活将它们不知不觉地融入教育教学中了。你觉得普及性的义务教育是天经地义的吗？你觉得青少年时期在学校度过是自古就有的吗？你觉得学校教育的内容包含科学性学科是毋庸置疑的吗？你觉得让道德张扬是人性的自然选择吗？如今很多我们习以为常的东西，并没有那么漫长的历史。教育学中的很多思想很多做法往前追溯，许多都可以追溯到夸美纽斯的《大教学论》。

阅读著作需要知人论世。反之，通过阅读作品，我们也可以得知作者的为人品性。通读《大教学论》，我们对于夸美纽斯可以得出以下显而易见的认知：夸美纽斯热爱祖国，但不是一个狭隘的民族主义者，他说教育不是一个国家的事，而是全人类共同的事；夸美纽斯是一个虔诚的基督徒，但不是一个极端的宗教主义者，他的教育是“把一切事物交给一切人的全部艺术”，教育的对象是“一切人”，而不是“神挑选的少数人”。

三、大教学论，何以为大？

《大教学论》先是用捷克文写成并出版于1632年，后于1657年出版了拉丁文版的，在中国传播的历史只有不到百年。最早是由王国维先生在20世纪初做过简单的介绍。第一次在中国公开出版《大教学论》的中文译本，已经是1939年了。自此之后，《大教学论》在中国赢得了一大批支持者。“教学论”前为什么能够冠以“大”，称为“大教学论”？这并不是夸美纽斯的自吹自擂，也绝非为了营销的文字游戏。那么，何以为大？依据中国轻工业出版社出版，刘富利、赵雪莉翻译的版本，《大教学论》的高妙之处体现在以下几个方面。

（一）历久弥新的经典性

夸美纽斯生活的年代，相当于我国明朝万历二十年（1592年）到清朝康熙九年（1670年），他像是一个穿越时间长河而来的遥远的知音，常常说出我内心想说而说不出的话。《大教学论》中的许多内容展现出历久弥新的经典性，用于300多年后的今天仍然能切中肯綮。

1．所有男女青少年都应该上学

所有男女青少年都应该上学，这在当时的欧洲是极具超越性的观点。17世纪的欧洲是一个男性主宰的世界，教育很少对女性开放。底层妇女从事劳苦繁重且收入微薄的工作，通过婚姻改变命运成为很多少女梦寐以求的愿望。面对这样的世界，夸美纽斯说：“不仅是有钱有势的人家的子女要上学，而是所有人家的子女都要上学，无论男女，无论贵贱，无论穷富，无论是在城镇还是乡村。”从这个角度看，夸美纽斯在当代中国的同道是张桂梅。云南省华坪县是一个偏僻的山区，在这个贫困的地方还存在着因为缺钱而不能上学的青少年。在华坪县，当一个家庭不能拿出多个子女的求学费用时，家长往往会选择供男孩读书。那些本该在学校里学习的女孩子，被迫早早出门打工、嫁人生子。身为教师的张桂梅心疼这些女孩子，用实际行动响应《大教学论》中“所有男女青少年都应该上学”的号召。2008年，张桂梅创办华坪女子高级中学，这是一所免费的女子高中，专供贫困家庭的女孩读书。截至2020年，华坪女高走出了1804名毕业生，在各行各业发光发热，向世人证明：贫穷不能困住山里的孩子，女性也可以是一座高山。

2．以敏锐的洞察力，精准地指出教育沉疴

看到“致读者”中，“一些有能力的人怜悯学校里西西弗斯式的教育活动，想要努力找到一些教学的艺术……”我心生悲叹。3个世纪过去了，我们的教育活动仍存在西西弗斯式的繁重而无效劳作的情况。在升学压力下，在考试的指挥棒下，学生在教室里日复一日地刷题，教师机械地重复着默写听写的工作，却收效甚微。

在第11章的标题中，夸美纽斯毫不讳言地陈述“至今尚未有一所完善的学校”。他说：“用于教导青年人的方法已经逐渐变得非常严苛，以至学校成了恐怖之所，会让他们的才智变得混乱不堪，大部分学生对学习和书籍产生厌恶，匆匆逃离学校，去到了工匠坊，或从事其他职业去了。……学生丧失了一生一世的最甜美的青春，把生气勃勃的青春浪费在学校的无益的事情上面。”如今的学校当然不是恐怖之所，也并不会让学生的才智变得混乱不堪，更不是逼迫学生做无益事情的囚牢。不过，不可否认的是，的确有学生对学习和书籍产生厌恶，想要逃离学校。

在教育内卷不断升级的大环境下，人们被迫陷入了怪圈，即投入教育的金钱和时间越来越多，取得的成果却没有更好。学生、家长、教师都越来越累，这样的情况在高中阶段尤其明显。随着睡眠时间不足，课业难度提升，作业量加大，升学压力加剧，高中生承受着不小的心理压力。《2022年青少年心理健康状况调查报告》显示：约14.8%的青少年存在不同程度的抑郁风险，其中4.0%的青少年属于重度抑郁风险群体，10.8%的青少年属于轻度抑郁风险群体。这些孩子的生活因情绪笼罩了一层灰暗的色彩，他们会对任何事物都提不起兴趣，整夜整夜地失眠，没有胃口吃不下饭。每当看到这样的孩子，我都感到痛心遗憾。成人主导的社会生了病，未成年人却成了承担苦果者。

幸运的是，不仅慧眼独具的夸美纽斯洞见了这些教育弊端，有些当代教育者也意识到了心理健康教育的必要性。他们把教育原理和教学实践结合起来，创设学校活动，尝试着把孩子们从愈演愈烈的升学竞争中解脱出来。我所在的高中，每年都会举办“心理健康周”活动。学生最期待的是由各种小游戏组成的减压活动，痛痛快快地玩一场，彻底放飞自我。孩子的心理好似橡皮筋，长期紧绷就易断，适时的放松有利于恢复弹性。

为什么在21世纪还要阅读17世纪的《大教学论》？因为书中谈及的教育问题尚未完全解决，因为3个世纪前的教育主张至今仍然值得奉为圭臬，因为这个时代依旧需要夸美纽斯那样富有远见卓识、热爱教育事业的教育家。

（二）心向往之的理想国

《大教学论》勾勒出了一个教育从业者心向往之的理想国——这种教育里不应含有体罚、苛责、强迫，要尽可能地温和和令人愉快，要保持最自然的方式；这种教育是不费劲的，是轻松的。一个教师可以同时教数百个学生，所受之苦比现在教一个学生少好多倍。

在夸美纽斯的笔下，教师再也不用苦心孤诣、劳心费力地去做西西弗斯般的无用功了。学校教育对师生来说都是愉悦、轻松、便利的。初读《大教学论》时，看到如此美好的教育愿景，我既心向往之，又暗暗觉得那是带有幻想色彩的乌托邦。毕竟，如今的高中教育是绝不能用“轻松”去形容的。深入阅读后，我发现夸美纽斯构建的教育世界不是遥不可及的乌托邦，而是有路可循的理想国。因为，夸美纽斯详细地论述了学校教育方方面面的原则和方法，《大教学论》中提及的原则和方法让教育理想国变得切实可行。

1. 取法自然的教育原则，让教育成为轻松愉悦的事

夸美纽斯认为，教学艺术中的主导原则，应该能且只能借鉴自然的运转。此处的“自然”包含两个方面，一是天地万物运行的规律，二是无须勉强的情感态度。

“天不言而四时行，地不语而百物生”，遵循自然规律才能和谐而稳定。教育活动也是如此，遵循人身心成长的规律，依从人的本性，自然可以轻松愉悦。因此，夸美纽斯认为：“教育应该从早期开始，教育开始得越晚，就越难占有一席之地，因为头脑已经被其他事情占据了。……教育的内容应从简单发展到复杂。另外，只教授给青年人那些他们的年龄和脑力允许且真正需要的东西。”也就是说，教育活动要符合学生的认知规律。

教育活动是慢慢向前的，是一个静待花开的过程。如果所有事情都能按照适合学生的能力进行安排，这些能力就会随着学习和年龄自然而然地增长。

《大教学论》的行文思路也呈现出取法自然的特点。在阐述具体教育原则时，采用的论证结构是：提出观点—类比自然—呈现差距—指明原则。这样的方式，逻辑严密地论证了教育的各项原则都应借鉴于自然。与此同时，顾及了读者的阅读感受。固定的形式、贴近生活的阐述，让读者可以不太费力地自然而然地理解文中的内容。夸美纽斯深知，阅读也是一个人受教育的过程。因此他呈现给读者的内容和他推崇的学校教育一样，是轻松愉悦、顺应自然的。

2. 以终为始地设定教育目标，使教育回到人本身

我阅读《大教学论》后，很深刻的一点感悟是：以终为始地设定教育目标，使教育回到人本身。什么是“终”？是高考成绩？是就业岗位？是金钱财富？是身份地位？其实都不是。真正的“终”在于“成为大写的人”，其涵盖的范围很广：

是学有所得，有掌握新知识的学习能力；

是认可自己，对自己有信心，能面对人生的挑战；

是自给自足的能力，能独立生存，养活自己；

是强健的体魄，尽量避免疾病的侵扰；

是健康的心理，能够在困境中调试自己；

是稳定的情绪，有经营好幸福人生的能力。

正如《大教学论》中对“幸福”的阐释包含躯体的快乐和心灵的快乐一样。躯体的快乐包括良好的健康状况、饮食和睡眠的享受。在科技高速发展的当今社会，海量信息的浪潮汹涌而至，人们掉入信息茧房而不自知。成人如此，未成年人亦然。手机成为青少年获取信息、社交、学习、娱乐的重要工具，对手机过度依赖或手机成瘾会给青少年的成长与发展带来许多负面影响。《2022年青少年心理健康状况调查报告》显示：33.4%

的青少年不同程度地对“我不能忍受没有手机”表示同意。这表明这部分青少年可能已对手机产生心理依赖。同时，青少年会有较长的时间花在手机上，有超过1/3的青少年可能因使用手机而丧失了对时间的掌控力。晚睡成了部分学生的常态，良好的健康在无形中被消耗。心灵的快乐是从我们身外的事物或从我们本身生出来的。乐观既是一种天性，也是可以后天习得的一种积极的精神面貌。苏东坡被贬黄州，经过“拣尽寒枝不肯栖，寂寞沙洲冷”的痛苦挣扎后，修炼出“一蓑烟雨任平生”的心灵快乐，迎来了“也无风雨也无晴”的旷达心境。心灵的快乐可以让人坚韧地应对起起伏伏的人生波折。

真正地关心人的终身发展，让教育去功利化，回到人本身。从终点回望当前的教育，只有身心健康才是有价值的事。夸美纽斯写下的隽永箴言，历经时间长河的淘洗，仍然熠熠闪光。

（三）坚如磐石的信念感

信念感指真挚且坚定地相信，并全身心地投入。通览全书，最令我触动的是夸美纽斯字里行间流淌出的坚如磐石的信念感。是的，这种信念感是如泉涌般流淌出来的，而非滴滴点点流露出来的。《大教学论》中表现出信念感的语句很多，传递出的信念感非常坚定。比如：

“一个人的禀赋愈是迟钝和愚鲁，就愈是需要帮助，如此方能摆脱粗蛮蒙昧。没有谁的智力会愚钝到无法通过教育来加以改善。如果你不断地往一个筛子泼水，筛子虽不能留住水，但会越来越干净。同样鲁钝和悟性孱弱的人，虽则在学问上面得不到进步，但是心性可以变得比较柔软。”

看到这样的语句，不得不佩服夸美纽斯的包容和博爱。连孔子都认为“唯上智与下愚不移”，而夸美纽斯却坚定地相信“没有谁的智力会愚钝到无法通过教育来加以改善”。不放弃任何一个人，坚信所有人都能通过教育提升自己。即使是如水过筛子一般，看似一场空的背后也有清洁的效果。愚笨的人虽然不能得到学问上的精进，但可以得到心灵上的洗礼。这段话，还印证了爱因斯坦的观点——当一个人把学校学到的知识忘掉后，剩下的才是教育。很多人会念念不忘自己的高中时期，并不是怀念知识，而是怀念那个努力追逐梦想的自己，怀念同学之间、师生之间不带功利性质的友谊。所谓致青春，不是致敬匆匆逝去的青春岁月，是致敬勇敢、坚强、纯粹、炽热、友善的生命。

除此之外，夸美纽斯那坚如磐石的信念感还来源于对人性的认可。他写道：

“人是造物之中最高级的、最权威的、最优秀的。”

“所有人的性格虽然不一，但都具有同样的人性，都具有同样的感觉器官和理智器官。”

夸美纽斯对人性的认可与荀子的性善论异曲同工，他们像是超越时代跨越距离的同道者。因为相信人性本善，相信人人向善，所以夸美纽斯写下“把一切事物交给一切人”的《大教学论》，荀子流传下勉励人们“学不可以已”的《劝学》。

正因为对人性有十足的信任，对儿童、对教育、对人类有着发自肺腑的热爱，所以夸美纽斯能对教育抱以坚如磐石的信念。也正因为自身的赤诚和笃定，夸美纽斯也渴望教育能让学生汲取道德的力量，从而改变社会风气。《大教学论》表现出对德育的高度重视，认为德育应该置于所有教育内容之前。比如：

“一个人学了知识，但没学美德，那就是倒退而不是进步。学习知识不应道德缺失，而应道德张扬，那么知识与道德相结合将会增光。”

“当儿童或是年龄稍长的孩子开始接受教育时，如果首先接受的不是道德教育，那就是缺乏判断力的表现，因为当他们学会控制自己的感情时，更适合接受其他教育。”

“一颗善良的心就是一席永恒的筵席。”

人可以无才，但不能无德。一个有才无德的人带给社会的伤害远远超过无才无德之人。由此可见，夸美纽斯高度重视德育，有其必要性。

夸美纽斯真挚地相信人性的美好，坚定地相信只有教育才能强国。在这份相信的基础上，他全身心地投入教育事业，力图革新教育。这份坚如磐石的信念感支撑他在颠沛流离的流亡生活中，仍笔耕不辍地写作教育理论书籍，并积极地躬身实践，给后世的教育从业者留下了宝贵的财富。

当然，《大教学论》并不是完美无瑕的不刊之论。我们应该秉持取其精华、弃其糟粕的态度阅读这一教育理论著作。首先，《大教学论》有其时代局限性。无论夸美纽斯是多么地才智过人，都无法预见当今这个科技时代，因此，其中的教育方法并非全部都适用于当前的教育。比如“课堂教学只需4个小时”，已经不符合时代发展的要求。这一点，在高中阶段尤为明显。无论是社会环境还是人类自身都在进化升级，4个小时的课堂教育对于高中学生来说，课堂内容是偏少的，给予他们的智慧养料是不足的。再如，夸美纽斯虽然鼓励女性进行知识学习，但对女性的学习内容有限定。他认为：“她们所读的内容只能是有关对神和神的造物的应有遵奉，这样才能学到真正的德行和真正的虔诚。……教育女性的目的是为了提高她们的真诚度和幸福感，这在一个女性的知行之中居于首要地位。目的在于要使一个女性能够照料她的家庭，增加她的丈夫和她的家人的幸福。”在《大教学论》中，女性仍然是一种工具性的存在，教育女性不过是为了让工具更趁手。甚至在《大教学论》的英文版中女性被翻译为weaker sex，把女性看作是弱势性别无疑是一种刻板印象。

其次，宗教信仰和价值取向带来的矛盾感。这种矛盾是用科学知识、理性思维武装头脑的价值取向与皈依上帝的神学思想之间的矛盾。夸美纽斯处于一个新旧交替的时代：一方面，新兴的资产阶级力量正对封建贵族发起冲击；另一方面，旧贵族阶级并不甘心被赶出历史舞台的中心。作为新旧交替时期的教育家，夸美纽斯走不出宗教的藩篱，神学思想在他心中有无法消除的烙印。他虔诚地说："的确，我们作为基督徒（是基督使得我们成为神的众子和天国的后嗣）的尊严不允许我们堕落，不允许我们的孩子们与异教徒作家有亲密关系，赞许地阅读他们的作品。"但在资产阶级革命的浪潮中，人文主义思想也对夸美纽斯产生了重大影响。夸美纽斯清晰地认识到人类历史的前进方向，因此在价值取向上下意识地偏向科学和理性。

最后，夸美纽斯忽略了人性的复杂性。在夸美纽斯眼中，人是万物的灵长，人性是纯善的。然而，罗翔提出"不要对人性抱有过高的期待，永远要警惕人性深处的幽暗"，鲁迅直言"不惮以最坏的恶意揣测人"。夸美纽斯单纯片面地认识人性，故《大教学论》的部分语句有武断之感，比如"所有人的目标都是一致的，即学识、德行与虔诚"。

如果夸美纽斯能任教于当代，我想孩子们肯定会很愿意成为他的学生。斯人已去，阅读《大教学论》也是受教于夸美纽斯的一种方式，他的热情、他的善良、他的智慧，无一不折服读者。《大教学论》让我相信，教育事业是太阳底下最光辉的事业，是可以徜徉其间、乐在其中的事业。夸美纽斯值得成为被老师们尊敬的老师。

四、经典语句赏析

1. 一代代相传的疾病，从我们始祖开始渗透遍及了所有阶层，以至我们遮蔽了生命之树，将欲望无节制地蔓延向知识之树，我们的学校也是如此，渗透了这种贪得无厌的欲望，至今追寻的不过是智力的发展而已。

夸美纽斯认为，教育应该是"使人成为真正的人"的教育。教育的目的在于培养学生能获得学识和德行。他们之中，夸美纽斯最看重的是德行。正如我国现在的教育旨在培养学生成为“德、智、体、美、劳”全面发展的人，“德”置于所有教育目标之首。这段话批判了当时的教育——重知识、轻德行，教育成了“满足欲望”的工具而非“培养人”的事业。这一现状与当代的教育内卷相似，学生、家长和老师过分追求分数、追求名次，甚至不惜放弃培养“德、体、美、劳”。

这句话强调了教育应该回归人本身，提醒老师和家长，拥有一个健康、善良、温和、谦逊、仁慈的孩子是非常幸福的事。千万不要把自己贪得无厌的欲望蔓延到教育领域，逼迫孩子卷入升学竞赛。

2. 如果教师发现一个学生比其他学生更为可靠，他就可以准许他去监督和管理那些不如他可靠的学生。如果教育一致留意他们，监督每件事是否都是按着理性的规定在行进，那么双方都可以从中受益。

在夸美纽斯眼中，学校教育是轻松而愉悦的。这令人向往的教育氛围，需要借助于行之有效的方法，发挥榜样的力量就是不错的方法。这段话告诉我们，青少年容易被榜样而不是教条所引领和管束。让更为可靠的学生成为榜样，去监督管理同学，这既能获得更有效的成果，也能减轻教师的管理压力，此外还能带给榜样学生荣誉感和责任感。这是一个三方受益的好方法。

3. 我们想让所有人都学习现存一切最为重要的事物的准则、原理和用途。所谓所有人，即是被派遣到世间，从而既充当演员又充当观众的人。为此，我们需要采取强有力的措施，确保在一生的旅途中，没有人会遇到什么难以认识的事物而无法得出正确的判断，或不会正确地运用而犯下严重的错误。

夸美纽斯用这段话表明，不需要每一个人都懂得有关一切的精深的知识。要求所有人穷其一生做艰深晦涩的研究是徒劳无用的事。人生在世，要利用好时间，要学习好现存一切最为重要的事物的准则、原理和用途。

这意味着，夸美纽斯重视教育内容的实用价值，希望教育内容可以帮助学习者应对现实困境。

夸美纽斯除了是一位教育家，还是一位信奉基督教的神学家。“所谓所有人，即是被派遣到世间，从而既充当演员又充当观众的人。”这句话体现出他从上帝视角俯瞰人间的通透。人间既是通往永恒天国的必经之路，也是一个通过天国前的短暂停留地。正因如此，人常常对现实世界产生一种虚幻感、无力感。《大教学论》写就后的三百多年后，电影《楚门的世界》准确地呼应了这句话。

（浙江省衢州市第二中学　杨园）

《教育漫话·理解能力指导散论》

一、约翰·洛克简介："自由主义之父"

将个人自由置于最优先地位，这一核心思想被称作“自由主义”，而该思想来源于一位英国哲学家，他的名字是约翰·洛克（1632—1704年），他被誉为“自由主义之父”。更重要的是，约翰·洛克的自由主义思想直接激励了后来的美国革命与法国大革命，可见他的影响力非凡。

1632年的初秋，洛克出生在英国萨默塞特郡一个叫威灵顿的小村庄里。父亲是一名乡村律师，母亲据说是一个长相十分漂亮的制革匠的女儿，生活得平凡而拮据。

到十五六岁时，在父亲一位担任议会议员的友人帮助下，洛克被送至伦敦的西敏中学就读。从这里毕业后，洛克又接着前往就读牛津大学的基督堂学院。

在牛津大学期间，尽管洛克的成绩相当突出，他却对学校安排的课程感到相当乏味和不满。洛克发现，一些当时的哲学家，例如笛卡儿等人的著作，都要比学校里教授的古典教材还有趣，并在同学的介绍下开始转向实验哲学和医学研究，成为英国皇家学会的院士。

也就是从这时，洛克正式开始了他在思想上的探索，同时也遇到了他一生中最重要的人沙夫堡伯里伯爵，他后来对洛克的支持和帮助使得洛克得以有机会登上历史舞台，为后世留下了难以估量的宝贵思想财富。

洛克生活的年代正值西方的启蒙运动开始时期，各种政治思想都在相继迸发。但是在早期，影响最为广泛的还是霍布斯等人的独裁主义政治思想，认为社会最初是一片混乱野蛮的状态，而为了摆脱这种状态，人民应该对君主完全忠诚。然而，对于这种思想，洛克却并不以为然，并在之后沙夫堡伯里伯爵的鼓励下，撰写了他后来最著名的《政府论》一书进行批评。

除此以外，洛克还相继撰写了《人类理解论》和《论宗教宽容》两本著作。这两本著作和《政府论》都有一个共同点，那就是始终把人的权利和平等放在第一位。认为如果不能确立人的权利和平等，那么一个社会就不可能有健康长效的发展。

尽管在今天看来，洛克所提出的这种思想理论并不足以为奇，但是在当时却是相当激进，大多数人们还无法接受这种思想，甚至还有很多人将洛克视为不可理喻的疯子。因此，洛克在后来饱受波折，至死都未能有机会看到自己的思想被实践。

1704年10月，洛克因常年饱受哮喘疾病折磨而与世长辞，享年72岁。虽然洛克在生前从未有机会看到自己的思想被实践，但是在他离世以后，他的思想却被广泛接受，休谟、卢梭、康德、孟德斯鸠等思想家的思想都受到了他的影响。

有人说，洛克不仅仅是“自由主义之父”，也是“现代人权之父”。因为如果没有洛克关于人的权利的划时代思想的提出，那么也许今天的我们就不会拥有人的权利，更不会有社会上提倡的人人生而平等，也难有追求自由和幸福的权利。

二、写作背景

《教育漫话·理解能力指导散论》是英国著名思想家、教育家约翰·洛克执笔的《教育漫话》与《理解能力指导散论》两本著作的合集。

从15世纪末到17世纪初，随着英国海外贸易的发展和原始资本的积累，英国的资本主义迅速发展起来。资本主义的发展促使资产阶级新贵族形成，他们同工商业资产阶级在经济上有着共同的利益。之后，随着新兴资产阶级和新贵族的社会地位不断提升，他们把目光聚焦到下一代身上，也有了更进一步的教育诉求——培养有德行、有才干的"绅士"，以适应英国社会现代化过程中资产阶级新贵族对精英的需求。《教育漫话》正是在此环境下诞生，洛克在书中展现的教育理念则充分契合了这一教育诉求，其思想观点无不打上了阶级妥协性的明显烙印。

《教育漫话》是一本集德、智、体、美四育为一体的独特而系统的教育名著，是专门针对"绅士"的教育问题展开的漫话。书中阐述了包括强健体魄的保持、道德修养的培育、学问技能的掌握及技艺审美的提高等方面先进的教育思想和创新的育人理念。

首先，正如洛克所言，我们追求事业有成、生活幸福的一切前提必须是有强健的体魄。因此他从自身成长经验出发，总结出几条简单易行的规则，包括清淡饮食、充足睡眠、积极锻炼和良好作息等，并以"养成习惯"贯穿始终，相信儿童身体对外界的适应能力。其次，关于如何保持心灵的正确性，让它在任何时候执导的行为都能符合一个理智生灵的高尚卓越这一问题，洛克的回答是尽早地教育（或调教）。就儿童自身而言，要尽早培养他们的羞耻心，使他们注重维护名誉胜过喜爱其他恶行；要尽早培养他们的敬畏心，使他们崇尚榜样、严于律己，引领同伴共同成长；要尽早培养他们的好奇心，使他们习惯于压制自己的嗜欲，保持旺盛而积极的求知欲。再次，洛克坚定地认为学问在教育中是"最不重要的"。诸如语言、阅读、写作等方面的知识，教育者不仅可以通过游戏等富有趣味的形式展开教学，以使学生保持持久的学习动力；也可以调整教学目标，以满足学生日常生活实践为准，从而在真实情景中锻炼素养。最后，洛克也补充到，希望一个“绅士”能学两三种手工方面的技艺，并对其中一种格外精通，因为这些技艺既能以娱乐的形式维护“绅士”的身心健康，也能帮助他们提高审美能力，幸福生活。

《理解能力指导散论》的内容与《教育漫话》的内容是紧密联系的，是一本讨论思想方法的书，表达了洛克教育思想的另一个重要侧面——指导“绅士”合理运用理解能力，提高学习能力，增强学习效果，以达到“绅士”在品德和理智上的教育要求。

《理解能力指导散论》的主题思想是锻炼心智，使得心智更容易寻求真理。洛克既从消极方面告诫我们寻求真理路途上常见的种种失误，如概念模糊、滥用类推、成见偏爱、判断轻率等；更从积极方面建议获得真理的方法，即重视实验，强调证据推理，坚持公正和基本真理。他认为理解能力的使命就是追求纯粹的真理，别无其他。心智应该保持完全中立，不要偏向任何一方，并始终保持心智的绝对自由，保证我们能完全掌握自己的心智。同时，他反复讨论成见偏爱的危害，洞察人类的弱点，烛幽洞微、鞭辟入里，极有现实意义，值得我们常读，值得我们深思，值得我们时刻自省，值得我们不断纠谬。

三、《教育漫话》：一个绅士养成的教育蓝图

《教育漫话》全书共包括216小节，主要分为四个部分：第一部分是第1至30节，主要论述健康体魄方面的教育；第二部分是第31至146节，主要论述道德修养方面的教育；第三部分是第147至200节，主要论述学问技能方面的教育；第四部分是第201至216节，作为对前一部分的补充，

主要论述消遣娱乐技艺方面的教育。

需要指出的是，《教育漫话》讨论的并不是一个专业学者的教育问题，而是一个绅士的教育问题，它为我们描绘了一个绅士养成的教育蓝图。洛克认为，绅士对于国家富强所起的作用跟个人的幸福休戚相关，而个人幸福首先来自健康的体魄、优良的品德、人文学科和自然学科的一般知识、拥有财产以及在经济和政府管理上尽到责任。如果绅士受到确当的教育，对政府进行有效的管理，贫苦的人也就能得到国家富强的福利。然而，绅士教育不能依靠学校进行，应该在家里由家庭教师负主要教学责任，家长从旁协助。尽管学校团体教育在培养绅士独立而进取的精神方面有一定益处，但是难免会妨碍他们在德行、智慧和教养方面习惯的培养。而这正是家庭教师的首要责任。家庭教师不必具备详尽的知识，因为儿童还不能接受过多的知识。家庭教师应该是一个德行突出、深谋远虑、通情达理、脾气温和的人，而且知道如何跟学生进行交谈，在交谈的过程中如何既严肃认真，又轻松自如、和蔼可亲。

（一）绅士的健康体魄

健全的心智寓于健康的身体。从人类的成长历程来看，任何人都是在身体得到基本的发展后，才有“德”和“智”的追求，从这一层面来说，洛克把绅士健康体魄的养成和保持放在首位，很容易在生活中找到实证，也更便于着手实施。近年来，生命健康教育、安全教育越来越受到人们的关注，我国未成年人保护法的颁布与实施，中小学安全教育平台的建立与推广，校园健康教育落实与发展等一系列事件，都显示出国家、社会对儿童生命健康的重视。毫无疑问，教育是面对人的事业，人的生命安全和身心健康自然是教育的不可或缺的内容。所有的教育者和受教育者都应该明白一个道理，身体健康是人的健康之本，更是人生幸福和事业成功的根本保证。

在这一部分，洛克首先为我们厘定了核心问题——子女原本就健康、身体无任何疾病，在不借助药物的情况下，应该怎样维护和改进之。这一问题背后隐含的潜台词是子女生来健康，对这个世界有天然的适应能力，对多变的自然环境有自己的抵抗力，我们应该相信这一前提。然而，父母往往会因为自己的感知误判或过分溺爱而为他们塑造更为舒适的生存环境，使得子女娇生惯养，以至弄坏他们原本健康的身体，或者至少使其遭受损害。

为解决这一问题，洛克坚定地提出自己的观点，即合理运用习惯的力量。通过不断的锻炼，使身体各部分机能适应外界环境，从而实现健康成长。

为了论证自己的观点，洛克在第5至28节中引入大量例证，并巧妙地将自己在维护儿童健康体魄方面的建议融入其中。这些例子无不源于生活，生动形象，发人深省。如第5节，在讨论儿童保暖问题时，洛克指出我们刚刚出生的时候，脸部的娇嫩程度并不在身体其他部分之下。但是脸部之所以比其他部位更能经受风寒，只是因为习惯了。然后分别以锡西厄的人习惯于忍受严寒和马耳他人习惯于酷热为例论证观点，并劝解父母尽量放手让孩子的身体适应气候，用习惯打败疾病。

之后的第6至28节，洛克又细心地讨论了冷水洗脚、冷水游泳、适应风吹日晒、积极户外运动、穿着宽松衣服、简单清淡饮食、摄入时令水果、多多享受睡眠、及时按时排便等方面的问题，并给出自己的合理建议。

最后关于用药问题，洛克认为大家应该坚决遵循一点：千万不要给儿童服用任何药物来预防疾病，千万不要孩子稍有不舒服就让他吃药，只需在身体不适时服用少量冷却、静置过的消食水，同时节制或禁止肉食。如果小病无法调理而会演变成真正的疾病时，方可去向一些冷静而谨慎的医生求诊。

总而言之，在培育和保持绅士的健康体魄问题上，洛克坚持一个原则：相信他们身体的适应能力，通过适当照料和有效干预帮助他们养成良好的生活习惯，从而保证身体机能高效运转，保持身体的健康与活力。

（二）绅士的道德修养

洛克认为，人们在教养和能力上的差异更多的是教育的结果，而不是其他因素的影响，并以此推断：要加倍重视对儿童心灵的塑造，及早加以调教，这将影响他们今后一生的生活。同时，他也为我们设立了心灵美德方面的重要目标：一个人能够克服他的欲望，超越自身的倾向而尽量纯粹地遵循理性的指导，即使与欲望背道而驰。在后续的论述中，洛克使用大量经验作为例证，进行了许多方法论方面的指导，也谈到了一系列核心教育观念，这其中以“敬畏”“羞耻”“好奇”“理智”等词语最为关键，起到提纲挈领的作用。

关于美好心灵的培育问题，在中国文学或思想史上，许多先贤都曾提及，甚至儒家思想的集大成者孟子也进行过细致严密的论述。孟子在性善论的基础上，将人的“本性”提炼为“四心”，由此生成“四端”，即“恻隐之心，仁之端也；羞恶之心，义之端也；辞让之心，礼之端也；是非之心，智之端也”。比较来看，不难发现，洛克对绅士道德修养的追求与孟子仁义礼智思想多有契合，可见古今中外对“士”的培育要求高度一致。

（三）尽早合理运用儿童的敬畏心

在这一部分，洛克首先以一个严重的认知错误警醒读者：人们在教养孩子时，总是没能及时尽早（在儿童心灵最幼嫩、最可塑的时候）引导他们的心灵形成服从规则、服从理性的心性，这会带来严重的危害。父母对幼小孩子的迁就和宠溺，腐化了孩子的本性，如同向水源中投毒，一切都将变坏。等到父母自食毒水时，却还在诧异何至于此，然而为时已晚，杂草难除，终将悔不当初。所以，积极地、尽早地对儿童的心灵进行教化十分必要。另外，洛克也提醒我们警惕儿童身边人如同伴、仆人、教师等对他们的错误引导，以免损害儿童的身心。

在儿童的管教方面，洛克认为父母要尽早合理运用儿童的敬畏心作为支配儿童意志的最初力量，在孩子面前建立权威，等到他们年长一点再改用关爱和友谊来维系父母的权威。在洛克看来，教育的真正目的是培养儿童自我克制的能力。这种品性是儿童未来能力与幸福的真正基础，应该尽早灌输给儿童，甚至在儿童刚开始懂事明理的时候就应着手培养。这样做的好处很多：父母可以利用这种敬畏心对儿童的种种不良嗜好进行管教，而不需要鞭打、责骂或者其他惩罚手段，从而维护良好的亲子关系；也可以避免过于严厉的管教对儿童心灵造成贬抑或打击。

至于责打，是一种偷懒取巧的惩罚和体罚，是最不适宜使用的教育方式。在第47至51节中，洛克详细讨论了这种教育导致的危害，例如，助长人们的贪欲，成为所有恶劣行为的根源；导致儿童对本该感兴趣的事物产生厌恶感；造就儿童奴隶般的品性；导致更恶劣、危害更大的弊病等。如此行为，尽量不用，除非万不得已。然而，与责打相反，利用儿童喜爱的事物作为奖励以讨好他，这种做法也要避免。因为凡是通过给予儿童糖果等他们喜爱的东西来诱使他们读书的行为，都只是认可了他对享乐的嗜好，纵容了这种本应竭力抑制的危险习性。不管是棍棒责打还是奖励诱惑，皆不可取，因为一旦撤走了棍棒又免去了奖励，我们该如何管教儿童？撤去了期待和恐惧，就意味着所有的管教方法都会告终。

（四）维护儿童的自尊心和羞耻心

那么，父母应该怎么做才能既维护在子女面前的权威又能保证亲子关系的良好发展，同时培育出具有高尚品格的年轻绅士呢？洛克给出的答案是培养儿童的自尊心和羞耻心，并在书中的第56至65节进行了论述。

一旦儿童懂得了自尊和羞耻的含义，自尊感和羞耻感便可成为在所有因素中对心灵最为有力的一种刺激。用这种刺激来替换责打与物质诱惑成为正向的奖惩措施，便可促使儿童遵守规则、崇尚荣誉、忧惧耻辱，形成良好的习惯，引导他们走向正道。想要达到这个目的，我们的做法应该是：第一，如果儿童表现好，父亲就爱抚和赞扬他们，当他们做错事之后，便投以冷酷、漠然的脸色，并使他们察觉出其中的差异；第二，对这两种状态加以贯彻，不要把它作为某一特定行为的特定奖励和惩罚，而应作为一种他的举止表现使其受人赞扬或羞辱时，经常相应出现的必然结果；第三，要警惕仆人或儿童身边的人从中作梗，以致无法贯彻。

在自尊心和羞耻心的监督之下，儿童自会努力维护自己的声誉，表现出有道德、守规矩的样子，从而得到他人理性的一致认可和公开赞许。在这种情况下，父母应该懂得保护他们，当儿童受到赞扬时，在众人面前给予他们赞扬；在子女犯下过错时，不宣扬。如此一来，他们以后自会更加小心地维护别人对自己的好评。

（五）重视导师的榜样引领作用

同培养绅士的健康体魄相一致，洛克在培育绅士的道德修养方面依旧重视“习惯”的力量。对于儿童成长阶段必须养成的良好品行，我们应该利用一切机会，甚至在可能的时候创造机会，通过必要的练习，在他们身上把行为固定下来，形成习惯。习惯一旦养成，便无须借助记忆，就会轻松自然地自动运作。但是，不要妄图让儿童一次性养成太多的习惯。在第66、67节，洛克花费大量笔墨论述这种练习的必要性和方法，也将儿童早期容易出现的问题进行了深度剖析，包括矫揉造作、举止失宜等。

紧接着，洛克为我们提供了“两位”在培养儿童良好习惯方面至关重要的人物——同伴和导师。概括来说，同伴的影响要比一切戒律、规矩和教导都大。但是，一方面，由于学校里所聚集的儿童往往来自不同家庭，品行难以预料；另一方面，由于当时学校教育过分关注儿童在语言、写作等学习方面的表现，忽视儿童的礼仪举止，从而导致大部分在校儿童沾染虚伪、狡猾的恶习。这些恶习很快在同伴之间迅速传播，对儿童的品性影响将是毁灭性的。那种终日与顽童为伍、吵骂争斗、为了一点点小事而要诡计的儿童，长大以后绝不适合文明的社交或事业。因此，同伴的榜样力量较难控制，父母只能借助导师的指引。

对于导师的要求，洛克的设想十分严苛。负责培养年轻人尤其是年轻绅士的人，仅懂拉丁文和通识教育方面的各门科学知识是不够的，他还应该是一个德行突出、深谋远虑、通情达理、脾气温和的人，并且知道如何和学生进行交谈，在交谈的过程中既严肃认真，又轻松自如、和蔼可亲。洛克在第88至94节中耐心详细地阐述了他对导师自身能力的诉求，认为导师的工作应该是：1. 改造学生的行为举止，塑造他的心灵；2. 在学生身上确立良好的习惯以及德行和智慧的原则；3. 一点点地使他可以理解关于人类的观念；4. 使他喜爱并去模仿那些优秀和值得赞扬的行为；5. 在实践的过程中，使他变得有朝气、有活力以及刻苦勤勉，习惯于努力。

导师除了应具有良好的教养之外，还应深知世态人情，懂得时人尤其是本国人的行径、脾性、罪恶、奸诈以及其他缺点。他应该教会学生通晓人情，帮助学生识别各种人所戴的假面具，让学生能够辨明那些面具底下的真面目，以免他像一般缺乏经验的年轻人一样，如果不经告诫，就会以黑为白、以貌取人，将自己毫无保留地展现，还对徒有虚名之徒曲意逢迎，或者助纣为虐。在学生完全进入社会之前，导师必须把社会的真实情况跟他说明。

对于这一观点，我深有体会、十分认同并将大力实践。在这一轮初中三年的班主任工作中，我发现大部分学生能够适应和完成自己的学习任务。但是面对德行方面的考验，他们既无力阻挡恶行的腐蚀，又无法改变这一现状，许多原本正直的同学也对此束手无策，甚至陷得更深。记得有一次，当时还在读初一的一个学生去办公室找到我，向我汇报一个令他难以忍受的事情。他看到班里几个男生竟然在教一个低年级（可能是一年级）学生说脏话，而且是饶有兴趣地进行了将近半个小时，那个孩子迫于压力也是出于好奇跟着他们脏话连篇，还十分天真地以为自己在做游戏。

讲这些事情的时候，我发现这个男生特别愤怒，满脸不解，眼神中全是无能为力的暗淡。作为班主任，我自然不能对此置之不理。除了批评那几个学生，帮助他们树立正确的价值观之外，我们班级也开展了长达一个学期的“净化活动”，所有人不可以在教室里使用不文明用语。如今三年下来，虽不能说成效显著，但至少每个人都十分清楚使用不文明用语是绝对会被制止并严肃处理的。

此外，对学生而言，班级内部的人际交往也是一件难以处理的事情，更不用说未来的人情世故了。有时候我也会苦恼于无法帮助所有学生学会沟通，学会像绅士一样谈吐儒雅。如今学校教育大力倡导家校沟通，希望将家庭教育与学校教育相结合，帮助学生规划合理而清晰的人生道路，帮助他们树立正确的世界观、人生观、价值观，且父母和老师之间相互配合确实实现了一些阶段性成果，但想要更加完善，洛克的导师教育思想值得我们学习、深思。

（六）培养儿童身上正确且有益的求知欲

在《教育漫话·理解能力指导散论》中第108至132节，洛克以“好奇心”为引领，为我们论述了如何在儿童身上培养正确且有益的求知欲，并论述了许多不良教养逐渐形成的原因、表现、潜在的问题和可靠的解决方案。

培养儿童求知欲的具体做法有：第一，不要制止或者羞辱他们提出的任何问题，也不要嘲笑他们，而要回答他们的所有问题，并且把他们渴望知道的事情根据他们的年龄和知识水平向他们解释明白；第二，使用一些特别的表扬方式满足他们的自尊心，维护并提高他们的声誉；第三，对于儿童的提问，绝不可给予他们虚假的、难以理解的回答；第四，可以让他们去领略新奇的事物，引起他们发问，并提供机会让他们自己去实践探索问题的答案。

儿童不良教养的主要表现有不良嗜好、控诉、苦恼（包括执拗、骄横踧扈和发牢骚、哀诉)、残忍、懒惰、强迫、撒谎、借口、顽梗等，洛克尽可能将他所了解到的问题逐一剖析，并提出许多切实可行的解决方案，如培养儿童的仁爱之心、为他们制订学习计划、严肃处理他们的撒谎行为等，这些解决方案极富实践价值。同时，他也提及并批判了几种不文明礼貌的社交行为，如天生的粗暴、轻视或缺少尊重、总爱挑别人的毛病、故意刁难、过度拘于礼节等。

（七）绅士的学问技能

尽管洛克将关于学问的论述放在最后，且认为学问是最不重要的，不应成为一个人的主要任务，而要退居其次，仅作为辅助更重要的品行之用，但我们依旧能从他在学问方面几近详备的论述中感受到他作为一个好学之人深厚而扎实的学术功底。

整体来说，洛克在学问方面的教育思想始终坚持两条原则：一是贯彻落实素质教育，以维护学生的学习兴趣和帮助学生解决现实问题为目的，有针对性地规划学习内容、设计教学过程、制订评价方案、反思教学成果；二是从实践出发，通过大量练习养成良好的学习习惯，从而实现真实习得。如此在当今都不落伍的教育思想竟出自300多年前的洛克笔下，可见其先进性。这不禁让我们联想到当下素质教育的核心思想——以学生为中心。近年来，培养学生学科核心素养的教育理念迅速落地，初、高中课堂上以大概念、真实情境和项目化学习为主的教学模式不断演进，这些都与洛克的教育理念不谋而合。

从学科角度来看，在学问技能教育部分，洛克主要涉及有语言如拉丁语、法语、希腊语等，阅读，艺术如书法、绘画、音乐等，写作如诗歌、演讲稿等，数学如算术、几何学等，天文学，年代学，历史学，伦理学，逻辑学，法律，自然哲学等各方面。简而言之，这些学问都是为了培养一个健康优雅的绅士而准备的，应该通过有趣的甚至是游戏的方式教给他们，切忌不要强加给儿童，以免引起反感，不要让他们感受到这是一项任务，而是作为对他们良好品行的奖励。

但是，当他们遇到问题的时候，不应该通过提问的方式来引导他们去发现解决问题的办法，这样只会加深他们的困惑。这样做的深层原因是，儿童的心智容量有限且十分脆弱，通常一次只能接受一种思想，过多的问题只会让他们丧失兴趣和信心，甚至造成不可逆转的影响。

因此，教师在教导儿童时必须小心谨慎，最先教给儿童的知识应该简单易懂，一次不能教太多内容，要等他们真正掌握之后才能开始下一步或开始那门学科里的新内容的学习。刚开始先给他们提供一个简单的概念，确保他们掌握并完全理解之后才能继续；然后才可以在走向教学目标的过程中进一步教给他们第二个简单的概念。以这种缓和的、不知不觉的方式方法来教，不会让儿童混淆和困惑，这样有助于加深儿童的理解，拓展儿童的思维，并远远超过人们的预期。

四、《理解能力指导散论》

《理解能力指导散论》的主题思想也是锻炼心智，使得心智更容易寻求真理。洛克既从消极方面告诫人们寻求真理路途上常见的种种失误，如概念模糊、滥用类推、成见偏爱、判断轻率等；更从积极方面建议获得真理的方法，即重视实验，强调证据推理，坚持公正和基本真理。洛克从经验出发，对这些内容进行了十分详尽的推理和证明，但是他有时思潮澎湃，不能自已，于是笔下洋洋洒洒，累牍连篇，可惜只得以“散论”结集，我们却可以从中理出一条清晰而明智的培养学生理解能力的指导路线。

首先，理解能力的使命就是追求纯粹的真理，别无其他。心智应该保持完全中立，不偏向任何一方，也不能超越根据知识而决定这个偏向的证据或者概然性的偏重而使心智偏向认可和信念。这种理解能力的自由是由这两件事构成的：对所有真理报以同等的中立态度和审核我们的原则。我们作为一种理性的动物，在充分相信原则的坚实性、真实性和确定性之前，不接受任何原则作为原则，也不作为建立原则的依据。这种理解能力的自由对理性的人来说是必要的，没有它，就不是一种真正的理解能力。

想要做到这一点十分困难，毕竟人们的推理能力各不相同，且容易因为缺少推理、用激情代替推理、缺乏深谋远虑等错误行为导致推理能力遭到禁锢，无从实施。而人类理解能力的缺陷与弱点，源于他们缺乏对心智的正确使用。

基于此，洛克提出教师在指导学生提高理解能力时，应该给予他们学习方向的自由，让他们探索各种知识，在多而广的知识中锻炼他们的理解能力。然后帮助他们追求思考的多样性和自由性。在具体训练中，要让学生的心智从一开始就按照严格的规则聚焦于困难任务，并经常使用和练习，从而形成习惯。但需要警惕的是，这种练习一定不要超过心智所能接受的程度，不让太难的事挫伤他们的理解能力。同时，在整个理解能力的指导中，教师应该知道在什么时候、在什么地方、在多大程度上给予学生认可。

其次，洛克也告诫读者，人们的心智在熟悉事物、了解真理的方面的进程是非常艰难和缓慢的，更没有人能了解所有的真理。因此，在追求知识的过程中，要谨慎地使用我们的思想，考虑基本而实质性的问题，避免琐碎的问题，不要让那些偶然发生的小问题误导了我们的主要目的。

五、经典观念解读

洛克的这两部作品从不同侧面集中表达了他关于“绅士”在德育、智育等方面的教育思想。尽管他关于社会和儿童的见解有一定的个人经验主义倾向，带有文艺复兴时期重视直接经验、崇尚实际愿望的痕迹，但却能跳出时代的局限，坚持以人为本，以培养学生的核心素养为教育理念，以维护社会和谐稳定发展为终极目标，与我们一直追求和践行的“立德树人”“五育并举”教育理想相一致，具有极高的现实意义和学习价值，值得我们熟读、深思、时刻自省和不断纠谬。

难能可贵的是，尽管洛克为我们讲述了关于培养儿童道德修养的种种方法与细节，但他依旧提出“尽可能给你的孩子少定一点规矩吧，甚至要比看起来已经必不可少的那些规矩还要少一点”。孩子的心智的成长离不开周围环境的影响，想要培养其德行，最好的办法是父母或导师的言传身教，以榜样的力量引领之，并让他们在不断探索中形成正确的世界观、人生观、价值观。这一过程是艰难曲折的，必然需要一些基本规矩来确定方向。除此以外，千万慎用规矩，切不可让孩子生活在一个充满条条框框的世界。我们每个人穷尽一生都在努力挣脱束缚，追求适合自己的适度的自由。一根弦不管绷得太紧或太松，都无法弹奏出美妙的乐章，只有在不断调试中寻找到的张力才是有益的，而那用来牵住弦的两端和底座，永远不偏不倚，保证这根弦“正直”且“有底”。

正如底座承载着乐器，给予它力量，“坚韧是其他德行的保障与支柱”。“一个没有勇气的人，是很难尽到自己的责任的，也难以具备一个真正有价值的人的品性。”何谓真正的勇气？凭借内心持守的一份真气，一鼓作气而成事，毕其功于一役，事半而功倍。洛克的这段文字简单易懂，却意义深远。一个人的价值不在于付出或贡献，也不在于财富与权势，而在于能为自己负责，能为众人负责。生而为人，我们能改变的太少，能坚守的也太少，能通过坚韧的品性持守本心，有所作为的尤其少。而正因为少，才更难能可贵。

在学业教育方面，洛克也为我们定下了先进的标准。“关于一个年轻绅士的学业问题，他的导师应当切记，其职责不是将所有的知识都交给他，而是要让他喜爱和尊重知识，要在他想学习时教会他正确的求知方法，让他能够获取知识、提升自我。”授人以鱼不如授人以渔，这一点在培养学生的自主创新能力方面尤其重要。知识是无穷无尽的，我们从未见过任何人能够触到知识海洋的尽头，又怎能教给学生所有的学问？我们唯一能教给他们的，是探索的精神、求知的欲望、解决问题的思路和接近成功的优秀习惯。

以阅读为例，“当儿童到了会说话的年纪，就可以开始学习阅读了。但是说到这一点，允许我再次提醒一件非常容易被人遗忘的事情，那就是，一定要多加注意，永远都不要把读书变成他的一种工作，也不可使他把读书看成一项任务”。任务伴有明确的目的性和严格的评价标准，往往容易因为其过分功利性而破坏这一探索过程的乐趣和成功后的喜悦。常常有家长向我们老师抱怨：“我们家孩子就是不爱读书，这可怎么办啊?!”常常有朋友向我们恳切地发问：“到底怎样才能让我家孩子喜欢上阅读?”常常有学校领导向我们老师发出命令：“这个学期你们班学生一定要完成两本书以上的阅读!”我的回答通常是“陪着他们读书，和他们一起养成习惯，就给他们读喜欢读的书”。任何时候都不要强制孩子们去追求学问，因为命令和强制经常会让人产生厌恶心理，而人的厌恶心理却永远无法完全消除。一个人不管被迫做何种事情，只要有可能，他就会立刻不再做这种事情，而且他在做的过程中得不到多少好处，也得不到娱乐。希望未来我们在教育工作中，能够对学生保持耐心，循循善诱，陪他们一起发现学习的乐趣，一起成长，一起完善自己。

教育是一件漫长而艰辛的事，也是一件真实而良心的事，洛克的教育理念也许不够完美，但至少是他教育实践的成果，是他为之努力过、反思过后凝练出的思想结晶，值得我们敬佩。借用他的一句话作为收尾，也作为对老师和学生的鼓励：“以虚弱的双腿开始出发，不仅会越走越远，而且会比那些精力充沛、身体强壮却站在原地不动的人变得更强壮。”

（浙江省杭州市英特外国语学校　李亚佛）

《人的教育》

一、福禄培尔与《人的教育》

福禄培尔个人档案

中文名：弗里德里希·威廉·奥古斯特·福禄培尔

外文名：Friedrich Wilhelm August Fröbel

国籍：德国

出生日期：1782年4月21日；逝世日期：1852年6月2日

职业：德国教育家

毕业院校：耶拿大学哲学院（辍学）、哥丁根大学（1811年）、柏林大学（1812—1813年）

主要成就：19世纪上半叶德国著名的教育理论家和教育实践家，19世纪新教育的倡导者之一，近代学前教育理论的奠基人。

福禄培尔的教育理念很大程度上源于其特殊的成长经历。福禄培尔出身于牧师家庭，他的父亲是一个路德派牧师，双亲的先辈曾是图林根地区的牧师、农民或林务员。这样的家庭背景使福禄培尔的思想中蕴含了一定的宗教因素，并且具备自然视角。福禄培尔出生不到一年，母亲便去世了。父亲再婚且忙于工作，疏于对福禄培尔的陪伴。这样的幼年时代在小福禄培尔看来总是孤独与寂寞的，这也使得他养成了沉思的习惯，而父亲的花园便成为小福禄培尔找寻人生乐趣的乐园，在这里他发展了对自然的爱，逐渐认识了自然规律。缺乏母爱的童年使得他更加关注母亲和家庭教育对于幼儿期孩子成长的重要性。

少年期的福禄培尔寄居在当牧师的舅舅家，念完了国民学校便在一个林务员身边当起了学徒，此时的他年仅15岁。这段经历加深了他与自然的联系，他逐渐对植物学、数学等自然科学产生了浓厚的兴趣。1799年，福禄培尔进入耶拿大学哲学院学习自然科学与数学，受到著名的哲学家费希特和谢林的哲学思想的影响。这些思想丰富了福禄培尔的教育理论。然而终因经济拮据而使得福禄培尔在就读一年后因无力支付学费而中断学业。但福禄培尔并未停止自己的脚步，转而从事见习林务员、土地测量员和农场秘书等工作。这种与自然的联系，直接影响了他一生的发展，后续他在大学陆续攻读了数学、几何学、矿物学、晶体学、植物学、博物学、物理学、化学、森林学以及建筑学，并通过对这些学科的研究，使他与自然的联系更紧密。

1805年，原本打算成为一名建筑师的福禄培尔遇到了裴斯泰洛齐的学生格吕纳。格吕纳是法兰克福模范学校的校长，热衷于教育改革，极力推荐福禄培尔去他的学校当教师。自此，福禄培尔开启了他终身的教育事业。1811年，为了扩大自己的科学认识以实现自己的教育思想，福禄培尔先后进入哥丁根大学和柏林大学修习了哲学、人类学、伦理学、语言学、历史、地理、方法论、矿物学等。广博的知识为福禄培尔进行教育理论研究打下了雄厚的基础。

1813年，福禄培尔参加了反抗拿破仑外族统治的解放战争，参战的经历孕育了福禄培尔民族教育的思想，确定了为民族教育献身的明确目标，此后福禄培尔的理论带有明显的民族主义色彩。在接下来的实践中，福禄培尔先后创办了德国普通教养院、凯尔豪学校，这些学校旨在教育“自由的、自觉行动的、有思想的人”，成为培养爱国思想的场所。由于“卡尔斯巴德决议”，福禄培尔不得已流亡瑞士。在此期间，他以凯尔豪学校的工作为基础写下他一生的主要著作《人的教育》。离开瑞士后，福禄培尔回到德国，将全部精力奉献于学前儿童教育事业。

福禄培尔的教育思想是其家庭背景、幼年经历、兴趣爱好、求学探索的综合产物。缺乏母亲的照顾使得他尤其重视家庭教育，关注母亲在家庭教育中承担的角色。林务员、牧师的成长环境催生了其鼓励儿童接触自然、探寻规律的思想，提出劳动的重要意义。他提出幼儿园的概念，并创办了世界上第一所幼儿园——德国幼儿园。与传统观念不同的是，福禄培尔在儿童教育的实践中尤其关注“游戏”的重要性，并创制了一套游戏“恩物”运用于学前教育。此外，为了持续推动幼儿园教育质量的发展，他还积极投身到幼儿园教师的培训中。

福禄培尔的职业选择不是一蹴而就，而是发展的、持续的，一旦确定了职业追求，便坚定理想信念，在理论与实践中不断地求索。

二、导读评析

学前教育是终身学习的开端，是国民教育体系的重要组成部分，是重要的社会公益事业，更是民心所系。2018 年 11 月，中共中央、国务院印发了《关于学前教育深化改革规范发展的若干意见》，指出当下我国学前教育事业快速发展，资源迅速扩大，普及水平大幅度提高，管理制度不断完善，同时也指出了目前学前教育仍是整个教育体系短板的现实困境。如何发展学前教育，提升教育总体水平，提高学校教育质量是深化教育改革必须要过的一关。作为教育理论家和教育实践家，近代学前教育理论的奠基人福禄培尔在其著作《人的教育》中表达了他的儿童教育观，对于当今面临的教育难题不无启迪意义。

(一)“现实”与“理想”之差的再平衡——福禄培尔生平经历及教育思想启示

人民教育出版社出版的《人的教育》，开篇中增加了一章有关福禄培尔的生平简介，主要就其家庭出身、成长经历、职业选择以及教育实践作了简要的介绍。这些内容是了解福禄培尔教育思想必不可少的部分。可以说，福禄培尔的教育理念，正是其经历中“理想”与“现实”之差的再平衡。

在福禄培尔的经历中，曾有从事牧师、林务员的经历，这段经历直接影响了福禄培尔最开始的职业选择。从国民学校毕业后，福禄培尔最先从事的便是见习林务员工作。在成长过程中，林务员关注自然规律的工作特性，使得福禄培尔更加关注自然规律和自然演变，这一点也推动了其后续“顺应自然”的儿童教育原则这一思想的确立。

此外，牧师工作与宗教之间的联系也使得福禄培尔逐渐形成上帝是万物的统一体的思想，这也是福禄培尔整个教育活动所依据的最重要的哲学思想基础。福禄培尔在《人的教育》第一章开宗明义写道：“有一条永恒的法则在一切事物中存在着、作用着、主宰着。这条法则，无论在外部，即在自然中，或在内部，即在精神中”，“一切事物都来自上帝的精神，来自上帝，并唯独取决于上帝的精神，取决于上帝”，“一切事物只有通过上帝的精神在其中发生作用才能存在”，“一切事物的命运和使命就是展现它们的本质，也就是展现它们的上帝精神”，“人的教育就是激发和教导作为一种自我觉醒中的、具有思想和理智的生物的人有意识地和自决地、完美无缺地表现内在的法则，即上帝精神”。这其中的“上帝精神”，是具有客观唯心主义色彩的世界本源，近似于中国古代哲学中的“道”。所谓“道生一，一生二，二生三，三生万物”。在儿童的成长历程中，可以通过合适的教育使得儿童的内外世界相联系，从而更好地认识自己、认识事物的规律与本质联系。

此外，从小缺乏家庭的关注与照顾，使得小福禄培尔在孤独与寂寞中很早就开始细腻地观察世界，并展开自己的独立思考。在之后的教育实践与理论构建中，家庭教育是福禄培尔教育思想中重要的组成部分。根据儿童身心发展的特点，福禄培尔将人的教育分为四个阶段：婴儿期、幼儿期、少年期（少年早期）、学生期（少年后期）。福禄培尔认为每个阶段的人是连续发展的，而家庭教育是对人的教育的基础。学前期儿童的教育是被完全托付给母亲、父亲和家庭的，家庭生活是儿童生活的楷模，儿童会下意识地模仿家庭成员，并逐步塑造自我人格。因此家庭教育要学会尊重儿童的自然天性，鼓励儿童通过劳动自发探索世界，尊重儿童的创造性与主动性。福禄培尔提出，幼儿教育的改革必须从家庭教育开始，他主张给缺乏教育知识的父母提供内容与方法上的指导，这一观念促使其创建了世界上第一所幼儿园。进入学生期后，学校则要肩负起教育的重任，使脱离了狭隘的家庭圈子进入更广阔世界的儿童，通过对客观事物的表面的、非本质的观察逐步进入对包括学生自己在内的客观世界的本质的观察，从而获得关于事物内在本质联系的认识。

从福禄培尔的教育思想中，我们可以观察到，其教育思想发展历程很大程度与其生平经历相吻合，这也正印证了福禄培尔关于儿童教育的理论。这一现象契合了当下一个比较流行的话题——原生家庭。家庭教育是教育的伊始，所谓原生家庭影响指的是一个人在成年之前与父母一起生活的家庭环境对他的成长带来的重要影响，包括个人性格、习惯、价值观、情感模式的塑造等。同时，家庭教育的创伤往往也伴随着人的一生，创伤所带来的性格缺陷往往需要一生的疗愈。福禄培尔试图找寻一条途径，用于提高原生家庭教育的质量，以更好地适应学校教育的发展。

作为学校教育工作者，我们可以通过福禄培尔的教育理论审视自身，深刻了解原生家庭教育所带来的“理性”与“现实”的差异，通过自我认知，与原生家庭和解，以更丰盈的内心世界投入到教育事业中，并且以理论知识武装自身，提升教育教学能力，深化德育，关注儿童心灵健康成长，提升儿童的认知水平，助力教育事业赓续发展。

（二）福禄培尔教育思想解读

福禄培尔的教育思想闪耀着人性光辉。他以人为出发点，展开了对各阶段儿童教育内容的诠释。他以儿童为中心的视角，提出了“顺应自然”的儿童教育原则，认为儿童教育应该发展其生命本色。在教育过程中需要发挥儿童“自我活动”的作用，创造性地提出了游戏、作业都可以帮助激发儿童的主体性，促进儿童对于世界的观察。他还发明了兼有作业与游戏功能的新型教育工具“恩物”。福禄培尔的教育理论是自然的、发展的、人性的理论，其对教育本质的思考对于当下的家庭教育、学校教育仍有重要的借鉴意义。

1.“顺应自然”的儿童教育原则

福禄培尔通过对儿童生长规律的总结，提出儿童“生命本色”原理，即儿童的生命历程具有自然色、活动色与发展色。儿童教育只有遵循儿童生命发展的本色，依照儿童成长的自然规律，才能回归生命的本真，达到教育的意义，实现儿童的生命价值。

尊重儿童自然本色是实现儿童活动色与发展色的基础。福禄培尔将自然主义理论融入学前教育领域，认为在儿童的生命成长过程中，需要结合儿童的自然本性，顺应自然才能达到良好的教育效果。在《人的教育》前三章，福禄培尔花了大量的笔墨分别论述婴儿期、幼儿期、少年期、学生期的未成年人成长规律及教育的需求。福禄培尔认为，婴儿期的儿童主要借助感官认识外部世界，因此这一时期教育的首要任务是发展婴儿的感官，由家庭来承担对于儿童听觉和视觉的锻炼。幼儿期的儿童可以“通过自己的力量自发地表现内在本质”，此时教育的任务从对身体的保育转向对智力的培养。少年期需要引导儿童把握事物的本质联系，在这个过程中学校教育的作用逐渐凸显。儿童的各阶段具有持续发展性，实施儿童教育应坚持“顺应自然”的教育原则，教育伊始就应该保护儿童的自然本色，即自然色理论。

自然色理论的形成基于福禄培尔对于自然界的观察以及对于自然规律的探索。“自然”可以理解为“本性”“天性”，指人的内在本质和基本特征，包括人的先天禀赋和自然条件。福禄培尔认为，儿童的生命本色最为纯粹与自然，“一切以规定的方式表现出来的东西必须顺应学生的本性需要”。他将儿童与儿童养育者分别比作植物与园丁。植物的生长具有规律，园丁在栽培植物的过程中必须顺应植物的生长规律，给予其空间、时间，避免用暴力干扰它们，在适当的时候给予必要的帮助。儿童教育亦是如此，需要根据儿童不同时期生长发育的基本特点调整教育方法，并且要尊重儿童的自然天性差异，不能按照成人的意愿随意进行塑造。福禄培尔的教育思想体现了对人的关注，尊重人的价值，相信人的能动性、创造性，这与自文艺复兴以来的西方人文主义思潮的发展密不可分。同时，夸美纽斯、卢梭，尤其是裴斯泰洛齐等自然主义先贤已然对其“顺应自然”的儿童教育原则产生了深远的影响。

同样的，在距离福禄培尔时代2000年前的中国，教育家、思想家孔子就曾提及对人的天性差异的关注，所谓“因材施教”，育人要“深其深，浅其浅，益其益，尊其尊”。宋代著名理学家朱熹也曾言：“圣贤施教，各因其材，小以小成，大以大成，无弃人也。”差异性的教育关注每个学生不同的个性表达，守护每一个人充分自由的发展。《中国教育现代化2035》就提出要更加注重因材施教。

当代中国正在进行素质教育的改革，在义务教育阶段推行了“双减”

政策，取得了显著成效。但是，幼儿教育阶段的“拔苗助长”现象也应引起重视。过早地学习小学甚至初中知识，用各种兴趣班填充课余时间，在本该是自由探索自然并逐渐自发形成对世界基本认知的成长阶段，儿童却被锁在层层知识的高楼中，这是逆儿童自然天性生长规律的，更是对于儿童“天性”的忽视。家长将个人意志凌驾于儿童的意志之上，逐渐挤压儿童的自我意识，这不利于儿童的身心健康发展。

福禄培尔“顺应自然”的教育原则对我国幼儿教育建设具有重要意义。幼儿教育应回归儿童视角，从儿童本位出发，以儿童自然性、持续性和创造性推动儿童探索世界，认识自我，实现自我价值。

2.“自我活动”视角下的儿童教育方法——游戏与“恩物”作业的运用

福禄培尔认为，自我活动是一切生命的基本特征和人类生长的基本法则。人可以通过自我活动达到“生命统一”，即自然和精神的统一，内部世界与外部世界的统一。儿童与生俱来对世界万物充满着好奇心，将自我活动作为生命存在的基础，因此儿童教育中的一个基本原则就是自我活动。从自我活动的视角出发，综合运用游戏、“恩物”、作业等工具，充分发挥儿童的主体作用，将客观事物内化为主观认识，保育身体、启迪智慧。

游戏、“恩物”、作业是调动儿童自我活动，锻炼儿童感官，提高儿童对世界认知的重要工具。与前代教育学家所不同的是，福禄培尔深刻认识到游戏在儿童自我活动中的重要性，他不仅提出了儿童的游戏本能理论，还发明了“恩物”用于调动儿童的主动性，更在幼儿园教育体系中实践游戏教育的可行性。美国教育家杜威曾评价福禄培尔的游戏教育理论，认为福禄培尔明证了游戏的作用，“它们不是微不足道的、幼稚的，相反，它们是儿童生长的重要因素”。福禄培尔在《人的教育》第四章第四节第二点《各种教学对象的个别探讨》中论述了游戏的相关内容。他认为游戏可以分为身体的游戏、感官的游戏或精神的游戏。身体的游戏可以用于力量和灵活性的训练，亦可以作为生活勇气与乐趣的表现。感官游戏围绕着听觉、视觉两方面来保护培育儿童的身体，比如在婴儿期通过悬挂色彩鲜艳的小动物图片刺激婴儿的感官活动。精神的游戏用于锻炼儿童的思考与判断能力，提高理解能力。

此外，福禄培尔高度重视作业教学。他认为，作业可以充分调动儿童的各种感官，认识事物，发展自身的创造力和想象力。但是福禄培尔所谓的作业并不等同于现在的各学科教师布置的知识性纸质作业，而是注重调动儿童动手能力、创造能力的手工活动，各种作业也以游戏的方式进行。福禄培尔为儿童设计了10种作业材料和方法，如针、剪刀、糨糊、石笔和铅笔、颜色盒以及各种颜色的纸片、纸条、纸板、竹签、碗等，供画线、绘图、剪纸、贴纸、塑造、针刺、刺孔、编织等作业用。为了进一步促进儿童的自我活动，福禄培尔还发明了具备游戏或作业功能的教具——“恩物”，共有20种。“恩物”逐步发展为幼儿园教学用具与材料，在当下的幼儿园儿童活动中依然可见其身影，比如为3岁以下儿童使用的游戏类“恩物”，用木头制作的球体、立方体、圆柱体（经过穿孔附有木棒和细绳），这些材料可以帮助儿童认识物体，增强对于几何形状的认知。

在具体实践过程中，福禄培尔发现有一部分儿童一点也不会游戏或作业。因此他提出儿童的活动需要适当地介入，最佳的介入者就是家长与教育者。在游戏、作业操作之前或过程中，家长与教育者需要了解、运用游戏与作业的各项特征，在恰当的时候进行引导与鼓励。更重要的是，游戏的手段可以唤醒、滋养和提升儿童的生命力，使儿童感知来自家长或教育者的爱，这就需要家长和教育者全情投入。然而，时至今日仍然有许多家长常常会有“玩物丧志”的担忧，从而产生对于游戏的刻板印象，认为其只是普通的玩乐。这就需要教育者、社会、家长多方的共同参与，一方面规范游戏市场，严格审查游戏内容，使更适合儿童身心成长的益智游戏得以推广；另一方面进行恰当的鼓励、引导，推动儿童在游戏过程中发挥创造性、能动性。

爱玩是儿童的天性，也是儿童自我活动的合理化表现。在儿童的自我活动中，可以综合运用游戏、作业、“恩物”锻炼儿童身体、增强儿童对于外部世界的感知，更重要的是培养儿童的创造力与想象力。福禄培尔的童年拥有一个可以观测植物的大花园，所以他可以自由地在花园里徜徉，探索自然，培养兴趣。而当下的社会，在关注各项教育硬性指标的同时，更应该给予儿童恣意撒野的空间，让儿童在自由活动中展现勃勃的生机，更积极主动地去观察、发现与思考。

3. 教育的本质——人的追寻

福禄培尔的《人的教育》一书成书于1826年，这时正值西方人文主义思潮蓬勃发展的时期。人文主义将人从中世纪的宗教束缚中解脱出来，关注人的生命意义、人的创造性与能动性，以人为主体的教育思潮逐渐兴起。福禄培尔更是“人”的教育的捍卫者。

福禄培尔的教育理念是基于对各阶段人的生命价值的尊重，即尊重人在不同时期的生理、心理特征以及尊重个体的天性差异。在他看来，教育是面向人，通过发挥人的主体能动性、理性、独立性，最终达到“成人”目的的一种活动。

福禄培尔认为，“儿童是在家庭里长大的，在家庭环境逐渐长大成为少年和学生的”。在婴儿期、幼儿期和少年期，儿童的教育主要来自家庭。在《人的教育》第二章中福禄培尔提出了“父母抚育子女的内容和任务就是唤醒、发展和激发孩子的全部力量和全部素养，培养人的四肢和一切器官的能力，满足他的素养和力量的要求”。在这一时期的孩子经常出于好奇模仿周围的事物，父母的行为就是孩子与世界建立联系的重要途径。因此父母需要接受必要的家庭教育指导，除了出于天性自发地引导孩子以外，还必须有意识地认识到孩子的自我意识，展现忠实、冷静、考虑周到和合乎理性的爱。例如，在孩子发挥自己的创造能力、动手解决问题时，父母应该保护孩子早期的求知欲和好奇心，鼓励他们积极参与到实践中。一旦父母拒绝孩子的参与或表现出不耐烦，会使孩子产生挫败感，从而引发他对于周围环境的不安全感，甚至拒绝主动建立与周围事物的联系。

在孩子上学期间，教育任务更多地由学校承担。福禄培尔在第四章《学生期的人》中，对于学校的性质、教学内容与方法都展开了具体而系统的论述。学校作为一种机关，其性质与任务在于使学生获得关于事物和他自己的本质和内部联系，从而指导学生运用这一联系去解决生活中将面对的问题。

教员的作用，除了需要教给学生需要的相关知识，还需要运用多种方式引导学生提升思维，理解事物内在的精神实质，从而产生对于个人与世界以及世界内部之间的普遍性联系的理解。在构建心灵与外部世界的联系中，语言是重要的媒介。教育者应该引导学生通过观察、学习、思考、反馈，构建与世界的正向联系，并通过语言将自己的认知表达出来，因此教育的过程相比较结果而言则更为重要。福禄培尔反对不顾学生的认知情况，一股脑地罗列诸多事物，却不指明其中的内部联系的“填鸭式”速成法。为了实现学校的教育目标，福禄培尔将学校的教育内容分为四大类，包括宗教、自然科学与数学、语言与语言教学及与此相关的阅读与书艺、艺术与艺术对象。除此之外，学校应将学校精神建设放在重要位置，每当儿童带着信仰与期待跨进学校大门的时候，感受到的应该是学校的勃勃生机与文化底蕴。

有关教育本质的探讨是个永恒的命题。随着时代的变迁，教育的内容、形式不断丰富，教育理论层出不穷。而福禄培尔提出教育的本质在于人的追寻仍有借鉴意义。荀子在《劝学》中曾提及教育的目标在于成人，所谓“德操然后能定，能定然后能应。能定能应，夫是之谓成人”。人民教育家陶行知先生也指明了教育的本质在于育人，“先生不应该专教书，他的责任是教人做人；学生不应该专读书，他的责任是学习人生之道”。

观之当下，在社会竞争日益激烈的背景下，“教育本质”的核心问题始终值得思考。家庭教育中，过早渗透超出儿童接受能力的知识屡见不鲜。学校教育为了应对升学率的考核标准，不断地推动系统性和标准化的人才评价体系的建构，教育是否正在逐渐失去初心？分数第一、整齐划一的学校，正在失去其生机与活力。只有重新回到教育的本质，一切教学工作从人出发，方能走出困境，实现教育的真谛。

三、名篇赏析

《短途旅行与远足》赏析

在大自然中的户外生活，尤其对年轻人来说比一切都重要，因为这种生活具有促进人发展、强身、向上和变得高尚的作用。通过这样的生活，一切便有了生命和高度的意义。因此，短途旅行和远足在少年期和学童期开始时，就应当作为一种优越的教育手段和学校教学手段而受到极其高度的重视。因此，人如果要实现他的全部使命，完全达到他在地上所能达到的阶段上的发展，如果他要真正地成为一个不可分割的强有力的整体，那么他必须感觉到、知道和认识到自己不仅与上帝和人类是一个整体，而且也与自然是一个整体。这种整体的感觉，为了使本身成为整体，必须从早期起与人同时发展起来。人必须想象到自然发展与人类发展的联系、自然现象与人类现象的联系以及它们之间的相互关系，比如说，受来自自然的外部条件和来自人的内部条件所制约的对同一个人的各种不同的印象，以便人能够尽可能根据现象和本质透彻地了解自然，而自然则对他来说，逐渐成为它所应该成为的那样：引导他达到更高程度完善境界的一个向导。

尤其是这一年龄阶段儿童的一切远足和短途旅行必须在一切自然现象融合、统一和活生生结合的精神下和本着这样一种信念进行，即：通过生命和力本身的本质必然地从统一中产生多样，从单一中产生复杂，从就外表看来小的东西产生人们印象中的大的东西，并且会继续不断地以这种方式产生下去。在这种远足和旅行中呈现在观察者眼前的一切事物，必须按照这样的精神和信念加以观察。因而所有的儿童也都在旅行中力求迅速掌握一个巨大的整体。越是已经充分地掌握了一个比较大的（但绝对不是最大的）整体，对探索个别事物的乐趣便越浓厚。通过这种短途旅行和远足，儿童将会把自己居住的地方看作一个整体，并将感觉到自然是一个永久不变的整体。没有这一点，一切远足对于学生来说还有什么直接的精神上的帮助可言呢？它对学生的作用只能是以压抑代替振奋，以空虚代替充实。正如人把包围着自己的空气看作属于自己的东西并为了身体的健康而呼吸新鲜空气一样，他也应当把无处不包围着自己的纯洁清澄的自然看作是属于自己的，并让存在于自然中的上帝精神渗透到自身之中。因此，少年儿童应从早期起从真正的关系上和本来的联系上去观察和认识自然物。他应当通过远足首先认识他所涉足的谷地，从它的起点到终点全面地认识它。他应当全面观察各条分支峡谷。他应当对他所涉足的溪流或小河沿着其走向从发源地到河口进行观察，并注意其地点差别的原因。他应当去探索山脉，以了解山与山之间的分支状况。他应当登山的顶峰，以便概观和理解整个地区的联系。事实观察将会向他说明，山岳、谷地的形状和构造以及河流的走向是怎样互相制约的。他将在产品被生产出来的场所观察到山岳、谷地、平原、土壤和水的产品。他应当力求在地势高的场所为他在低洼地上见到的河卵石及河床里和原野上的石块寻找岩层和以前形成的场所。

少年儿童在远足和旅行中还应当对动物和植物按其生活中的自然状态和栖息场所中的自然状态进行观察，看它们有的怎样沐浴在太阳下汲取光和热，另一些又如何寻求黑暗、阴影、凉爽和湿润。他应当看到，寻求阴影的自然物怎样与提供阴影的自然物紧密联系，如同由后者产生出来的一样，而寻求光和热的自然物又是怎样与显露光的自然物与释放热的自然物紧密联系着。

在这样的远足中，少年儿童应当从各方面去发现，栖息场所与食物如何制约着具有高级生命活动的自然物的颜色，甚至形状，例如毛毛虫和蝴蝶以及植物上的其他昆虫，无论就其形状还是颜色来看，都是与从某种意义上说它所属的那种植物联系在一起。他不能不注意到，这种外部的相似性乃是动物保护自身的手段，高级动物几乎是有意识地利用这种相似性达到保护自身的目的，例如小鸟，特别是筑巢的金翅雀，它们筑的巢的颜色与它们在其上面筑巢的树木和枝条的颜色几乎毫无区别。甚至动物生活中各种活动的时间和颜色表现与白昼的，即太阳作用的、太阳活动的性质也是一致的，例如白天的蝴蝶具有鲜艳的色彩，而夜间活动的飞蛾却是灰色的，等等。

“知者行之始，行者知之成。”中国古代先哲早已认识到“知行合一”的重要性。人类天生就亲近自然。作为生物链的一部分，顺应自然规律而生长，探索自然、了解自然规律是人类的天性使然，更是认识自我，实现内部世界与外部世界联系的重要途径。福禄培尔提出远足和旅行能更好地发挥人的主观能动性。在自我活动中，人能自觉地获取知识，并将抽象的、无联系的内容构建成生动的、联系的知识网络。

儿童通过亲自对事物之间的这种永恒的、活生生的自然联系的觉察、发现和注意，通过直接的事实观察和自然观察而不是通过儿童的意识中缺乏直观印象的名词概念的解释，儿童将会形成一种关于自然中一切事物和现象之间永恒的、活生生的内在联系的极为重要的思想，这种思想，不管最初可能怎样模糊，然而会越来越明确。

当下研学旅行越来越受到学生们的欢迎，相关机构在各学段都设置了一系列的主题研学。然而“研而不学”“只学不研”的现象依然存在，研学旅行被异化成单纯的旅游观光抑或是集中补课。究竟什么样的研学旅行才是适合的，值得学校和家长深入思考。

王阳明指出，“知而不行，是为不知。行而不知，可以至知”。要积极地参与、创造、思考，要在旅行中发现问题、联系实际、解决问题，并尝试构建事物之间的本质联系。福禄培尔的《短途旅行与远足》就指出了自然实践活动的重要意义。人只有真正进入自然中才能感受到自己作为自然的一部分，与自然同频。在自然实践中获取能量，在探索中获得快乐，将自然科学抽象的原理具化为生命的实体，将接受知识的客体转变为主动创造的主题。“知行合一”，方可实现研而有效，学而有进。

（浙江省衢州市第二中学　吕林慧子）

《教育论：智育、德育和体育》

一、斯宾塞简介：自学成才的大学者

赫伯特·斯宾塞（1820—1903年），是继孔德之后的又一位实证主义哲学家和社会学的奠基人。同时，他也是进化伦理学的主要代表人物，是第一个将进化论思想系统化的人。

1820年4月27日，斯宾塞出生在英格兰中部城市德比（Derby）。他是家里9个孩子中的老大，同时也是唯一长大成人而没有夭折的孩子。

斯宾塞的一生地位显赫，他先后获得了英、法、美等11个国家，32个学术机构的院士、博士等荣誉称号，被提名为诺贝尔文学奖的候选人，被科学界和教育界誉为“人类历史上的第二个牛顿”。

他是维多利亚时代的“亚里士多德”。

斯宾塞几乎没怎么上过学，只在13岁时去叔叔任教的学校里接受过几年的正规教育。他50岁之后，先后被英国剑桥大学等学校授予名誉博士学位，并被巴黎科学院等聘为国外院士和通讯院士。这种开挂式的跃升他是怎么做到的呢？

答案就是自学成才。

这也源于斯宾塞的特殊家庭背景。他爷爷、父亲、叔叔都是教育家，经常能听到父辈们关于政治、科学问题的讨论，这使他熟悉了许多专业术语。他还帮过父亲做实验，积累了物理学和化学知识，同时他还阅读了大量历史书，培养了历史兴趣。和同龄人相比，他有着更为深广的知识储备和更加成熟的心智。

他在他的《自传》中说，早年的教育对他一生有很大的影响，培养了他的独立性、他的判断力、发明的能力、艺术的感觉、动手的技能。

他的父亲、祖父和叔叔都是教师。他的父亲曾编写过一本叫作《创意几何学》（*Inventional Geometry*）的教程，其中所设计的问题和课题，都旨在帮助小学生熟悉几何学的概念，并通过实际操作和精确的工具使用来开发孩子们的创造潜能。这本书在英国已经获得再版，至今仍被广泛使用。

在斯宾塞3岁那一年，父亲因身患重疾被迫放弃了学校的教师工作，并携家人迁居到诺丁汉，开始从事花边生产方面的工作。三四年后，他们全家又回到了德比。此后，父亲开始从事课外辅导的教学工作。

在7岁之前，斯宾塞都没能学会阅读。可是，就在7岁那年，他第一次接触《桑福德和默顿》（*Sanford and Merton*）这本书就被迷住了。后来，上学了，斯宾塞却对学习心不在焉，敷衍了事。他绝大多数的时间都消耗在了玩耍方面：钓鱼、掏鸟窝，在乡间四处游荡，采野果和蘑菇。

父亲没有采用强制手段使他专注于学业，而是通过鼓励他饲养昆虫，实现了他的转型发展。父亲通过各种引导手段，增进他对这些事物的了解。后来，斯宾塞到他叔叔任教的学校上学。老师认为，他除了在那些需要记忆和背诵的内容上面表现落后以外，在其他智力方面的表现都还算优秀。他时常因不服从学校的管束而受到责罚。

斯宾塞在许多方面都展示出兴趣。起初他选择学习成为一名土木工程师，然而到了20多岁时，他开始投身新闻业和政治写作。但无论做什么，他都没有停止学习，他研究的领域涵盖教育、科学、铁路工业、人口爆炸及很多哲学和社会学的课题。

斯宾塞所处的时代，正是英国资本主义由自由竞争走向垄断的时期，整个社会正在转型，社会中存在着各种矛盾冲突需要解决。斯宾塞抱负远大，博览群书，广涉众多学科， 立志整合19世纪日益专门化、零碎化的各门学科知识， 试图仿效历史上的大哲学家们，构建一个庞大的综合哲学体系，来探究所谓的“完美社会”，并弄清楚走向完美社会的途径和机制，这两种学问，分别被他称为“社会静力学”和“社会动力学”。

斯宾塞的整个后半生都是在完成他的这个体系，所以有人称他为维多利亚时代的亚里士多德。但在生活中的斯宾塞是一个冷漠得有些乏味的人，他的一个秘书这样评价他：“冷漠的薄嘴唇讲话时毫无魅力，明亮的眼睛缺乏炽热的感情。”

他是哲学界的霍金。

斯宾塞在35岁时因为劳累过度导致身体极度虚弱，中年时就得戴上耳塞来保护神经，晚上要服鸦片才能入睡。后半生，他只能通过口授来写作，而且每次口授只能坚持1小时，最后缩短到每次最多10分钟，一天只能口授50分钟。除了睡觉，白天只能躺在沙发上或坐在户外的椅子上看云彩，无法进行其他活动，即便这样，他还是创作出多部作品：《社会学原理》《社会学研究》《教育论》等。

斯宾塞的人生遭遇很像坐在轮椅上的大物理学家霍金，只是轮椅上的霍金写出的是物理学著作。斯宾塞的一生同样显赫，先后获得了英、法、美等11个国家32个学术机构的院士、博士等荣誉称号。

他是“社会达尔文主义之父”。

所谓的“社会达尔文主义”就是把达尔文的进化论思想应用到人类社会中，认为人类社会也遵循优胜劣汰、适者生存这样的法则。斯宾塞可不想靠达尔文成名，但后人却喜欢给他戴“社会达尔文主义之父”的帽子。

首先，“适者生存”这个理念就是他首先提出来的，并被他应用在社会学和教育学中。他与怀疑归纳法的休谟不同，他认为社会科学同自然科学一样，可以用实证主义的方法论来加以研究，特别是归纳法，只要研究者具备一定的素质，排除固有的偏见，就能得出科学性的结论。对社会学的这一开创性贡献使他与法国的孔德一起被称为西方社会学的奠基人。

其次，斯宾塞提出社会进化论的思想虽然比达尔文发布《物种起源》早，但看过《物种起源》后的斯宾塞认为达尔文的生物进化论为自己的社会进化论提供了自然科学的证明，也就是说，他承认了达尔文的观点，尽管达尔文对他的社会进化理论不以为然。

最后，斯宾塞的社会进化思想之所以能够很快产生较大的影响，离不开达尔文的生物进化论所开辟的认知环境。许多人是先知道达尔文的生物进化论，之后才知道斯宾塞的社会进化理论，二者相辅相成，所以称斯宾塞是“社会达尔文主义之父”是合情合理的。

斯宾塞的“社会达尔文主义”对世界的影响是深远和广泛的，例如，在“镀金时代”的美国，斯宾塞的社会进化思想就成为一种滥觞，商人们抱持着自由放任的态度，只希望自己大把赚钱，不希望政府干涉商业活动，结果造成了拜金主义的盛行。

严复当年翻译赫胥黎的《天演论》时就加入了斯宾塞的思想，希望以此来唤醒当时蒙昧的国人，中国近代的思想家们也纷纷把斯宾塞的思想当作变革社会的良药，如梁启超、章太炎和胡适等。严复对他的评价是，斯宾塞之言治也，大旨存于任天，而人事为之辅，犹黄老之明自然，而不忘在宥是已。

斯宾塞更是一位杰出的教育家，他开创的“快乐教育”理念曾在美国和日本盛行，在我国也有着很长的历史。他认为教育的目的就是为了让孩子过上快乐、完美的生活，主张教育应该尊重孩子的个性，提倡科学教育。

二、写作背景：知识的重要功能是实现完美人生

斯宾塞生活在19世纪的英国。19世纪中期，英国已基本完成工业革命，大机器生产取代了传统的手工工场的劳动，资产阶级在这一过程中深刻感触到科学知识带来的巨大利益。

然而，在教育领域，英国的古典主义教育仍占统治地位。“大多数人对衣料的华美比对它的温暖考虑得多，对剪裁的式样比对穿着的方便考虑得多……我们所追求的都是装饰先于实用……那些受人称赞的知识总放在第一位，而那些增进个人福利的知识倒放在第二位。”总之，当时英国教育制度的缺点在于“它为了花而忽略了植物，为了想美丽就忘了实质”。在这样一个社会变迁的时代，英国中学和大学培养出来的人才也已不适应科学和经济发展的需要，学生成为古典教育的附庸。在此背景下，斯宾塞提出了科学教育思想。

现代意义上的“智育”这一概念，学界一般认为最早是由斯宾塞提出的。《教育论》是由斯宾塞从1854年起连续在杂志上发表的4篇论文汇集而成的。在这4篇论文汇集成书出版时，他对个别章节做了一些修改，增加了一些重要内容，又在文字上进行了推敲。他以拉马克进化论为思想基础，提出了近现代意义上的“智育”“德育”和“体育”的概念。

在“智育”概念产生的历史背景中，最应引起我们关注的便是科学的兴起。斯宾塞认为，科学知识最有价值，因而“科学在智慧训练上是最好

的”，它可以培养人“用理智去判断事物”。科学的兴起，给人类教育在古代传统的读写算等基本生活技能和道德修养这两大基本任务之外，增加了科学知识教学这一新的基本任务。随着科学的迅速发展及其在社会生活中作用的日益扩大，知识教学从此成为人类教育尤其是学校教育的中心任务。科学的兴起与教育的知识转向是密切联系在一起的长期历史过程。

实际上，在斯宾塞之前，从夸美纽斯开始，知识教学在现代教育中的地位就日益凸显。学校教育制度的产生，又进一步强化了知识教学在人类教育活动中的中心地位。英国教育学者博伊德（William Boyd）和金（Edmund King）在其经典的《西方教育史》中冠之以“理智的因素”和“制度的因素”来阐述从19世纪下半叶到20世纪下半叶这段时期教育的发展历史。“智育”概念的萌芽、产生和发展贯穿了这一历史过程，并成为这一阶段人类教育发展的重要标志性概念之一。

三、《教育论：智育、德育和体育》：什么知识最有价值？

（一）什么知识最有价值？

“什么知识最有价值？”这是斯宾塞在书中提出的经典之问。

斯宾塞对传统的古典主义教育进行了尖锐的批判，明确提出了“教育预备说”，对于教育应尽的职责来说，就是教导一个人怎样去生活并使他获得生活所需要的各种科学知识，为完满的生活做好预备。他还明确提出“科学知识最有价值”。在学校课程中，科学知识应该占据重要的地位，应制定注重科学知识的课程体系。

据知识的比较价值，斯宾塞认为学习知识的优先级是：

第一类：直接有助于自我保护的知识。

避免健康遭受损失和直接有助于自我保护的知识具有首要的价值。斯宾塞建议准备一般的生理学和心理学知识。

无论何时，教人们学会如何保持健康的体魄和高昂的精神状态，永远都是教育最为重要的任务。在信息社会，识别虚假信息，筛选有用信息，有助于自我保护，需要重视起来。

第二类：谋生和获得生活必需品的知识。

斯宾塞举例说，有两个人，王二掌握谋生的基本手段，并且知道如何教育孩子。李三善于经商赚钱，其他知识都欠缺。那么谁更有能力追求完满生活呢？

答案是王二，因为他掌握了在社会上生存发展的最直接的知识，而李三的善于经商赚钱只不过是锦上添花，钱能解决很多问题，但并不能解决所有问题，比如掉到水里的人不会游泳。

关于间接的自我保护知识，斯宾塞列举了数学、物理学、化学、生物学、社会学等，都是我们初中就涉及的基础科目。

第三类：为人父母的知识。

我们哺育和抚养后代，为家庭谋福祉的知识。

斯宾塞认为，儿童的身心发展遵循一定的规律，家长需要掌握生理学的基本原理和心理学的基本知识。只有遵循一定的规律，才更有可能帮助孩子达到一种完满的成熟（a perfect maturity）。

第四类：作为好公民的知识。

斯宾斯的排序跟儒家“修身齐家治国平天下”的顺序是一致的。作为一个好公民，需要了解人类历史（始终与人类命运相关的），要学习社会学。因为一切社会事物都是个人行动的结合，解决社会问题必须从个人行动着手。

如果不理解人性规律，就无法理解人的行为。在这里他又强调了生理学和心理学，说它们是一切社会学习者不可或缺的知识。要想从个人行动着手解决社会问题，学习行为设计是一条有效途径。

第五类：培养各种艺术爱好的知识。

第五类是在社会生活中提供和享受各种文化娱乐活动的知识。斯宾塞用花和根叶来做类比，前面四类是根和叶，第五类是花。花的价值是压倒性的，但根和叶是开花的前提条件。所以，享受文化娱乐活动要以健康的文明生活为前提。文化娱乐、艺术爱好是花，但不能为了得到花而置植物本身不顾，为了外在优雅而忘却内在实质。

时至今日，这一经典之问，还一直引导着教育理论界和教育实践工作者进行深入的思考。

“斯宾塞之问”以及他给出的答案对教育和学校课程产生了深刻的影响，近现代教育的每一次变革都能看到“斯宾塞之问”的影子，也体现了不同时代和社会背景下人们对“斯宾塞之问”的回答。西方的“21世纪技能”和中国的“核心素养”都源于当代人对这一问题的探索和展望。今天的孩子如何应对明天的挑战，如何在充满希望和危机的未来获得尊严和幸福，不仅是课程制定者、教育管理者，更是哪怕最普通的教师都需要思考的问题。

在日本诺奖得主中村修二看来，东亚教育浪费了太多生命。他举例说，考试的内容只能选拔出可以即刻应用于社会生产和价值创造的专业人员，而对于真正的创造性和启发性人才，机械式的考试内容和有规范答案的试题，对其而言便是一种对观念的直接冲击。因为权威会告诉你A文章只能是表达B情感，你不能反驳他；我们对于材料的分析只能写这个答案，而你其他的与得分要点不符的思考只能停留在脑海中，而后随着进入社会及社会带给你的繁重压力，你的这些思考也会随着时间烟消云散。

在斯宾塞生活的时代，尽管许多父母对孩子有强烈的教育和培养愿望，但在对待儿童兴趣的认识和做法上存在严重的问题。他们经常会根据学校的教学模式对孩子的未来加以设计，希望孩子的“兴趣”与该模式有密切的关系，而对孩子那些与此无关的“无用”兴趣加以斥责。然而，对于孩子的心智发展而言，兴趣是没有“有用”与“无用”之分的，每一种兴趣对学生的求知都有重要的价值。对于学生来说，通过兴趣来求知应是他们快乐获取知识最有效的方法，也是他们获取知识的捷径。这也展现了一个获得知识的智慧法则——“兴趣是学生学习的最大动力”。

斯宾塞认为，学生在每个方面都可能有潜能，不存在一种潜能也没有的儿童。当然，每一个学生表现出来的潜能是不同的，这些潜能还会因为学生自身生理的原因，导致其出现发育早晚和强弱的差异。作为教师应善于发现学生的天赋，因材施教，进而加强其这方面能力的培养。

（二）斯宾塞的智育、德育和体育观

在《教育论：智育、德育、体育》中，斯宾塞围绕智育、德育和体育阐述了自己的科学教育思想。

1. 关于智育论

斯宾塞认为，教育的目的就是引导人们为了能够很好地生活而获得所需要的一切科学知识。学生在学校里的学习时间有限，必须很好地安排学校课程的内容，讲究课程教学的方法，以使他们能够最有效地学习到最有价值的科学知识。

一是创建科学教育的课程体系。斯宾塞非常重视把科学教育引入学校课程的内容。主张建立科学教育的课程体系，并通过科学教育来使人的天生能力得到充分发展。斯宾塞根据人类完满生活的需要，按照知识价值的顺序，把普通学校的课程体系分为五个部分：

生理学和解剖学。这是关于阐述生命和健康规律，使人具有充沛饱满的情绪，以便“直接保全自己”的科学。

语言、文学、数学、逻辑学、几何学、物理学、生物学和社会学等，这些是与生产活动和社会生活直接相关的科学，它们能使人获得谋生手段、提高劳动生产率，能对发展生产、建设国家起作用，甚至能“转变国家的命运”。

心理学和教育学。这是关于履行父母职责必须掌握的知识。

历史学。这是为“履行公民的职责”必备的知识。斯宾塞认为历史学中着重介绍“国家成长和组织的知识”，可帮助学生“弄清楚国家进步的原因”，建立正确的行为准则。此外，历史学中还应讲述宗教政权及其组织、行动、权力、仪式、信条以及和国家的关系，社会风俗、人民生活习惯，生产制度和生产工艺，教育和科学的进步，文化建设和审美，日常生活饮食起居和娱乐以及各阶段的道德理论和实践等。这些知识对于人们调节自己的行为都是十分必要的。

自然、文化和艺术。这些是“为了欣赏自然的科目、文学、艺术的各种形式做准备”的科目，如绘画、雕塑、音乐、诗歌等。他们是人们为了完满度过闲暇时间所需要的。斯宾塞创造的课程体系，内容比较广泛，以自然科学知识为重点，且注重对人的实际生活有用这一点，它大大地冲击了英国传统的只追求“虚饰”的课程体系。

二是改革传统的教学方法。斯宾塞为了实施其科学教育课程体系，提出了一系列改革传统教学方法的原理。

（1）“不能把人为的形式加在一个正在发展的心智上。”他认为“在次序上和方法上，教育必须适合心智演化的自然过程；能力的自然发展，有一定次序而在发展中，每个能力需要一定种类的知识，我们应该找出这个次序和供给这个知识”。这就是“掌握每门学科必须通过一条从简单观念逐渐到复杂观念的道路”。这些所谓的正常次序就是指：

从简单到复杂。斯宾塞指出，儿童的心智最初只有少数心理机能，逐渐才有较晚形成的能力起作用，最后才是所有能力同时活动；所以我们的教学应该从同时只教少数科目开始逐渐增加，而最后才是所有科目齐头并进。教育不止在细节上应该从简单到复杂，在全局上也应该是这样。

从不准确到准确。斯宾塞指出人的大脑是在成年时才达到他完成的结构的，由于儿童的大脑结构还没有完成，他的动作就缺乏准确性，心智的整体和每一个能力都是从分辨事物和动作的大概开始，逐步进到更细致、更明晰的分辨。教育内容和方法必须符合这个一般规律。把确切的观念交给未来发展的心智是做不到的，所以我们必须满足于从粗糙的概念开始，又能按照概念逐渐完整的速度来介绍科学公式。

从具体到抽象。斯宾塞指出，教师们经常的错误就在于从“第一原理”出发，我们应该做到在讲授原理的时候要通过事例，要从个别到一般，从具体到抽象。

从实验到推理。斯宾塞指出，每一门科学都是从与它相应的技艺中演化出来的。必须先有实践，再加上积累的经验和经验的概括，才能有科学。每种学习，都应该从纯粹实验入门，应该在经过充分的观察积累之后才能开始推理。

（2）“使学生能正确地教自己。”斯宾塞认为，教育要获得成功，就要“使我们的办法为一切心智在成熟进程中都经过的那个自然发展服务”。在教育中，我们应该尽量鼓励个人发展的过程，应该引导儿童自己进行探讨，自己去推论。在谈到自我教育原则时，斯宾塞还指出“把教育作为一个自我演化的过程”有三个好处：第一，它可以保证学生获得知识的鲜明性和巩固性。学生自己获得的知识由于是他自己获得的，就比通过其他途径得来的能更彻底的属于他自己所有。第二，它可以使学生知识一到手就变成能力，马上就对思维的一般职能有帮助。第三，它有利于学生养成勇于克服困难、不怕挫折等优良性格特征。要使教育成为自我发展的过程，斯宾塞还提出引起儿童兴趣和快乐的原则。他说同自我教育的原则同样重要，相辅相成的还有一个原则，那就是必须使教学成为能够引起儿童兴趣和快乐的原则，简称“快乐原则”。这一原则，同样是一个检验教学是否符合儿童能力发展阶段的标准，因而也应该当作教育的信条来遵守。

（3）“用死记硬背的办法去学，等于没学。”斯宾塞在《智育》篇中，着重批判了要求学生死记硬背的教学方法。他反对强制教育，强调要在理解的基础上进行学习，他强调系统地培养儿童观察力的意义。

斯宾塞认为，让学生主动地参与到学习活动中来，是兴趣教学的重要措施。因为兴趣是最好的老师，如果学生带着兴趣来求知，收获的不仅仅有成就感，还有愉悦感。更重要的是，学会了自主学习的方法，这对一生的发展都有重要影响。学生的学习兴趣是好奇心引发的，好奇、好问的心理又会引领他步入科学的大门。而学生的这种求知欲和学习兴趣，离不开教师的引导、呵护、赞赏和肯定。

斯宾塞指出，要让学生的兴趣持久保持，关键在于让他们自主自愿。教师不仅要尊重学生的独特性，视他们为独立、自主的个体，而且要尊重学生的学习意愿，燃起他们的学习兴趣，使他们意识到学习并不是枯燥、痛苦的事，而是充满乐趣的事情，这样才能激发他们主动探究的意愿，进而获取知识。为此，斯宾塞强调，“孩子的学习兴趣，是获得一切知识的前提。只有孩子自主自愿地学习，才能真正掌握科学的精妙之处，品尝到学问的甘甜所在”。

2. 关于德育论

首先，斯宾塞明确提出“道德管教”的概念。他认为道德管教是儿童管教或家庭管教中最重要的事情。他呼吁要建立起良好的道德管教体系，要求父母和教师们都要具备超人的智慧、品德和自制力，并能够一贯地掌握和使用道德管教的原则和方法。

其次，斯宾塞提出道德管教应该是自然管教。斯宾塞在这里所说的“自然”就是指行为后果给人们带来的实际利益。斯宾塞完全以其实证主义、功利主义的观点来衡量人的行为的好坏。同时斯宾塞的道德理论也渗透了他的进化论思想和社会有机论。他认为道德也是随生产生存条件的变化而变化的。由于生存竞争，人们在现实社会中，只能获得相对的快乐。人类行为进化的最后目标应该是对自己有利也对他人有利。在道德管教中，也应具有一定地位的义务观念，这正是通过人们行为的进化而形成和发展的。

再次，斯宾塞论述了德育的原则和方法。

第一，反对“人为惩罚”，提倡“自然惩罚”。充分利用“自然反应”或“自然惩罚”，要比使用“人为反应”或“人为惩罚”的手段优越得多。这是因为儿童在其亲身体验到行为好坏的后果后，感受到自己错误行为所带来的痛苦，获得了判断正确和错误行为的理性知识，进而会明白地认识到惩罚的公正。

第二，要以“同情心”对待孩子。斯宾塞说，对于孩子较严重的过失也应当靠“亲子之亲”，才能取得教育的成功。父母和子女之间可以建立而且应当建立“亲子关系”，而亲子之间是有更多的同情之心的。当儿童犯过失的时候，如果家长能本着一贯的友情，儿童本来就已经对父母有了热爱，那么家长行为所引起的后果，本身就会成为儿童立即改正错误、日后防止过失行为的一种健康力量。

第三，不止给儿童提出一个善良行为的高标准。斯宾塞认为人类的较高道德能力同较高的心智能力一样是比较复杂的，在演化上两者都比较晚。如果用提出善良行为高标准的办法去刺激这两种较高能力的活动，那就会使儿童日后的性格吃亏。如果我们记住高尚的道德和高度的智慧一样都要经过缓慢的成长过程才能达到，那么我们就会耐心地对待儿童经常表现的缺点，就不会那么容易去经常责骂、恐吓和禁止儿童的行为。

第四，要少发命令，尽量让儿童自己管理自己。可是当你真发命令的时候，就要有决断，既已发命令，那就绝不动摇地执行。

第五，要前后一致。先把要做的事好好考虑，衡量一切后果，看看目的是否明确，一旦有了决断，并最后确定了措施，那就无论如何要使儿童服从。

第六，以养成能够自活的人为最终目的。斯宾塞说：“记住你的管教目的应该是养成一个能够自活的人，而不是一个要让别人来管理的人。”

第七，要有良好的教育者和好的教育制度。斯宾塞指出：正确地进行教育，不是一件简单容易的事，而是一个复杂和困难的任务，是成人生活中最艰巨的任务。因此，在教育孩子的时候教育者先要对自己进行较高的教育。在心智方面必须学好那门最复杂的学科，即“在你孩子、你自己和社会中所表现的人性及其规律”的科学。在道德方面必须经常发挥高尚情感而抑制那些低级的情感。这就需要一个良好的制度做保证。

3. 关于体育论

斯宾塞着重论述了体育的重要性，并对体育提出了许多实施的办法。他所理解的体育是广义而不是狭义的体育，其中包括儿童的饮食、衣着、体格锻炼和生活制度等。

第一，养成良好的饮食习惯。斯宾塞指出，在社会生活的各个部分都可以找到节奏性倾向，这个节奏性倾向也影响我们的饮食习惯，从而影响到年轻人的膳食。他强调儿童是长身体的时期，其饮食营养应高于成人。食欲是自然需要的表现，应该予以满足。他建议应该按照气候变化、锻炼情况、食物种类和每个儿童的健康状况来配置儿童每天每餐的食物。还应注意儿童饮食的多样化，不只定期变更食物很重要，而且每餐食品多样配合也是很需要的，以充分保证儿童生长过程所需的一切成分。

第二，衣着要自然。斯宾塞提倡衣着要尊重儿童自身冷、热感觉的自然需要。

第三，多游戏，多活动。斯宾塞非常重视儿童的自发游戏和活动。

第四，注意用脑卫生。斯宾塞揭露了当时英国现代化活动的压力下，在一切生意和职业中，更加激烈的竞争，使父母们和儿童们都被迫继续操劳过度而受到体质方面的损伤。许多男女儿童和青年经受着严酷的训练，受了过度学习的损害。因此斯宾塞呼吁要让孩子有合理的生活制度，不要给孩子硬塞知识，而应当依照生长的规律来控制脑力的运作。

四、经典语录

1. 就教育对性格的塑造来说，强迫训练并不符合道德法则，同时也是一种徒劳。

2. 正确进行教育的主要障碍不在于儿童，而在于家长。并不是儿童对强制的影响不敏感，而是家长的德行不足以运用这些影响。

3. 父母们夸大了子女的不正当行为给他们带来的苦恼，总认为一切过错都是由于子女的不良行为所致，而与他们自己的行为无关。但是我们稍作公正的自我分析之后，可以发现父母发出的强制性指令，主要是为了自己的方便行事，而不是为了矫正错误。

4. 心智和身体一样，超过一定的速度就不能吸收。如果你给他的知识过多过快，使他无法吸收，不久他就会丧失掉。这些材料如不能和心智结合在一起，就会在应付完考试后从记忆中溜掉。更糟糕的是，这个办法会使学习变得越来越讨厌。

5. 教育者要有效地教育孩子，就必须做一些教育的准备：要进行钻研，要头脑理智，要能忍耐，还需要自我克制，要少对孩子发布命令。

6. 痛苦的功课使人感到知识讨厌，而愉快的功课会使知识吸引人。那些在恐吓和惩罚中得到知识的人们，日后很可能不继续钻研；而那些以愉快方式获得知识的人们，不只是因为知识本身是有趣的，许多成功的体验促使他们进行自我教育。

7. 孩子在快乐的状态下学习最有效。

8. 爱，我们人人都有，但爱和有目的的教育，则需要一些耐心和技巧，有时甚至是令人发笑的机智或多少有些令人不快的克制。

9. 长期以来的教育误区，就是把教育仅仅看作是在严肃教室中进行的苦行僧的生活，而忽视了对孩子来说更有意义的自然教育和自助教育。

10. 一家人吃饭时是争论还是谈话，是称赞还是训斥，是一个很好的测量计，它可以看出这个家庭是在疏远分离还是越来越亲近。

11. 良好的健康状况和由之而来的愉快的情绪，是幸福的最好的资金。

12. 教育是为完美生活做准备。

（浙江省教育报刊总社　杨志刚）

《和教师的谈话》

一、作者及背景简介

列·符·赞科夫（1901—1977年）是苏联著名的心理学家、教育家、苏联教育科学院正式院士、俄罗斯联邦功勋科学活动家、教育科学博士。他一生学术成就卓著，曾获一枚列宁勋章、两枚劳动红旗勋章和其他一些奖章。

1917年，赞科夫中学毕业，担任乡村小学老师，后在儿童农业营（国家收养和教育战后农村孤儿的机构）任教养员及主任。20世纪20年代中期，他考入莫斯科大学心理学系，在著名心理学家维果茨基指导下开始进行心理学的实验研究。大学毕业后，他被分配到俄罗斯联邦共和国教育人民委员部工作。1943年10月，苏联成立俄罗斯联邦教育科学院（1966年8月改组为苏联教育科学院），赞科夫先后任儿童缺陷学研究所所长、教育理论和教育史研究所副所长、普通教育研究所“教学与发展问题实验室”领导人等职务。

20世纪50年代以前，赞科夫的研究主要在心理学领域。1952年，他在俄罗斯联邦教育科学院教育理论和教育史研究所下属建立的“实验教学论实验室”，研究“教学中的教师语言与直观手段相结合”的课题。同时，他还参加了凯洛夫主编的《教育学》的修订工作，担任该书第三版（1956年）的三名副主编之一。1956—1958年，苏联教育理论界在《苏维埃教育学》杂志上开展了关于儿童教育和发展相互关系问题的全国性讨论，赞科夫在最后总结道：这次讨论正确地指出了教育与发展之间存在着复杂的依存关系，但远远没有揭示出教育和发展相互关系的实质，而这主要是因为当时在苏联从来没有从教育学的角度对教学与发展的问题进行过专门的实验研究。

所以，1957年，赞科夫将“实验教学论实验室”改名为“教学与发展问题实验室”，着手对儿童的教学与发展问题进行实验研究，并在莫斯科第172学校选了一个一年级刚入学的班级作为实验研究班级，又为该班选了一个刚从师范学校毕业的女教师作为任课教师，从1957年9月2日开始，系统地开展了教学与发展问题的教学论实验研究，还同步进行了心理学上的一些实验方法。第一轮实验持续了四年（当时苏联小学为四年制），实验班不仅完成了小学规定的全部教学任务，还学习了五年级的大部分教学内容，更较之于普通班，在创造思维上达到了优秀的水平。四年中，实验室的工作人员对每一堂课、每一次活动进行观察记录，对所得到的音像、图片资料进行一一分析，得出小学可由四年制改为三年制的结论，并在更长的实践过程中，逐步制订了实验教学计划、教学大纲，编写了教科书和教师参考书，初步形成了小学教学的新体系。

1964年，赞科夫写了《小学教学新体系的实验》一文，公布了他的“新体系”，此举立刻在苏联教育界引起一场激烈而持久的争论。传统派人物坚决反对这种野心勃勃的“改革”，但支持赞科夫观点的人也越来越多。1966年底，教育科学院主席团对赞科夫的实验研究进行了一次系统调查，肯定赞科夫的实验方向和理论基础是正确的。1967年，赞科夫的意见被苏联有关部门采纳，苏联的小学从四年制改为三年制，从而使中学阶段（四至八年级）提前了一年，在整个中学（一至十年级）年限不变的情况下，学生实际上多学了一年的课程。同时，赞科夫的实验工作继续进行，规模越来越大，到1966—1967学年，实验班数量已达到1200多个，分布于俄罗斯联邦共和国和九个加盟共和国的52个边区和州。在这项持续二十年的实验研究过程中，赞科夫先后发表的著作有150种，主要有《教学论研究的对象和方法》(1962年)、《论小学教学》(1963年)、《学生在教学过程中的发展（一、二年级）》(1963年)、《学生在教学过程中的发展（三、四年级）》(1967年)、《教学论和生活》(1968年)、《和教师的谈话》(1970年)、《教学与发展》(1975年）等。其中，《和教师的谈话》《教学论和生活》等作品被誉为俄国的教师必备书，还在美国、日本、德国等13个国家翻译出版。20世纪70年代，赞科夫的发展性教学论陆续传入我国，引起我国教育界的注意和极大兴趣。

二、《和教师的谈话》导读

《和教师的谈话》一书形式非常特别，如书名所述，它以赞科夫与教师们谈话的方式，通俗而生动地阐释和宣传了赞科夫的教学论思想。参与谈话的有参加工作不久的新教师，也有经验丰富而聪明能干的老教师，还有学校领导、教育学教授（方便起见，下文按照书名的提法，将他们统称为“教师”)。全书总共十一章，涉及“教师和儿童”“学习的诱因”“教学和发展”等小学低年级教学中一系列亟待解决的基本问题，赞科夫与教师们或就不同的教学论观点展开争论，或对不同的教学方法各抒己见，提出了许多新观点、新方法，比较全面地论述了新教学论和传统教学论的基本分歧，以帮助当时的教师们批判地思考自己的实际经验，弄清教学中存在的问题，并沿着正确的途径前进。

这本书虽然已经问世五十多年，谈的是当时苏联小学的教学问题，但传统教学体系暴露出的问题和消极影响，在今天中国的教育界也存在。赞科夫当时颇具前瞻性的教育思想，和我们现行的教育理念亦有诸多不谋而合之处，阅读该书有助于我们进一步探索教育教学的合理路径。

因谈话的形式相对自由，为了更好地把握本书的主要内容和思想，下面试着对各章要点做一个梳理。

第一章　课堂上的生活

本章讨论的“生活”，不仅指人的生理的存在（呼吸、感官活动等），更指向思想、感情、愿望等精神生活。

在传统教学过程中，人们已经认识到，课堂上应当尽量充分地反映生活，比如在作文里描写儿童观察到的东西、学习语法时要列举生活里的例句，“把知识运用于语言实践，保持这种实践的现实性”。但赞科夫认为，这种与生活的联系是狭窄的、片面的。儿童对了解国家重大事件、国外的生活等周围的生活怀着强烈的渴望，如果能在课堂上和教师、同学交流想法，既有助于他们认识世界、形成正确的观念、培育爱国主义情感，还有助于班集体的团结。这个过程中，“如果班级里能够创造一种推心置腹地交流思想的气氛，孩子们就能把自己的各种印象和感受、怀疑和问题带到课堂上来，展开无拘无束的谈话，而教师以高度的机智引导并且参加到谈话里去，发表自己的意见，就可以收到预期的教育效果”。

谈话的教师们讨论道，学校的文艺作品讲读课，本应具有反映生活的巨大可能性，但预先设定、机械肢解、事无巨细、一成不变的教学结构，却让课堂变得枯燥乏味。他们认为，艺术作品首先要激发儿童生动活泼、真挚深刻的思想感情，其余的工作都应当是这些思想感情自然而然的后果。教师应当事先对课文加以透彻的理解，抓住课文内容的主要线索，并把需要特别留意的那些形象、词汇和表达方法挑选出来，凡是儿童自己能够理解和感受的一切，都应当让他们自己去理解和感受，应当让他们按照自己的思考方式、感情和性格特点去感受文艺作品。教师需要做的是对方向的引导、对学生思想的支持和发挥、对偏离了作品思想内容的细节进行机智的修改，从而唤起学生生机蓬勃的精神生活——不是死记硬背、机械被动地做题，而是思考、推理、独立地探求问题的答案。这个目的，是各个学科都需要追求的。这不仅对学生领会知识和掌握技巧，而且对他们的发展都具有重大的意义。

第二章　教师和儿童

本章讨论了教师与儿童这两大主体的关系。

在谈话开始时，赞科夫首先指出："教"这个词，不仅指传授知识、训练技能和技巧，而且也有教诲、诱导人去从事某些活动的意思，所以，"教师"不仅要注重传授知识、训练技能和技巧的教学工作，更要时刻注意自己肩负的指导责任。

人们常常认为，教师威信是他顺利而有成效地进行工作必不可少的条件，不少教师因此采用严厉的手段，迫使全体学生服从课堂纪律和完成作业。赞科夫则引用了安·谢·马卡连柯"压服的威信是虚假威信的一种"的观点，使谈话教师意识到，虚假威信只能有助于维持班级的表面纪律，实际上对学生却没有发生深刻的教育影响。真正有助于巩固教师威信的，是给学生提供更多的独立活动的余地，是教师在上课时全神贯注的精神（取决于教师热爱儿童、热爱自己的职业和拥有丰富的科学知识，还取决于教师和学生共有的精神状态）。当学生渴望认识未知的事物，而教师也被一种用知识丰富学生的头脑、从精神上培育他们成长的精神所鼓舞时，课堂上才能持久地保持炽烈的创造性的气氛，师生间才能稳固地形成一种互相怀有好感、互相尊重和有爱的气氛——这样的师生关系，会让学生由衷地尊重教师，意识到自己在班集体和教师面前应尽的义务，因而并不会造成班级纪律的混乱，反而能促使学生更好地遵守学校制度。

谈话教师提出“如何引起对儿童的热爱”的疑惑，赞科夫回答道，“爱”这个词有着多种意味，教师对学生的爱，首先应当表现在“教师毫无保留地贡献出自己的精力、才能和知识，以便在对自己学生的教学和教育上，在他们的精神成长上取得最好的成果”。教师应该仔细地观察自己的学生，了解他们的爱好、才能、欢乐、忧愁和精神世界，把每一个学生（包括所谓的“后进生”）都理解为具有个人特点、自己的志向、自己的智慧和性格结构的人，才有助于自己热爱和尊重儿童。

在教学工作中，教师不可避免地要对学生采取个别对待的态度，即研究和估计每一个学生的特点，以达到成功地教学和发展学生正面的素质的目的。但人们常把需要个别对待的标准，片面地理解为对教材感知的速度和精确性、注意力、理解力、思维的性质、知识质量、对学科的态度等方面的表现不佳，从而采取提高学生及格率的措施。事实上，个别对待不仅要考虑学生的注意、思维的特点及其他心理特点，还要下功夫发展不同学生的不同特点，从教育学的观点创造条件——尤其是通过集体丰富多彩、生机蓬勃的生活，来满足一个学生的要求，给每一个学生的才能找到出路，并予以正确的引导。教师应有效地组织集体活动，还要时刻看到他们中每一个人的多方面的表现，用语言和眼光，鼓励和激发学生探求真理的志向。

第三章　学习的诱因

本章讨论的是评定知识、技能和技巧的分数对学习起到何种影响。

许多教育家早已指出：教师的评分受到诸多主观因素的影响；学生对教师提问的作答，也因各种主客观因素的影响而并不直接反映出真实的知识掌握情况（在当时，提问学生时就要当堂打分数）。

赞科夫更进一步指出：“分数不仅是掌握知识的标志，还应当从学习动机的角度考察它所起的作用。”人们会觉得，坏分数能促使学生为了纠正它而努力学习，好分数能鼓励学生竭力保持好的学习状态。但遗憾的是，学生为了逃避坏分数和“赚取”好分数，常常采取不诚实的手段。而家长因为分数所表现出的情绪以及采取的奖惩措施，也并不都能激励学生对学习本身产生努力的动机，甚至会滋生一些不良的性格特征（如自命不凡、爱慕虚荣等）。在这些情况下，学习的动机就成了取得分数，而不是对于知识本身的兴趣。

对此，赞科夫建议道，教师不应只关注学生的作答情况，而应经常地、细心地观察自己的学生，对他们予以关心与体贴，将严格要求与对学生善意的、尊重的态度相结合。在具体教学中，应给儿童提供机会，让他们跟同学和教师交流自己学过的知识，使学生自己发现学习上的不足，从而产生并增长求知的渴望、认识未知事物的向往、完成困难任务而体验到的满足。这时，“对学习的内部诱因占着主要地位，而分数则退居次要地位了”。

第四章　认识周围世界

本章讨论的是，怎样完成小学各科教学大纲的目的——使儿童认识周围世界。

当时的小学教学法，认为儿童所具有的表象和概念是不精确、模糊的，对这些还需要进行加工，所以几十年来一直把儿童对周围世界的认识局限和简单化到了极点。赞科夫认为，应该向儿童解释清楚自然现象之间的联系。他通过实验、调查、研究表明，一年级儿童完全能理解自然现象中简单的因果依赖性。而之所以在一年级就要让儿童广泛地认识周围世界——具有无限多样化的自然现象和社会生活现象，包括人们的劳动、行为和进步，是因为这样能帮助儿童形成鲜明良好的学习态度（片面、单调地天天和词句、数字打交道，会打消学生学习的热情），还能帮助他们早日形成科学世界观。

因此，对教师来说，学生不只是一个可以向他的头脑里填塞知识、在他身上训练出技巧的学习者，而是一个委托教师来培育的年龄较小的人，是社会未来的公民。只有当教师为学生提供思考和弄懂他所不懂的问题时，学生个性的成长才可能是完满的。

第五章　知识的广度和巩固性

本章讨论的问题是，“怎样才能既向学生传授许多真正的、严谨的知识，而又同时保证知识的巩固性”。

传统的教学论和教学法认为，知识的巩固性是靠复习来达到的，教给学生的知识越多，所需要的复习时间就越多，因此往往采用多次、单调的复习方法。赞科夫承认合理复习的正面作用，更依据心理学规律，指出“如果各个因素之间没有联系或者联系薄弱，那么它们就不能长期地保持在记忆里”。他在实验小学采用的教学方法，要求在安排新知识的获得或者在安排新习题的解答时，一定要让学生用到以前学过的东西。这种“注意了各因素之间的有机联系，注意了这些练习的多样化和多方面性而形成的‘结合紧密’的知识体系”，能使知识牢固地保持在学生的记忆里。

此外，他还结合成人和儿童识记知识的经验，提出基于理解的积极复习（尝试回想、复述，而非机械重复、死记硬背），间隔复习，跟思考、无拘无束的交谈有机结合在一起的复习，重视第一次接触学习内容这个关键节点进行充分、积极的脑力活动等复习或者说学习方法。

所有这些复习的方法，都要求教师认真地思考教材，并从各个角度、从各种联系中理解教材，在教学过程中循序地、恰当地揭示出知识之间的本质上的联系，使学生在有机的联系中获得越来越多的新知识，即以“知识的广度”（并不单纯地意味着知识的范围很宽，最主要的是知识之间的本质上的联系）达成“知识的巩固性”，看似花费时间较多，但是复习的效果以及促进学生发展的效果更好。

第六章　劳动教学

本章讨论了关于劳动教学的几个重要问题：教师的指导和学生的独立精神之间的相互关系如何？怎样进行劳动教学才能取得最好的效果？

谈话者们认为，由教师分工序口授学生制作物品的传统教学法，和通过板书把所有工序给予指示的教学法，都抹杀了学生的独立性和首倡精神。赞科夫指出，教师应当利用分析具体实物的劳动课，来发展学生的独立思考能力和意志品质。他以一节“制作纸质降落伞模型”课为例，展示了让儿童主要靠自己去找出正确操作方法的教学法。教师在其中的作用是敏锐地观察学生，在有的学生遇到不能应付的问题时予以帮助。

在实验教学的班级里，学生通过劳动课获得的，除了技能和技巧，还有理解自己的劳动操作、学会自我监督、计划即将进行的工作等能力。对他们来说，劳动教学既影响到它们的一般发展，同时又为高质量地掌握劳动操作能力打下基础。

第七章　在美的世界里

本章讨论的是儿童对美的感受和引导他们接触美的世界的问题。

美普遍存在于自然界，存在于人们的创造性劳动、人们的英雄业绩和日常高尚行为中。人具有欣赏美和创造美的深刻而强烈的需要，但审美情感这一人所特有的本性，却不会自发形成，需要通过目标明确的工作来培养。赞科夫认为，从儿童入学开始，就要从他们已有的审美经验出发，抓紧培养他们的审美情感。他以《狐狸婆娘》《我心爱的牛奶》《两兄弟》等课文为例，指出传统教学法所忽略的艺术独有的特征性的东西——艺术形象，从而探讨阅读课的教学方法，他还举出大量欣赏造型艺术（文中主要指绘画）和音乐的例子，鼓励教师解决美育中的实际问题。

要做到这一点，教师本身要先能领会和体验生活和艺术中的美，还要一步步地提高自己对生活的审美知觉和对艺术的理解，同时避免道德说教，而借助通俗易懂、令人信服的故事以及班级生活中能唤起学生评价人的各种行为产生不同内心感受的事件，促使儿童在审美发展和道德发展上前进一步。

第八章　教学和发展

在这一章中，赞科夫介绍了教学和发展问题实验室的工作方法、实验过程和阶段性成果。他主张通过教育让学生的一般发展取得最好的效果。所谓“一般发展”，就是不仅发展学生的智力，而且发展情感、意志品质、性格和集体主义思想。

知识与发展这两个概念，既有联系，又有区别。有的学生按学习成绩来说属于优等生，但在发展上却处于中等甚至更低的水平，那是因为传统教学法知识面狭窄、内容贫乏，还一味强调多次、单调的重复，使学生丧失了学习的兴趣，在学生发展方面的效果很差。而按照实验教学论体系培养出来的学生，在观察力、思维能力（包括对因果关系和某些物理规律性的理解力）、劳动操作、性格品质（如自信心、和谐而坚强的性格）、个性成长、自我监督能力、道德情感、意志品质、集体主义思想等方面，有着与普通班学生完全不同的表现，也都取得了更大的成就。赞科夫实验室通过对低年级学生的观察力、思维、实际操作、道德和审美的品质、意志品质、集体主义思想等的仔细研究，证明小学生的学习能力比传统教学法的捍卫者们想象的强得多，小学教学可以有更巨大的潜力，在儿童的发展上取得更显著的效果，并大大有助于实现学生全面发展的任务，同时从根本上提高学生掌握知识、技能和技巧的质量。

第九章　教学大纲和教学方法

本章在上一章的基础上，通过大量实例，进一步介绍了实验教学大纲、教学方法和各科教学法体系。

从1961年起，实验班就采用了三年制的小学实验教学大纲，将充实的内容以高难度进行教学（同时掌握难度的分寸，即给学生提供的教材一定要是学生所能理解的）。在教学方法上，传统教学法注重用多次重复、单纯记诵来代替深入思考；实验教学法主张让学生真正地开动脑筋，进行多方面的思维活动，使学生的精神大大振作起来，这样才能促进他们的发展，提高掌握知识的质量，并且在充分理解的基础上掌握技巧。另外，实验教学法具有灵活性，能通过周密地估计学生之间的差别而采用相应的教学方法。

实验教学法的要点在于使儿童在学习过程中有一种生机蓬勃的精神生活。教师应当直接地依靠以至利用学生的情绪体验（以便使学生有效地掌握知识和技巧），而且可以通过尽量创造条件，让学生独立地得出结论，真正地进行推理，并发展它们的智慧、情绪活动和意志，从而培养和发展儿童的情绪生活。实验教学法的最重要任务之一，就是尽最大可能创造有利条件，使学生对认识的需要（相当于我们所说的“求知欲”）多方面地表现出来，并且培植、发展这种需要。

实验班的学生从一年级起就写作文，并且基本上不列提纲，不做准备（讨论所写的内容、进行词汇和正字的准备）。赞科夫认为，按提纲写作文会抹杀学生固有的个人特点，使得他们的创造性无处发挥。如果教师让每一个学生各不相同的智慧、情感、性格特点都表现出来，就会使学生在发展上取得很大成效，也会让儿童的精神力量焕发出来。

第十章　掌握知识和学生的发展

本章集中讨论了掌握知识和儿童的发展之间的联系。

根据“教育与发展实验室”掌握的实验班学生和普通班学生在数学、俄语、自然、音乐方面的知识和技巧存在差异的事实，可以说明发展上的成绩对于有效掌握知识的影响。

尤其在后进生问题上，传统教学法常常像贴标签一样把“优等生”和

“后进生”贴在不同学生的身上，还给后进生布置大量的作业，或者把“后进生”留下来补课，并劝告家长把孩子的学习抓得紧一点；但赞科夫认为，这只能使儿童的发展受到阻碍。“优等生”和“后进生”两个术语有很大的相对性，因为发展进程和掌握知识并不是一个平稳、均衡的过程，这里面有迂回曲折，有加速减速，有许多复杂的逐步积累的“地下活动”的过程。学生和学生之间的差异永远存在，但在实验班里，不管是“优等生”还是“后进生”，都在发展和掌握知识的进程上前进了一大步。这说明，如果教师能在后进生的一般发展上不断地下功夫，那就不仅能在发展上取得显著的成效，而且也为掌握知识和技能提供了有利条件。教师的极其重要的任务就在于使每一个学生（包括优等生、中等生以及后进生）都能在发展上尽他自己的最大可能性取得最大的成果。

第十一章　教师的劳动及其创造性

本章讨论了教师必须具备的品质。

赞科夫指出，教师除了在他所教学科方面应当拥有的足够的知识，还应掌握心理学和教育学知识，这样才有可能把教材变成学生真正的财富。为此，教师应当积极地参加有组织的进修活动，还要从代表会议、讨论会、专题研究会等体现集体思想的各种活动中汲取营养、解决疑难，进行个人的自我提高，更要对自己亲身取得的实际经验进行坚持不懈和深入钻研的分析，以挑选能够带来最好的效果的教育方法和方式。赞科夫说：“许多事情取决于教师本人，取决于他是否有坚定的目的、顽强的精神和忠诚于他所服务的事业。”在几乎每一个教师身上，都有一种创造性地对待自己工作的思想的火花，如果它熊熊燃烧起来，就能造就一位做出不少自己的、独特的教学贡献，工作上充满灵感并且取得优异成绩的教师，甚至能够点燃其他教师高涨的工作情绪和创造精神。教师的创造性，“就是有一种不断前进，向着更完善、更新鲜的事物前进的志向，并且实现这种业已产生的志向。明天一定要比今天做得更好——这是一个创造性地工作的教师的座右铭。”

三、经典文段赏析

1. 我们所处的这个时代，不仅要求一个人具备广博而深刻的知识，而且要求发展他的智慧、意志、感情，发展他的才能和天资。

20世纪50年代，在世界范围内已经呈现出科技迅猛发展、知识加速老化的趋势。赞科夫勇敢地对在苏联占据统治地位几十年之久的传统教学体系发起批判，反思偏重于死记硬背的教学导致学生的思想缺乏灵活性和创造性且远远落后于时代要求的困局，因而大胆进行改革实验的探索。

阅读赞科夫的教学论时，时常感到今天教育教学工作所做的诸多探索和实践，与赞科夫的教育理想的不谋而合之处。2014年，教育部印发《关于全面深化课程改革落实立德树人根本任务的意见》，其中提道：“各学段学生发展核心素养体系，明确学生应具备的适应终身发展和社会发展需要的必备品格和关键能力，突出强调个人修养、社会关爱、家国情怀，更加注重自主发展、合作参与、创新实践。”

今天，知识“爆炸”并迅速老化的趋势更为猛烈，这同样要求学校的教学内容不断更新，要求学生在校学习期间应得到充分发展，以形成独立获取知识、解决实际问题的能力，从而能更好地解决未来社会中不断出现的新问题，应对时代所带来的挑战。与此同时，教师、学生与社会也应关注人之为人的品质，比如良知、责任感，这是任社会如何发展，始终光辉的可贵人性。

2. 所谓儿童的生活并不是指让每一个人单独地去冥思苦想。孩子们是在跟教师、跟同学一起交谈自己的想法，有时是互相争论。这里面有游戏的成分，有开玩笑，也有笑声……当然，儿童在课堂上的生活，毕竟是以学习为主的一种精神存在的特殊形式。可是，只要是真正的、有血有肉的、不故意造作的作品，它就会是既自由自在又丰富多彩的。

这是一幅多么动人的学习场景：每一个个体有着蓬勃而强烈的学习热情，学生与学生之间、学生与教师之间有着和谐又融洽的人际关系，整个群体中有着自由自在、丰富多彩、严肃认真的交流氛围。这需要教师发挥高超的教学智慧，按照特定教学内容的要求，容许孩子们把自己从日常生活中得到的个人体会、印象、想法带进课堂中来，同孩子们一起进行无拘无束的谈话，从而更好地完成教学任务。这里的“自由自在”和“无拘无束”，并不意味着课堂秩序的破坏、混乱，或者课堂内容的随意、无序，或者教师作用的缺位、无力。事实上，教师不仅是兴致勃勃的参与者，也应是耐心真诚的倾听者——耐心听学生完整地表达自己的观点与感受，让他们提出想要得到回答的疑难问题，懂得呵护学生的积极性、创造力和独立思考能力，还是敏锐机智的观察者——密切关注学生的表现，在全局和细节上适时引导，及时点拨。

在高中的课堂里，虽然学生年纪渐长，表达情感和思考的方式更为内敛和丰富，但我们也愿意并欣喜地看到，在师生关系和谐、学习内容能极大地激发学生学习的积极性和创造性时，课堂气氛也是这样活跃并充满智慧的、闪光的，丰富多彩、生机蓬勃的课堂生活，让学生的学习兴趣得以培养，学习能力得以锻炼，也让学生的个性得以显现和发展。

3. 对于这种“难看的”学生，如果我们真正地了解他，教师很可能发现，原来他有着一副爱钻研的头脑，一颗体贴和同情别人的好心肠以及一种异乎寻常的积极性。为了说清问题的实质，让我们打一个跟教学和教育并不相干的比喻：我们面前有一块土地，土质不好，而且掺着石子。它既不会叫人看了高兴，也没有希望提供最起码的收成。可是来了一批地质工作者，进行一番勘探，结果在地下深处发现了巨大的宝藏。

赞科夫虽强调高难度、高速度教学，但不是指对于所有学生都采用相同速度和难度的教学活动，而是考虑学生个体实际学习水平及发展状况，使所有学生都能通过教学得到潜能最大化的发展。这与孔子的“因材施教”有着异曲同工之妙。赞科夫说：“一个人的形成是要经历许多阶段的。开头的阶段距离教育者所追求的最终目标还很远，但是，如果是通过独立的思考、带着活跃的情感去达到这些阶段，就有了可靠的保障去达到最终目标。”他倡导的教育，不仅要让儿童完成教师的要求，而且要使他们的个性、他们的精神生活得到自然的成长。

我们今天的教育，亦应充分尊重学生的个性特点，着力促成其个性的全面发展——包括精神的丰富、道德的纯良和体魄的健康，让他在自己的人生道路上走得更远。

人们常常用“静待花开”来抚慰学业成绩不理想、行为发展不达标的学生的师长。诚然，教育是需要足够的耐心与智慧的，不仅需要我们把眼光放得足够长远，还需要我们不用单一的评价标准来简单评定一个孩子的短期表现。每个人都有自己的成长轨迹，他可能是迅速拔节的绿竹，也可能是不紧不慢的檀香，或者是盘绕山林的葛藤，或者是默默低伏的小草。生命的姿态有千百种，就算它连花也不开，也并不意味着它没有属于自己的风景。

（浙江省衢州市第二中学　孙皓绮）

《给教师的建议》

一、苏霍姆林斯基与《给教师的建议》

苏霍姆林斯基的个人档案

中文名：瓦·阿·苏霍姆林斯基

外文名：Василий А. Сухомлинский

国籍：苏联

出生地：乌克兰

出生日期：1918年

逝世日期：1970年

职业：教师

毕业院校：波尔塔瓦师范学院函授部

主要成就：两枚列宁勋章，1枚红星勋章，多枚乌申斯基和马卡连柯奖章苏霍姆林斯基是苏联著名教育实践家和教育理论家，出身于乌克兰共和国的一个农民家庭。他从17岁即开始投身教育工作，直到逝世，在国内外享有盛誉。在其35年的教育生涯中，主要担任他家乡所在地的一所农村完全中学——帕夫雷什中学的校长。自1957年起，一直是俄罗斯联邦教育科学院通讯院士，1968年起担任苏联教育科学院通讯院士。1969年获乌克兰社会主义加盟共和国功勋教师称号。

苏霍姆林斯基一边从事教育教学实践工作，一边坚持教育科学研究，取得了丰硕的成果。他勤奋的一生，为我们留下了宝贵的精神财富，他的作品先后被翻译成30多种文字在世界各国发行，在全世界产生了广泛而深远的影响。他的著作生动地反映了学校教育的真实情况，被称为"活的教育学""学校生活的百科全书"，他本人被誉为"教育思想的泰斗"。他所领导的帕夫雷什中学，也成为20世纪世界最著名的实验学校之一。

为了解决中小学的实际问题，切实提高教育教学质量，苏霍姆林斯基专门为中小学教师写了一本《给教师的一百条建议》。译者根据中国的情况和需要，选择了《给教师的一百条建议》的精华部分，另从苏霍姆林斯基的其他著作里选译了有益于教师开阔眼界、提高水平的条目，作为补充，全书仍有一百条，改称《给教师的建议》。书中每条谈一个问题，既有生动的实际事例，又有精辟的理论分析，文字深入浅出，通顺流畅，引人入胜，字里行间闪烁着教育智慧，成为广大教师案头必备的教育经典。

二、导读评析

"书到用时方恨少，事非经过不知难。"对于教师而言，要学的东西实在太多，而我们知道的东西又太少了。《给教师的建议》是一本理论与实践融会贯通的书籍，它可以带给教师极大的启发和深深的感触。苏霍姆林斯基在帕夫雷什中学担任校长23年，一直坚持不脱离教学，不脱离学生的原则。他担任一门课教师的同时，还兼任班主任，从一年级一直教到十年级学生毕业。23年中，经过他长期直接观察的学生达3700多人。他了解每一个学生的个性，并注意培养他们的个性。

正因为如此，苏霍姆林斯基并不是一个教育理论家，而是实践家。他所撰写的《给教师的建议》也不是拒人于千里之外的高头讲章，而是言之有物并散发着“泥土气息”的教育絮语，特别实用。书中给教师提出了一百条建议，每一条建议谈到一个问题，很多都是苏霍姆林斯基教育教学中的实例，娓娓道来，令人受益匪浅。

苏霍姆林斯基的教育思想具有丰富性、全面性和深刻性的特点：他的教育理论不是苍白的，而是有血有肉、扎根实际的；他的教育思想彰显了以人为本的精神，重视学生的个性化发展，特别强调要培养学生的精神生活，让孩子拥有幸福的人生；他的文章涉及德、智、体、美、劳等各个方面，基本覆盖了所有的教育领域，字里行间体现了对教育规律的尊重；他提出的每一个教育命题都蕴含着深刻的哲理，甚至触及灵魂。在此，笔者仅选取老师们相对比较关注的几个问题，谈一些粗浅的感悟。

（一）学校如何给学生“减负”

中小学生过重的课业负担是长期以来一直存在的突出问题。尽管相关部门三令五申并采取各种措施给学生“减负”，但由于种种因素限制，学生的负担依然很重。减负之所以成效不彰，罪魁祸首是应试教育思维，在这种观念的指导下，学生的时间被排得满满当当的，几乎没有喘息的时间。

6点左右起床，锻炼、早自习、上课，12点左右下课吃午饭。12：30左右回教室上午自习，13：30左右上课（有午休时延迟到14：00点左右上课），3节课后再加一节作业整理课，17：00点左右下课吃晚饭，18：00点左右开始晚自习（近年来许多学校还掀起一股“晚读”之风，要求学生在晚自习开始前到班级读背课文，提前时间15分钟至30分钟不等）。晚自习3节课，21：30左右就寝（高三再适当延迟半个小时左右）。

需要说明的是，这只是一份“普通”的高中学生作息时间表（初中生除了起床略微推迟一点和就寝稍提前一些，基本可以套用）。“普通”之义有二：一是许多学校基本如此，具有普遍性；二是这种安排与某些对学生的管理精确到分钟的“特殊”学校相比还属小巫见大巫。有的学校的学生从清晨6点到晚上10点、11点，每天学习十六七个钟头的作息时间表里，没运动、没娱乐，又只有无穷无尽的书本讲义与接连不断的考卷试题。

十几岁的青少年，本来是最活泼好动的年龄，却不得不奋战于书山题海，长此以往，身体出问题自然在情理之中，而且还会进一步影响心灵。教育部原副部长杜玉波曾不无感慨地表示：一个被书包压得喘不过气的民族，是没有前途的民族！

在苏霍姆林斯基看来，这种把学生的时间全部“安排”起来用于学习，是严重违背教育规律的做法。为此，他专门写下了《为了不造成负担过重，必须有自由活动时间》一文，对这种“精细化”管理进行了严肃的批评。

在文中，苏霍姆林斯基开宗明义地提出，学生只有不把全部时间用于学习，而留出许多自由活动时间，才能学习得好。这不是自相矛盾，而是符合教学过程的逻辑。学生的“工作日”越为学校的课业所填满，用于思考与学习无直接联系的事情的时间留得越少，就越有可能造成负担过重和落后。

自由活动时间问题，不仅在教学上是最重要的问题，而且在智力培养和全面发展上也是一个最重要的问题。他认为自由活动时间是学生智力生活丰富的首要条件，能使学生生活中不仅有学习，而且意味着使学习富有成效。学生需要自由活动时间，就像健康需要空气一样：之所以需要这种时间，是为了使学生可以学习得更好，不经常感到有落后的危险。为回答教师的提问而每天读书、听讲、理解、记忆、回想、复习10至12个小时，是一种力所不及的繁重劳动，归根结底会损害体力和智力，造成对知识的冷漠态度，会使一个人只有学习而没有智力生活。

鉴于此，苏霍姆林斯基认为一天里的一部分时间可以充满紧张的脑力劳动，另一部分时间就应摆脱紧张的脑力劳动，取得一天脑力劳动制度中的平衡。他建议可以把脑力劳动安排得合理点，使下半天摆脱教科书和作业本，让下半天成为学生的自由活动时间，尽量安排一些能照顾学生重大兴趣特点的脑力劳动。比如，学生可以阅读课外书、参加科学小组的活动、在野外干活、观察自然现象和人们的劳动等。

世易时移，让学生拥有半天的自由活动时间，无疑是不切实际的。但在教育激烈“内卷”的当下，苏霍姆林斯基有关学生自由时间的安排中所传递的理念，却依然具有振聋发聩的意义——把学生的时间安排这么“到位”，真的是为了学生好？能不能多给学生一些自由支配的时间？能不能在安排时充分考虑脑力劳动的平衡？苏霍姆林斯基的真知灼见与“放手”，值得所有教育者深思。

应试之风的盛行，尽人皆知其根源在于功利思想遮蔽、误导乃至扭曲了人们的心灵，使人们迷失了教育的本真。于是，家长想让孩子出人头地、学校追求升学率、教育行政官员关注着政绩……三位一体，合力追分。然而，诡异的是所有人讲起来都有一肚子的苦水，都是迫不得已才追求分数。家长说只有一个孩子赌不起，学校讲社会和政府施加的压力太大，官员则说要对民众负责……这不由得令人想起法国启蒙泰斗伏尔泰的一句话：“雪崩时，没有一片雪花觉得自己有责任。”毫不客气地说，这种违背教育本真、扼杀天性甚至摧残生命的教育模式的打造者不是哪一个恶魔，而是家长、学校和社会共同作用的结果。

给学生减负，既难也不难。破解之道，关键在于要像苏霍姆林斯基一样，怀着对教育的敬畏之心，深入了解学生的身心发展状况，进而做出合理的时间安排。学生不是机器，一味搞疲劳战不仅没有效率，而且还会摧残学生的身心健康。张而不弛，文武弗能；弛而不张，文武弗为；张弛有度，才是正道。教书育人，理应有所为有所不为，坚守教育规律，舍弃私心杂念和急功近利的思想。

（二）教师如何应对职业倦怠

“干一行，怨一行。”职业倦怠是一个普遍存在的问题，由于教师工作压力大，很多教师都有不同程度的职业倦怠，痛苦不已。中国人民大学公共管理学院组织与人力资源研究所在近年来做过一项调查，结果表明，被调查的教师中，超过80%反映压力较大，近30%存在严重的工作倦怠，近40%心理状况不佳。

苏霍姆林斯基的《给教师的建议》中的第2篇《谈谈教师的健康和充实的精神生活问题》一文中，就专门谈到了这个问题，或许对备受职业倦怠煎熬的教师们，不无启迪意义。

文章一开头就讲述自己曾受邀参加一位教师的退休晚会。令人感到奇怪的是，这位名叫阿娜斯塔西娅·格里哥里耶夫娜的女教师还相当年轻，她从20岁开始工作，到退休也不过45岁。她甚至连多工作一天都不愿意，恰好当她在学校工作满25年的那天离开。

阿娜斯塔西娅·格里哥里耶夫娜本人的告别讲话，回答了这个问题。“亲爱的朋友们，我离开是因为学校工作不是我喜爱的事业。我在这个工作中得不到满足，它没有给我任何乐趣。这是不幸，是我生活中的悲剧。我每天都盼望着课快些结束，喧哗声快些消失，可以一人独处。你们感到惊讶，一个45岁的妇女就离开了工作，而她的健康还很好。不，我的健康不好，已经受了内伤。受内伤是因为，工作没有给我乐趣。我的心脏病很重。劝告你们，年轻人，自己检验一下，如果工作没有给你们乐趣，那就离开学校，在生活中正确地判断自己，找一个心爱的职业。否则，工作会使你们感到痛苦。”

我相信这样的一番话会引发不少教师心中的强烈共鸣。现实中，不乏教师把教书育人仅仅当成一项赚钱养家的工作，抱着“做一天和尚撞一天钟”的心态，得过且过。这样的工作状态，不仅享受不到教育的乐趣，还会把教育教学视作负担，进而产生严重的职业倦怠。

苏霍姆林斯基认为，健康、情绪、充实的精神生活、创造性劳动的乐趣、从心爱的事业中得到满足，都是紧密联系、互相制约的。他建议教师要把精力放到一种需要大家精神一致、集体创造、人人聚精会神、相互交流知识财富的工作上。更重要的是，教师要学会用心灵去倾听、理解和感受学生，不能只当儿童世界的听众、欣赏者，还要当它的创作者。换言之，只要把个体融入集体之中，和学生形成同频共振，自然会深深地爱上教书育人，当然就不会产生职业倦怠了。

时代不同，教师产生职业倦怠的具体情况当然已不尽相同了，尤其是现在的教师们，常常被各种非教学任务所干扰，成了各种“表哥”“表姐”，忙得连备课都没有时间。但是，苏霍姆林斯基开出的治根“药方”，无疑具有跨越时空的价值与意义，值得现在的教师们好好揣摩体会。

（三）教师如何教育“学困生”

得天下英才而教育之，是教师的莫大快乐。一旦遇到脑子不开窍的“学困生”，很多教师常常百计用尽，苦口婆心一遍又一遍地“帮扶”，却收效甚微。

苏霍姆林斯基在《给教师的建议》的第10篇《关于做“困难”学生的工作》一文中，生动阐述了自己的认知与实践。“学困生”比一般学生在理解和记住教材上的知识要多花三五倍时间，第二天就忘了所学的东西。对于这个教育工作中“最硬的核桃”之一，苏霍姆林斯基试验过许多减轻这些学生脑力劳动的方法，最后给出了一个出人意料的“药方”——最有效的方法就是扩大阅读范围。

苏霍姆林斯基提出，大脑半球皮质的神经细胞萎缩、怠惰和虚弱，可以用惊奇、诧异来治愈，正如肌肉的萎缩可以用体操治愈一样。他认为在“困难”学生（即学困生）所读的和他从周围世界所看到的东西中，应不时出现某种会使他们感到惊奇和诧异的东西。经过无数次观察，他发现在惊奇、诧异时，有一种强刺激在起作用，仿佛唤醒了大脑，迫使它加紧工作。

在文章中，苏霍姆林斯基还举了一个小费佳的案例。这个孩子的绊脚石是算术题和乘法表，但苏霍姆林斯基认为这个学生并不是计算能力出了问题，只不过是来不及记住习题的条件，作为条件的基础的事物和现象来不及在他的意识中形成概念：他心里刚想转入下一步，却忘了上一步。和费佳相似的学生在别的班也有，作为校长的苏霍姆林斯基为这些学生专门编了一本习题集，约有200道题，每道题都是一个吸引人的故事。绝大多数题无须做算术运算，解这种题首先意味着要思考和动脑筋。

此外，苏霍姆林斯基还为费佳专门配备了一套小丛书，有近100本小书和小册子，他从三年级一直读到七年级。除费佳外，还有3名学生也使用了两年。一部分书和小册子同课堂上学习的内容有直接联系，另一部分则没有直接联系。

苏霍姆林斯基把阅读这些书看作是一种脑力锻炼。令人惊奇的是，尽管苏霍姆林斯基从来没有给费佳及其他这样的学生为了学会课堂上未掌握的东西而补过一次课，但通过这些阅读却成功地唤醒了学生们的思想：到五年级，费佳的成绩就赶上来了，能和其他学生解答同样的算术题。到六年级时，他突然对物理很感兴趣，成了少年设计师小组的一个积极分子。后来，费佳在学习上还遇到过困难，而他所遇到的每个困难都是通过阅读得到减轻的。

基于此，苏霍姆林斯基大声疾呼，愈是学习困难的学生，在学习中遇到似乎不可克服的困难愈大，就愈需要阅读。阅读能教他思考，思考会刺激智力觉醒，“困难”学生阅读的东西越多，他的思路就越清楚，他的智力就越积极。而且，书籍和由书籍唤起的生动活泼的思想，是防止死读书的最有力手段。学生思考得愈多，在周围世界中见到不懂的东西愈多，他接受知识的能力就愈强。否则，如果一味强迫“困难”学生加班加点、拼命补课，其结果只能使学生思维陷入迟钝、僵化，养成死读书的习惯。

毫不夸张地说，苏霍姆林斯基的观点给“学困生”教育开启了另外一扇窗，看似不按常理出牌，实则谙合教育规律，极具推广价值。相比之下，很多教师虽然在教育“学困生”上付出了很多心血精力，却不得要领。同样的道理，虽然当下很多学校都在积极推进“书香校园”建设，但鲜有人想到阅读和教育“学困生”之间的关系，更谈不上将两者有机融合起来。倘若能好好学习一下苏霍姆林斯基的做法，或许就会别有一番天地，让很多“学困生”的命运得以改变，可谓善莫大焉。

值得一提的是，苏霍姆林斯基还提出要重视“困难”学生的个性化发展。之所以经常在一年级就出现成绩不好、落后的学生，他认为就是因为在智力劳动领域中没有对孩子个别对待。学生都是各具特点的个体，学生的禀赋、才能、爱好和特长是各不相同的，要让他们充分发展，就要提供良好的条件。“教学和教育的艺术和技艺就在于揭开每个儿童的力量和可能性”，只要因材施教，有的放矢，很多“困难”学生就可以实现逆袭。他为费佳专门配备了一套小丛书的做法，便是生动的例证。

在当下的教育中，我们虽然也倡导个性化教育，要求教师尽可能布置不同层次的作业，但常常停留于口头层面，在落实上与苏霍姆林斯基无疑存在较大差距。即便有不少学校倡导并实施分层次教学，依然存在“大呼隆”问题，根本做不到像苏霍姆林斯基那样为个别学生专门编制学习材料。倘若教师们能静下来研究每一个“学困生”，在施教过程中真的做到对症下药，说不定就会创造出属于自己的教学“奇迹”。

（四）教师要怎样走进学生的内心

“教育的本质是一棵树摇动另一棵树，一朵云推动另一朵云，一个灵魂唤醒另一个灵魂。”德国著名哲学家雅斯贝尔斯的这句名言，老师们可谓耳熟能详。教书育人，关键在于走进学生的内心世界，实现心灵的交流。

在《要掌握与学生个别谈话的艺术》一文中，苏霍姆林斯基十分坦率地指出，如果学生不愿意把自己的欢乐与痛苦告诉教师，不愿意与教师坦诚相见，那么，谈论任何教育都总归是可笑的，任何教育都是不可能有的。受教育者向他爱戴的教育者敞开自己的心灵，是一个彼此促使思想和情感高尚起来的过程。能同信任的老师畅所欲言，会使人感到轻松、心情好转。与人共享欢乐，则欢乐增加一倍；与人分担痛苦，则痛苦减少一半。一个人敞开了自己的心灵，抒发了自己的思想和感情，就会相信自己能够改变自己的情绪，能够教育自己。

亲其师，则信其道。道理大家都懂，但真的要走进学生的内心世界，却并非易事。苏霍姆林斯基认为，要使学生乐意接近你，并向你说出自己的心里话，需要做到以下几点：一是要善于倾听抱怨话，善于听学生们说话是一种了不起的教育艺术；二是必须温柔而极谨慎地接触儿童的心灵，要善于听出言外之意，与一个对你说出心里话的学生谈话的结果，绝不应立即就实行惩罚；三是要善于从学生的眼睛里看出其内心世界的细微活动，设法单独和他在一起，从无数的词汇中找到唯一合适的说法，做到细致、聪明、有分寸地诱导他向你吐露心声；四是要珍惜孩子的信任，保守别人信任你而向你透露的秘密，在集体面前抖落青少年的隐私和心事，是一种最严重地刺伤青少年心灵的惩罚。

其实，苏霍姆林斯基给老师们支的招，并没有什么特别的秘密，关键就在于满怀爱心，真正做到俯下身来倾听孩子们的心声。爱是教育活动中需要夹杂的一门艺术，没有爱就没有教育。只要能充分领会这种精神，老师们完全可以因人因事灵活把握运用。一旦学生向老师敞开了心扉，教育起来自然也就事半功倍了。

三、名篇赏析

《兴趣的奥秘何在》赏析

每个教师都渴望使自己课堂上的学习令学生感兴趣。怎样把课上得令人感兴趣呢？是否每节课都能令人感兴趣？兴趣的源泉何在？

课上得令人感兴趣，意味着学生在学习和思考的同时，还感到兴奋和激动，对发现的真理不仅诧异，有时甚至惊讶，意识到和感觉到自己的智力，体会到创造的愉快，为人的智慧和意志的伟大而自豪。

认知本身是一种最令人惊讶、诧异和感到神奇的过程，能激起高昂而持久的兴趣。事物的本质、事物的种种关系和相互联系、运动和变化、人的思想、人所创造的一切，都含有无穷无尽的兴趣源泉。但在某些情况下，这个源泉像潺潺的小溪流入我们的眼帘，你走近一瞧，大自然奥秘的美妙图景便展示在你的面前；在另一些情况下，兴趣的源泉隐藏在深处，需费力才能找到它、掘出它，而且情况往往是："接近"和"挖到"事物本性及其因果联系的实质这一过程的本身，就是主要的兴趣源泉。

如果你只指望靠表面看得见的刺激来激发学生对学习、对课程的兴趣，那就永远培养不出学生对脑力劳动的真正热爱。要使学生亲自发现兴趣的源泉，使他们在这种发现中感到自己付出劳动并有进步，这本身就是一个最重要的兴趣源泉。没有积极的脑力劳动，学生的任何兴趣、任何注意力都是不可思议的……

兴趣是最好的老师，这早已是共识。但是，对于如何激发学生的兴趣，不少老师却乏善可陈。很多时候，老师们往往停留于发点小奖励之类的表面刺激，难以长久。而苏霍姆林斯基在《兴趣的奥秘何在》一文中，向老师们揭示了兴趣的关键在于积极的脑力劳动，也就是我们常说的引发学生的思考，让学生迸发出思维的火花。倘若能在最关键的地方发力，何愁不能成功激发起学生的内在的持久兴趣？

《怎样按季节安排学生的学习》赏析

一年分为几个季节，每个季节人的机体活动能力都不相同。例如，众所周知，机体的防护力到春天就减弱，到秋天则增强。考虑这种周期性的波动，对学校来说特别重要，因为我们打交道的对象，是正在成长发育的身体，是形成中的大脑，而外部环境对人的大脑有非常大的影响。春天的学习和脑力劳动，特别是在低年级，应完全不能像秋天那样安排。

我建议低年级学生全年的脑力劳动安排如下：大约到第三学季中期(即2月底)，应基本上结束语法和算术方面最重要理论概念的学习。在正是春天的第四学季，脑力劳动应主要包括能发展、加深和系统整理早先获得知识的一类学习。我还想建议，春天应加强培养下一学年能顺利学习所必需的能力。春天，似乎是专门用来进行最费力的观察的时节。春天，还应为下一学年头两个学季要学习的理论性结论积累实例。上面谈到的知识与技能比例失调问题，正是由于春天跟秋天一样灌输复杂的理论概念而引起的。

在中年级和高年级，应利用一切可能在春天最大限度地减轻脑力劳动。不能不估计到，由于维他命储存耗尽，在少年的机体内尤其如此，以致春天视力最容易减弱，并发生眼病，而眼睛在脑力劳动中却有特别重要的作用。不能像许多学校的教学实践中往往存在的情况那样，把阅读大部头文艺作品，把为了复习而重读许多页历史课本和文学课本的任务放到第四学季。尤其不可采取机械的复习方式，使复习与初学教材毫无区别。春天应给学生带来——形象地说——教学法的更新。你在第四学季的备课，应使已有的知识引入积极活动状态成为你教学法的主导思想。不必因此而让学生按教师的问题概括各部分教材时，不断地啃书本。通过综述性的讲解概括教学大纲的一系列问题，能促使知识积极活动起来。考虑到高年级学生的疲劳程度，教师应善于采取一些措施，以减轻他们的复习负担。

我在许多年内总是给八九年级的学生布置如下夏季作业：阅读下一年将要学习的文艺作品。这就大大减轻了他们的脑力劳动，解除了过重负担，使第四学季不至于过度紧张……

乍一看到《怎样按季节安排学生的学习》，就被这个标题深深吸引了，脑海中立马浮现了一首打油诗——“春天不是读书天，夏日炎炎正好眠；秋有蚊虫冬有雪，收拾书本好过年。”在绝大多数人的认知中，学习似乎是不应该挑选季节的，而应该“夏练三伏，冬练三九”，刻苦勤学。苏霍姆林斯基的按季节安排学生学习，确实令人耳目一新。当然，苏霍姆林斯基不是挑选读书的季节，而是根据人体各项机能在不同季节所呈现的特点合理安排学习任务，以求事半功倍。这种“因时施教”的做法，也是一种因材施教，体现了对教育规律的尊重与巧妙运用，令人叹为观止。具体的做法或许学不来，但这样的精神理念弥足珍贵，极具启迪意义。

《爱惜并发展青少年的记忆力》赏析

死记硬背总是有害的，在青少年时期，尤其不可这样做。在这种年龄死记硬背会产生幼稚病——使成年人停留在幼稚时期，使他们智力迟钝，阻碍能力和爱好的形成。死记硬背的产物和不良后果之一，就是书呆子气。这实质上是把儿童教育的方式和方法搬用到青少年身上，会引起智力幼稚而又试图掌握严肃的科学资料。这会使知识脱离生活实践，使精神活动和社会活动的范围很狭隘。

造成这种大灾难的主要原因之一，是少年和青年用儿童的方法去获得知识：分批背熟课本上的材料，为的是后来再分批把自己的知识说给老师听，好得个分数。过多的有意记忆简直可以使人变成傻瓜。

把书呆子气驱逐出学校，是非常重要的教育任务之一。然而，如果中、高年级的大部分教材却正是要求有意记忆，让学生坐下来背熟，不然就不知道，这里不能要什么花招。那么，又如何能做到驱逐书呆子气呢？

众所周知，记忆力是学习的必备能力之一，尤其是文科的学习，记忆力更是至关重要。令人遗憾的是，在应试教育模式下，把记忆异化成了死记硬背。上课背、下课背、教室背、办公室背，学生背得天昏地暗，痛不欲生。

如何破解“贝多芬”（背多分）现象？苏霍姆林斯基认为：

要做到这一点，唯一的办法是：建立有意记忆和无意记忆的合理比例关系。如果八年级学生应记住的教材数量用x表示，那么，在这个时期内学生应理解和思考的教材就应多几倍，为3x。同时，要记住的教材内容和只要求理解而不是非记住不可的教材内容之间，应有一定的联系——不一定是直接的联系，但最好是与问题相关的联系。例如，解剖学和生理学中研究人的神经系统，这部分教材里有许多完全新的知识，几乎都应当记住，为使学习不致变成死记硬背，可建议学生看些关于人体的有趣书籍，以了解人体的各种器官、神经系统以及著名科学家在这些方面的研究成果。学生从并不要求记住的阅读中会记住许多东西，但这完全是另一种记忆，是无意记忆，同学生有意地去记住教材内容是有质的区别的。这种识记建立在兴趣、思考和读书入了迷的基础上，认识的情感因素在这里起着很大的作用。

看有趣的书籍引起的无意记忆，有助于活跃人的思想。人的思想越活跃，有意记忆就越发展，就越能保持和再现大量材料。如果理解的教材内容比应按课本背熟的材料多好几倍，那么，按课本记（背）教材内容，就不会是死记硬背，而成为有理解的阅读和有思维的分析过程。多年的经验使我确信，如果有意记忆以无意记忆为基础，即以阅读和思考为基础，那么，少年学生在学习课本的过程中就会产生许多问题。他知道得越多，他不懂的地方就越多；不懂的地方越多，他按照教科书学正课就越容易……

建立无意记忆和有意记忆的合理比例关系，对教师提出了很高的要求——教师不只是教科学基础知识的老师，不应单纯是知识的传授者，而应成为青年思想的主宰者。教师对新教材的叙述和讲解，应含有星星之火，它能点燃学生勤奋好学和渴求知识的火药。

《怎样爱惜儿童的信任》赏析

童年生活、儿童世界是一个特殊的世界。儿童对善与恶、好与坏有自己的概念，他们有自己的审美标准，他们甚至对时间也有自己的衡量方法：在童年时代，一天好像一年，而一年简直是永久似的。为了能够进入这座名叫“童年”的神奇宫殿，你必变成另一个人，即在某种程度上变为一个孩子。只有这样，你才有资格对学生拥有明智的权威。

朋友！你不要以为我把儿童时代理想化了。我非常明白，童年是由我们成人留在儿童身上的影响而形成的。然而，正因为儿童是将会长成高大树木的娇嫩幼苗，所以童年就需要受到特别尊重。教师的权威要使用得恰当，首先就要有能理解一切的无限能力。这种能力不应有任何限制。要知道，儿童是不会故意做坏事的。如果一个教育者硬是认为儿童有这种意图、是蓄意干不良行为的，这就是教育上的无知。这样的教师在竭力“砍掉劣根”的同时，把所有的根子都砍掉了，结果，使童年时代生机勃勃的幼芽枯萎了。责备儿童蓄意干坏事、懒惰、马马虎虎，而实际上孩子没有这种现象，孩子就会感到非常委屈，进而同教师疏远，失去对教师的信赖。破坏了儿童对你的信赖，你就是在使他开始固执任性、故意不听话、想方设法违背你的要求。记住，只要儿童对你的信任发生了裂痕，这种现象就会出现……

“纸上得来终觉浅，绝知此事要躬行。”以人为本、关爱学生固然是教书育人的第一信条，但落实起来却并不容易。很多时候，老师们虽然俯下身了，可心里并没有真正尊重、理解孩子，无法走进学生心中。苏霍姆林斯基认为，真正的教育不是从高处降至地上，而是登上童年微妙的真相之巅。这并不是要过分迁就儿童，也不是要适应儿童兴趣的“局限性”，而是要做一个聪明的导师，对儿童的思想感情世界进行深入而真诚的理解，懂得儿童的语言，使自己保持一点儿童气质，但同时又不把自己和儿童等同起来。苏霍姆林斯基的教育之道，令人叹为观止。

（浙江省衢州市第二中学　胡欣红）

《童年的秘密》

一、蒙台梭利简介：传奇的一生

玛丽亚·蒙台梭利（Maria Montessori，1870—1952年），意大利著名幼儿教育家。

1870年8月31日，蒙台梭利出生在意大利安科纳的希亚拉瓦莱。受母亲影响，她从小便在内心种下一个重要的信念：女性可以创造自己的人生。

13岁那年，她选择了多数女孩都不感兴趣的数学，后来又学习现代语言与自然科学。在当时，这些技术学校通常只对意大利的男孩开放。学校里只有两名女生，蒙台梭利就是其中之一。

20岁那年，她凭借自己的努力进入了罗马大学，并且做出一个大胆的决定——学医。入学以后，蒙台梭利是班上唯一的女生。她发现自己每天要忍受来自男同学和老师们的鄙视和敌意。

有一天，蒙台梭利走在罗马的大街上，在众多乞丐前经过时，忽然看到其中一个小孩坐在那里摆弄着一小张红纸。孩子赤着脚，看起来穷困极了，但他被那张纸深深地吸引着，陶醉而专注。

这不起眼的一幕，深深地触动了蒙台梭利。她开始思考：是不是孩子天生就有如此强大的专注力？她觉得，作为人类，我们也有一项使命，只是我们还没意识到。

蒙台梭利重新精力充沛地投入到学习中。这一回，男同学们的再次嘲笑，只让她越挫越勇。1896年，蒙台梭利拿下学位，成为意大利历史上第一位女医学博士。

毕业后，蒙台梭利开始在罗马大学的精神科门诊工作，主要是帮助治疗智障儿童。1897年，蒙台梭利作为志愿者参与了罗马大学精神分析诊所的一项研究课题——研究精神病院的智障儿童。在那儿结识了共事的吉斯佩·蒙台萨纳，并发展出一段情缘。

蒙台梭利认真研究了包括法国医生伊塔和美国医生塞甘在内的专家的教育思想和方法，亲自翻译和抄写他们的著作。伊塔和塞甘都是当时训练心理缺陷儿童的著名人物。伊塔曾在1900年对一个早年被丢弃后在森林中长大的“狼孩”进行治疗；塞甘则主张对身体有残疾的儿童进行感官训练。这些教育思想和方法影响了蒙台梭利。

她找来工匠帮忙制作一些教具，尝试通过大量的感官输入改变儿童的心智。

这项新方法收效巨大。她把一部分经过训练的特殊儿童送到意大利的国家考试中心，事先不去声明这些孩子是来自精神病院的儿童。可大家都没想到的是，有些孩子通过了考试，有的成绩甚至超过了国家平均水平。

这一结果为蒙台梭利赢得了业内的极大褒奖。不过，她却不太为这些而惊喜，反倒对那些正常孩子的成绩感到十分震惊。

她很痛心地想：这些有机能缺陷的儿童尚且能达到这个水平，那正常孩子所受的教育是不是出了什么问题？如果针对正常孩子进行更好的教育，是不是可以取得更好的结果？

于是在1901年，刚过30岁的蒙台梭利做了一个意义深远的决定：离开学校，将她的注意力转移到所有意大利孩子的教育上。

三年后，蒙台梭利成为一名讲授教育人类学的罗马大学老师，仍然继续研究儿童问题，她决心用完全不同的方式，将儿童从社会不公中解放出来。

1906年，名叫“儿童之家”的学校开设了，这里也成为蒙氏教育法的现实发源地，并吸引了各界人士的关注。1909年，蒙台梭利出版了《蒙台梭利方法》（原名叫《儿童之家的科学教育方法》），并且开设了培训中心，培训来学习蒙台梭利方法的老师，一次教育学的革新开始了。

1912年，《蒙台梭利方法》的英语版发行出来，开始在全世界更广的范围传播。不仅在欧洲、美国，连遥远的印度与日本，人们都开始从事蒙台梭利事业。玛丽亚·蒙台梭利声名大噪，全世界的人都在谈论她和她的教育体系。

紧接着，第一次世界大战爆发了。战争没有阻止蒙台梭利教育的发展，但蒙台梭利本人却开始意识到，教育与和平之间必然存在着一种联系：“孩子们所肩负的未来，寄托了这个世界的希望。”

即使战事肆虐，蒙台梭利仍然往返世界各地，英国、法国、荷兰、西班牙、美国……她在世界各地培训老师、传播方法，希望尽可能地将新教育的种子播撒到更多地方。

可政治还是影响了爱与自由的传递。1931年，在墨索里尼政府的迫害和监视下，蒙台梭利不得不离开了家乡，于1934年离开意大利去了西班牙。1936年，西班牙内战爆发后，她转往荷兰工作和生活。也正是在这一年，蒙台梭利在荷兰出版了《童年的秘密》。

当时，她已经60多岁了，距她26岁从罗马大学医学院毕业并与儿童结缘开始，已经有40年之久；距她37岁投身于“儿童之家”进行教育实践算起，也有近30年的光阴了。

《童年的秘密》这本书，成为她系统总结自己的教育实践和教育思想的代表著作，对儿童成长的秘密进行了探索和解答，让世人对儿童的内心世界的认识焕然一新。

不过，蒙台梭利在荷兰没待多久，就再次踏上了奔波的旅程。她来到印度，受到甘地的礼遇；却也因为政治因素，遭受软禁和与儿子分离的痛苦。但蒙台梭利始终没有放弃自己的理想，在印度期间，她还将蒙氏思想传播到了东南亚，在那里亲自培训了超过1000名学习蒙台梭利教学法的教师。

1946年，第二次世界大战结束，玛丽亚和儿子终于回到了被战争摧毁的欧洲。时隔多年，这里的人们几乎要将蒙台梭利教学法遗忘了。于是，75岁的她重新投入到欧洲蒙氏学校的创建工作中。她再次游历整个欧洲大陆，授课演讲，蒙氏学校再一次兴盛起来。

此时的她比之前更加坚信，要获得未来世界的和平，只有诉诸儿童教育——“我一生都在追求真理中度过。通过对儿童的研究，我已经从源头上深入了解了人性，不管是东方的还是西方的，尽管已经工作40年了，儿童对我来说，仍然是不竭的希望之源。儿童已经向我证明，全人类是一个整体”。

在生命的最后几年，蒙台梭利在阿姆斯特丹的家变成了全世界蒙台梭利运动的中心。她本人也由于对世界和平的努力，在法国获得荣誉军团勋章，在荷兰被授予皇室姓氏，并三次获得诺贝尔和平奖提名。

1952年5月6日，蒙台梭利在荷兰与世长辞，并在那里安葬。

至今蒙台梭利的名字仍然被世界熟知。但她并不在意这些，她真正在意的是她的事业。就像她曾经说的那样：“不要看着我，请看往我指引的方向。”

二、跟着蒙台梭利寻找闪闪的童心——《童年的秘密》导读之外公带娃手记

（一）楔子

2019年12月18日，女儿女婿从澳洲回国结婚，结果，一回国就遭遇

突如其来的新冠疫情。随即各国的国门陆续关闭，小两口回不去了。由于已经习惯了国外的生活，在国内待着，小两口似乎百无聊赖。在这段躲避疫情的日子里，上天竟然赐给他们一个小宝宝，这让全家人又惊又喜。不久后，女儿女婿决意回澳洲，考虑到那边带孩子的各种不便，于是就把小宝宝留在了浙江钱江源衢江区的乌溪江畔的一个小村庄里。转眼间，我升任外公，妻子升任外婆，就这样，我们猝不及防地开启了一段带娃的岁月。

小宝宝是个女娃，大名妮可，小名海苔。她活泼健康，爱说爱笑，就像那些在地肥水美阳光充足中的庄稼一样茁壮成长。而为了迎接这个天赐之娃，作为外公的我只好赶紧补课，开始研读各类养娃育儿书籍。

这期间，蒙台梭利博士以其先进的理念，富有实效的教育手段，更新乃至颠覆了我的世界观。这期间发生了很多趣事，让我感慨不已，于是，我提笔写下这个外公带娃手记，来作为《童年的秘密》一书的导读。

一部伟大的好书，可以深刻地影响一个人。与好书结缘，亦可称“喜结良缘”，遗憾的是，很多人终其一生，也是“书海茫茫，知音难觅”。如果你幸运地邂逅这本好书，请加倍珍惜，直至地老天荒！

（二）乌溪江畔的“小东西”

女儿是顺产，产后第三天，就出院回家了。

我们家在乌溪江畔，是一幢三层楼的小屋。平日里六个人长住，我们夫妻俩加上父母亲，还有一个杭州来的跟我们养老的姑姑。现在，又有新人入住：刚刚来到人间的外孙女，女儿、女婿、亲家母，加上带娃的保姆，一下子人气旺盛，可热闹了。

一堆大人，对着一个咿咿呀呀的小娃娃，那场面颇为有趣。小海苔才出生，手小脚小，嘴小脸小，鼻子当然也小，可她却有着一双大大的眼睛。女儿坐月子的一个月里，小海苔除了吃喝拉撒，几乎都在呼呼大睡。偶尔醒来，瞪着两个不成比例的黑眼珠，好像在探测这个陌生的世界。

她从小就喜欢户外，在家就哼哼唧唧不高兴，一出门，眼睛滴溜溜地转，显出高兴的模样。于是，阳光高照的晴好日子，我常常抱着这个肉乎乎的小娃娃，让她去看看家乡的风景。乌溪江澄明清澈，如一条蔚蓝的绸带，绕过我们村，蜿蜒向东流去。

乌溪江畔，杨柳成行，芦苇茁壮，柳下苇丛中，有时会有一只蚱蜢似的小舟；乌溪江上，朝晖夕阴，静影沉璧，自有一种与尘世无争的天光水色。有一些大大小小的水鸟，悠悠闲闲，游游荡荡，在摇曳闪烁的水波中影影绰绰。小海苔，有一天你长大了，想得起外公带你在乌溪江畔看日看月看云看水的日子吗？

乌溪江水哗哗流淌，小娃娃迅速地长大，她也越来越让我着迷了。

有人也许会说：这不就是一个能吃能睡、能哭能闹、长得很快的“小东西”，这有什么新奇呀？

可蒙台梭利告诉我们，绝不能这样看待婴儿，不能“简单地把新生儿看成一个由一些器官和组织混合而成的生命体”。她不仅有黄芋艿般的脑袋，红苹果般的腮帮，黑宝石似的眼睛，白莲藕似的四肢，一句话，她可不是一个裹在襁褓里的肉球，而是一个“心灵的胚胎”，每一个婴儿的诞生，都是“一种神秘的、伴随着肉体的精神降临于人世间”，并且，“通过心灵的指引，婴儿渐渐长大，并且能够从事复杂的活动”。

蒙台梭利说：“人与野兽之间的精神差异在于：动物就像成批生产的物品，每个个体都具有它的物种所特有的特征。相反，人就像手工制作的物品，每个人都不相同。每个人都有他自己创造性的精神，这使他成为一件艺术品。”

她会笑了，会咿咿呀呀发声了；

她会抓了，会颠着屁股挪动了；

她会爬了，会翻身抓取东西了；

她会坐了，会看见食物高兴了；

过了一些日子，她会和大人有意识地互动了；

过了一些日子，会用表情表达自己的诉求了；

又过了一些日子，她开始蹒跚学步了；

又过了一些日子，她竟然知道拿书本上的“变形蛇”来吓唬人了；

又过了一些日子，她从乐意与大人牵手走路，变成爱独自行走，而且专门挑高高低低的台阶走了……

你知道这些背后的原因吗？

在陪伴妮可的日子里，蒙台梭利博士的那些睿智的教导，给予我的是振聋发聩的启蒙，她在《童年的秘密》一书中，解答了很多人类长久未解的难题，传递了很多堪称石破天惊的信息：

只有儿童才能揭开人类发展之谜。

能够指引人类发展的，恰恰是隐藏于儿童中的一种个人能量。

我们对新生儿的态度不应是怜悯，而应是怀着一种对造物之神的崇敬，把这个小生命的心灵看成一个我们无法完全了解的神秘世界。

儿童在其敏感期就能学会自我调节和掌握某种东西，这就像一束光能把他的内心照亮。

当我们看着这个像玩具一样的小身躯时，当我们在他的身上倾注了巨大的关怀时，我们才开始真正理解罗马诗人朱维诺尔所说的话：“最崇高的敬意应该给予儿童。”

儿童从一无所知开始发展他的理性——人类特有的品质，甚至在他能用脚走路之前，他就已经沿着理性的道路前进了。

总之，我们眼中的孩子，她不是一个“小东西”，她和世界上其他婴儿一样，有与生俱来的“心灵胚胎”，灵敏强健的“吸收性心智”，不易觉察的儿童心理，在与外界环境接触的过程中，她积极调动自己的意志，锻炼自己的各种能力，不断地学习，不断地成长。

她是不知疲倦的“学习者”，她是独一无二的“创造者”。

（三）爱扎辫子的“美妞妞”

妮可一天天长大，她的兴趣与爱好也一天天在变化。

出生几个月，她对色彩特别有感觉，只要我们拿着红、绿、黄、蓝等颜色的玩具、绸布、衣物在她面前挥舞，就能让她红扑扑的脸蛋转过来，咯咯地笑。

等到能够自由地交流，她就爱自己挑选玩具和衣服，要穿颜色鲜艳的衣服、裤子。外出游玩，她总会被红红绿绿的气球吸引住，不肯挪步，只好买下她指定的气球。小气球好办，让她牵着线，摇摇晃晃回家；大气球是个问题，小车空间狭窄，车厢塞不下，飘在车外不安全，而且不小心就会被戳破。如果天气晴好，回家路途不远，也可以让她牵着气球一同回家。可有时我一个人带她出来，回家路远，那可够呛：走着走着，就要我抱；我长得胖，挺胸凸肚；她牵着气球，左顾右盼；我大汗淋漓，气喘吁吁，一步一步，几步一歇地捱回家。

后来，她开始注意自己的发型与仪容，总是站在镜子前照来照去，自己夸自己“美妞妞”。要戴很多的头花，扎几条小辫。当然这也不难，姥姥忙碌一阵子就可以了。可是她太好动，跑步、骑车、单杠、跳跃，像一阵风，于是花了好久盘起来的头发，因为玩得太“疯”，就成了“梅超风”。由于玩起来不肯停，姥姥只好追着扎。

再后来，她对家里人的座位、物品的归属，突然都严格起来，不许变动。吃饭的时候，太公在哪，姑太太在哪，奶奶在哪，高姥姥（保姆）在哪，外公在哪，姥姥在哪以及爸爸妈妈在哪，各就各位，不能坐错位。

睡觉也有各自的位置。外公睡哪？自然是除了她和姥姥枕头之外的那一个小角落。能不能睡呢？得经过她同意，因为不能影响她看《小猪佩奇》。衣裤鞋袜，也不能混穿；手机错拿，那更是绝不答应。“天地之间，物各有主，苟非吾之所有，虽一毫而莫取。”否则，不但她的眼泪就像自来水一样哗哗地流，她的巴掌也会像雨点一样啪啪地落下。

有时，她心情好，会把各式各样的书籍、玩具、鞋子排队。

可是，如果她胡闹起来，那可不得了！

看见这样的场面，您是否有些崩溃？

最糟糕的是夜里，几乎每次睡觉前，她都要把平时读的书，放在床铺的枕头边。这些书，又大，又厚，又冷，又硬，厚薄不一，长短不一，形状不一（有一本还藏着她用来吓唬人的“变形蛇”）；而且，她可爱读书了，可谓博览群书，群书成山，山还不止一座。几座书山，挤占了睡觉的空间，她可不管。她和姥姥在山那边躺下，我这里山大身大躺不下，好容易撞开山门，侧身而卧，夜里翻身时一不小心，撞头戳脸，刮鼻碰眼，生疼生疼。书大都是精装本，尖角真能割破皮肤。

这情景让我产生幻觉，仿佛自己是地下党，正在国民党的监狱里服刑。小心翼翼地向她央告，把山搬了好睡觉，她不予理睬。嚯！像江姐矢志不渝，坚强如钢！那好吧，既然一定要这些书陪着睡觉，我就只好等，等她睡熟再开始“外公移山”。

至此，最糟糕的事情发生了：她不像其他同龄的孩子那么爱睡觉。不！不！还不如干脆说她“生来不爱睡觉”。不知什么原因，3岁的妮可很少睡觉；有时午睡得晚，她可以熬到第二天凌晨1～2点。

我可以发火吗？

不可以的。

蒙台梭利告诉我们：儿童成长过程中有个敏感期，要特别加以重视。“如果儿童不能根据他的敏感期的指令行事，一种自然征服的机会就丧失了，永远丧失了。”你看，这个极为可贵的敏感期，过后即无。处理不好会影响孩子一生，岂可等闲视之。

我从来不知道有“敏感期”一说，夜读蒙台梭利的《童年的秘密》，分享了一个有趣的故事。故事大概如下：

一次，我和一群旅行者一起穿过那不勒斯的新洞隧道。其中有一位年轻妇女带着一个1岁半的孩子。这个孩子太小了，以致他不能步行走完这段较长的路程。

隔了一段时间，小孩累了，母亲把他抱起来，但又觉得有些吃力。劳累使她热起来，她停下脱掉外衣，把衣服搭在手臂上。在减轻负担后，她再次把小孩抱起来。但孩子开始哭闹，而且哭声越来越大。他的母亲设法使他安静下来，但根本不起作用。她为此已经累得筋疲力尽，并且变得不安起来。

一些游客也为他们母子二人担心起来，很自然的给予她一些帮助。他们不时地换人抱这个孩子，但这个小孩变得更加不安，所有的人都称赞他、鼓励他，但情况反而变得更糟。小孩的母亲于是只好把他带回去了。但就在这个时候，他已经开始歇斯底里，似乎到了绝望的境地。

我认为，有一个规律介入并牢牢控制了这个小孩，正因为如此，这个小孩才会有如此剧烈的反应。由于我相信这种反应在儿童内心的敏感性方面具有心理学的基础，所以我决定尝试一下。我走到小孩母亲的面前，对她说："我帮你穿上外套好吗？"她惊讶地看着我，因为她仍感觉很热。她被弄糊涂了，但还是接受了我的建议，让我帮她穿好外套。这个小孩立刻平静了下来。当他的眼泪和不安消失时，他不停地说："衣服……肩膀"，这表示"你的衣服在你的身上了"。是的，这位母亲应该把衣服穿在身上。这似乎意味着，"你终于理解我了"。小孩笑着向母亲伸出了双臂。我们穿过了隧道，完成了旅行，这期间再没遇到其他的麻烦。

衣服是用来穿在身上的，而不应该像一块破布搭在手臂上，他在母亲身上看到的秩序错乱是引起这场麻烦的主要原因。

（四）"小天使"还是"小猴子"

每个孩子学走路，那摇摇摆摆的模样都很可笑。

从踉跄起步，到站稳脚跟，再到自由行走，这个过程很不容易啊！记得当初，女儿安琪学走路，先是学步车兜着，前仰后合，东倒西歪，还打破了一个热水壶，幸好一场虚惊，没有被烫伤。后来，脚步坚实一点了，用宽宽的“汤布”束腰，由那个70多岁的老保姆牵着，像牵着警犬一样，在校园里学走路。

那老保姆是橘乡人，年轻时捡橘子皮卖钱，到了我家重操旧业。她眼神不济，差不多要凑到鼻尖才能看见。可那时安琪宝宝眼睛好，操场边、球场边、道路旁、草丛里……再不起眼的橘子皮都能看见。刚会走路积极性很高，一老一小跌跌撞撞，外出去捡橘子皮。安琪果然像小狗一样，探身向前，发现一块，小手一指，“哦哦”两声，又发现一块，又“哦哦”两声。等橘子皮晒成好几麻袋，女儿才算学会了走路。不短的时间呢！

而妮可却不同，她的运动天赋很早就显现出来。从一开始走路，就不管不顾，无论前面是平地还是台阶，她都勇往直前。小小身子摇晃着，但两只脚却很有力量。有时她也摔跤，但是摔了也不哭。

我始终觉得对于孩子而言，走路的意义非凡，它好像昭告世界：喧闹繁华的人间，我来了。

妮可还有让我吃惊的事，没有恐高症。大概一周岁还不到吧，把她举高高，她只管咯咯地笑。也许有人说，她太小，不知道害怕。可是，从小她怕黑，只要她醒着，大人一关灯，她就会哭闹。再大一些，她主动要大人举高高，而且乐此不疲。上三楼，从楼顶俯瞰地面，她倾着大半个身子往下看，把抱她的人都吓得够呛。

荡秋千，是她的最爱，荡得不高还不让，叫着喊着哭着“高一点”。每次看她荡秋千，我都捏着一把汗。心里暗暗责怪，怪无原则的姥姥，一开始就把她宠坏了。快看，她又坐在网球场旁边的秋千架上了：双手握链，两脚晃荡，眉开眼笑，仿佛腾云驾雾，来回衣袂飘飘，笑声如一串串珍珠洒落。担心之余，我又恍然觉得，莫非这是一个飞来飞去的小天使？

更让我吃惊的，是她的惊人的臂力！

炎热的夏天，她爱玩水，常常光着身子跑来跑去。可那么一个小不点，在单杠面前，安然自若。她钻进蹦蹦床，走到单杠面前，两手一伸，握紧横杠，两脚一抬，腾身而起；忽然转体180度，两只脚从横杠上的双手旁穿过，手脚并用倒挂在单杠上。她还用单手把自己吊在单杠上，晃呀晃呀，怡然自得。这是哪儿学来的本领？此时这模样，天使转眼成了猴子了。

单杠是我很害怕的运动器械，读高中时我也常玩，记得学校的单杠不高，加上那会儿身子很轻巧，也能一下一下连着翻几个圈。有一回玩得开心，同伴都走了，我还在翻着，可不知怎的出了状况，脑子里觉得奇怪：这个泥地怎么会向我扑了过来？等清醒后我才知道，自己从单杠上摔了下来。后来越想越后怕：运动员桑兰不是因为一次失误，毁了自己的一生吗？单杠上的一个嘴啃泥，绝不是闹着玩儿的，如果动作姿势不到位，后果将会不堪设想；从此我再也不敢去单杠锻炼了。

妮可比她外公要强得多了！可无论是飞来飞去的天使还是翻来翻去的猴子，这两项运动都很让我担心，因为有心理阴影。

那么，蒙台梭利怎么看待此事呢？她说："仅从身体动作发展角度来看，体操对于儿童养成日常生活动作的规范性具有重要意义，特别是学龄前儿童，有助于培养儿童正确的身体基本动作姿态（如走路、站立、坐姿、呼吸、说话等）。"

《蒙台梭利幼儿教育科学方法》中还有补充："最伟大的哲学家也必须通过语言或文字来表达其思想，这就牵涉到肌肉运动。"《蒙台梭利幼儿教育方法》《蒙台梭利教育全书》中则说：运动，有助于呼吸、循环系统和身体的强壮，有益于心理发展，还能通过自我与自然界的互动方式激发人的勇气和自信。

既然如此，我还有什么意见呢？

然而，常在河边走，哪能不湿鞋？不久以前的一天，妮可的小姨从海南回来。这可把妮可高兴坏了，她拉着小姨，像个小松鼠在沙发上蹦蹦跳跳。没想到，身高一米六的小姨，竟然跟她一样，像个大袋鼠一样在沙发上蹦蹦跳跳。我多次劝阻无效，只好随她俩蹦跶。她们俩越蹦越欢，从沙发上又蹦到凳子上，最后，小松鼠一个趔趄，摔倒在沙发上，脸碰到实木茶几上，哭声响起……

蒙台梭利当然没有说错，只是事出突然，我们来不及抱住她，再者说，我们没有检查仔细，清除所有的安全隐患，做到万无一失。

唉！呵护孩子、教育孩子真不容易啊！

《童年的秘密》告诉我们：儿童的敏感期，起初是热爱色彩、形状、数字、线条，后来是热爱语言、游戏、工作、秩序。

《童年的秘密》还提醒我们："处于感知运动阶段的儿童首先对音乐节奏感兴趣，然后才是旋律，其中儿童的听觉起到了重要的作用，如新生儿对声音有一定的反应，但此时是先天的无条件反射，3—4个月后的婴儿就会把听觉和身体动觉结合起来，如听到声音会将转头寻找声源。5个月后的婴儿对音乐的声响会产生不同的反应。2岁的儿童能再认听过的旋律。3岁的儿童能唱歌，并能运用音乐节奏配合身体动作，4岁以后，幼儿能记忆简易旋律，掌握节奏感。"

我读《童年的秘密》，理解蒙氏的教育精髓，那就是"尊重、顺应、激发"。因此，要思考我们自己以及整个社会的幼儿教育，让儿童按照自己内心呼唤来成长，认识自己，接纳自己，让孩子做自己。

（五）不知疲倦的工作者

俗话说，隔代亲。外公外婆带娃，耐心是足够的，可是，精力真是跟不上。

我想不通小孩们为什么像一个永不衰竭的能量球，几乎总是活力四射不知疲倦，也想不通他们为什么总是快乐地沉浸在自己的世界中。

比如，有段时间，她突然热衷于做医生。也许是因为打“百白破”等儿童疫苗触发了灵感，她总是手持一支圆珠笔，冷不防跑到别人身边，给人打针。为了渲染打针的真实反应，结合自己的实际体验，还要求别人哭，于是，屋里时常看见、听见姥姥笑着哭出声来。

后来，她的“医疗设备”增加了，她拿着“听诊器”——一部手机，一截软绳，一方纸盒，或其他任何一个像听诊器的物品，给大人检查身体。我们都受不了她的各种匪夷所思，纷纷躲避，她就基本上只有一个固定的长期的病人——姥姥。妮可小医生熟练地摆弄着她的医疗器械，做出各种让人恐惧的诊断。

“啊，姥姥，你肚子痛了吧？我来给你治一下。”她把面膜贴在姥姥脸上，又横着斜着放上几根棉签。（肚子痛贴脸，好神奇的医术！）

“你发烧40度！”（可真是高烧呀！一根塑料绳测出来的数据……）

“嗯！姥姥，你躺下来，宝宝给你打针。”（妮可最拿手的医术！）

她先用棉签伸进干涸的酒精瓶，用酒精消毒，再用签字笔当针筒给姥姥打针，打完了贴上创可贴。

“啊呀！你手断了！我量一下温度。”（这是哪个医科大学的发明？）

“我给你治疗一下。”（手“断”了，她会怎么治疗呢？）

她拿起一个锤子，迅疾地锤到了姥姥的脑袋上。

除了做医生，妮可还喜欢洗碗。

每次吃完饭，她就抢着要做这件事，这可是一件很累的事情呀。我从10岁开始，最讨厌但也最摆脱不了的事就是洗碗。父母工作忙，我必须独自耐着性子，面对一大堆油腻腻的锅碗瓢盆、筷子勺子，慢慢洗，最后还得把桌子灶台擦干净。试想，10岁的男孩，待在幽暗的厨房里，熬上一个小时，这是一件多么痛苦的事情。

可是，妮可乐此不疲，莫非人类的基因也会反着遗传？

起初，我以为她只是好奇贪玩，很快就会厌弃，不料她很认真，很持久，看来是真的热爱。有时水龙头出水太急，溅湿了她的衣服，她就卷起袖子，或脱了衣服；有时天太热，她干脆全身赤裸，光屁股上阵。虽说最终，我们还是得花更多力气把这些碗重洗一遍，花更多时间清理这狼藉不堪的厨房，还要花更多的钱去交水电费，去买洗洁精，去买新的碗盆，但她的劳动热情还是让人感动的。

但愿她长大以后，仍然是一个勤快的、不知疲倦的洗碗工。

她是如此的爱做家务，不仅洗碗，还洗衣服（得换好几身干净衣服）、剥豆子（常常把豆子扔到垃圾桶）、剥笋（可当枪，可当刀，最后只剩下一小节），还会抢着拿花洒，拿扫把，帮我们洒扫院子。

她扫院子可好玩了。于3岁的身形而言，院子很大，落叶很多，她东扫一下西扫一下，十分辛劳；和不到1米的身高相比，竹枝扫把太长，她拿起来不是碰到头就是绊到脚，有时不小心还会被绊倒跌一跤。可是，她总是抢着去干。在她的鼎力相助下，院子终于一尘不染，此时，她还有保留节目：拿着独门武器，横扫世上敌人。

我想不通的事在《童年的秘密》里找到了答案：儿童都有“工作的本能”。

儿童的工作愿望代表了一种生命的本能，因为他不工作就无法形成自己的个性。人是通过工作塑造自己的，工作是无可替代的，不论是关爱还是身体的健康都不能代替它。

人是通过用双手的劳动来塑造自我的，把手当作一种表现个性的工具，用手来表达自己的智慧和意愿，这一切都有助于人类去征服自己的环境。儿童具有工作本能，这也足以证明人类有此本能并以此为特征。

工作应该是人们获得幸福的源泉，是保持健康和恢复正常（对儿童来说）的一条原则。

儿童所拥有的动力与成人不同。成人总是为了外在的目的而行动，为此而发奋努力并做出牺牲。但是，如果一个人要完成这个使命，必须得到他曾在童年时期拥有的力量和勇气。

另一方面，儿童对劳累的工作并不感到疲倦。他通过工作得以成长并增加力量。儿童从不要求减轻负担而希望由他自己完成他的使命。

成人的工作和儿童的工作之间另一个明显差异是，儿童在工作中并不为了获利或寻求帮助。儿童必须靠自己进行工作，他还必须完成工作。没有人能帮儿童挑起代替他成长的重任，儿童也可能加快他的发展速度。正在生长发育的生物都有一个特点，就是要按照一个预定的计划发展，既不能延缓也不能加快发展的速度。大自然是严厉的，如果有谁偏离正轨，即反常或“拖延”发展，都会受到惩罚。

可见，当初我讨厌洗碗，是不对的。蒙台梭利解释其原因道：“为什么成人一直反对工作，并仅仅把它当作是只能带来不愉快的东西呢？这可能是因为整个社会都没有工作的正确动机。这种意义深远的工作本能作为一种退化了的特征仍然藏于人们心中，它只是被人们的占有欲、权力欲、冷漠和依附引入歧途了。”

所有的生物都可以被看作是宇宙的工作者和自然规律的遵守者。人作为优秀的工作者，也必须遵循这些普遍的规律。

（六）匪夷所思的童言稚语

语言的力量一定是人类最伟大的力量之一！妮可的语言能力很出色，下面随意撷取几则，让我们关注儿童的语言敏感期，从中窥见儿童语言能力的突飞猛进。从而我们会不由自主地感叹：“呀！什么时候，孩子竟然说出了这样让人惊讶的话了?!”

1. 晚上睡觉，妮可宝宝翻来覆去，最后趴着，姥姥说：宝宝可能晚上酸奶喝多了，才趴着睡。妮可说：“不是这个原因。”姥姥笑得停不下来。宝宝也笑着说：“控制不住呀！是不是?”又让姥姥大笑，笑得眼泪都出来了！

2. 阿公："宝宝，你把我的东西都搞丢了。你专门搞破坏呀！"妮可："我是破坏分子。"

3. 太公拿着从澳洲寄过来的两瓶药，对宝宝说："这是妈妈寄过来的，是什么？"宝宝说："药药。"太公问："你怎么知道？"宝宝答："我聪明呗！"（她经常自吹自擂）

4. 到太姥姥家，敲门。太姥姥耳朵聋听不见，敲了好几次没开门。姥姥打电话，宝宝说："等得好无聊！"（哈！3岁的宝宝感觉无聊）

5. 宝宝前几天手指擦破了一点皮，说："昨天破的地方还痛呢，今天康复了！"

6. 下午宝宝想喝奶，姥姥没空。高姥姥说："我给你泡吧？我找不到奶瓶，也不知道怎么泡。"宝宝说："你找到奶瓶，我示范给你看。"

7. 宝宝看小红书后说，刚刚看了奥特曼还有怪兽。问姥姥："你怕怪兽吗？"姥姥说不怕。宝宝又问高姥姥怕不怕，回答是怕。宝宝说："我不怕，我保护你！"（竟然说要保护家人。我们成年人听了，有些惭愧）

8. 姥姥和宝宝去杭州，临走时，3岁的宝宝对94岁的姑太太说："我们会很快回来照顾你的啊！"交代高姥姥："你好好照顾姑太太哦！"

9. 姥姥：我催她睡觉时说小医生要早点睡觉，明天早点起来上班。宝宝说："我不早起上班，我请假了！请假了！！"（我的天哪，我说过的这些话不知道啥时候让她听进耳朵里了）

10. 刚才来上轮滑课，车开到停车场，一辆车停在路口，姥姥的车很难转弯。姥姥抱怨说："这辆车停得可真是地方，别人多难开车呀！真讨厌！"话音刚落，宝宝来了一句国骂："真不是东西。"（路怒症的成人要小心了，孩子是复印机）

以上几段话说明了小孩子语言敏感期中的神奇变化，现在，你感受到语言对于孩子的影响了吗？蒙台梭利说：在儿童看来，成人的嘴唇仿佛是一个喷泉，儿童不断地从中学习用来说话的词汇。不仅如此，孩子还可以从文学作品或其他任何方面学习语言，他们的表达之准确、生动、优美，有时甚至诗情画意，简直让人震惊。

请看下面的几段关于童言的实录。

1. 我们吃完晚饭到小区游乐场荡秋千，宝宝说："要荡到游泳池里去了。"过了一会儿又说："我的脚要踢到星星了！"（夸张）

2. 我们坐在车上，车窗开着，风很大。宝宝说："我们的头发在跳舞！"（拟人）

3. 下午在望江台上和小朋友一起玩，宝宝说："小鸟在天上飞，我们在这里坐。"（对仗）

4. 宝宝在楼下玩儿，我叫她上楼洗漱。宝宝说："晚安了，我们的小动物们。"（拟人）

5. 宝宝玩我的手机时，隔壁蔚红打我电话。宝宝说："蔚红的电话。"高姥姥很惊奇地说："宝宝还知道蔚红的电话呀！蔚红是谁呀？"宝宝说："就是我的女友。"（引用）

6. 姥姥说：吃晚饭时，宝宝叫了一声妈妈，我应了她。宝宝说你不是妈妈，我说那我是谁呀？我心里想：要不说姥姥，要不说妈妈的妈妈。结果宝宝说："是怪物！"我说怪物长啥样？宝宝就"嗷"地叫了一声，学小猪佩奇的弟弟乔治学恐龙叫，说："你是姥姥，不是怪物。"（引用）

7. 宝宝真是成精了！中午吃饭时，宝宝说："姥姥变成姑太太。"我说："我不变，变成姑太太没牙齿，不能吃美食。"奶奶说变成小海苔，阿公说："那不行，我没有老婆了。"奶奶问："姥姥是阿公的什么人呀？"宝宝说："情人！"

8. 姥姥说：放映机的遥控器不能用了，我说可能被宝宝摔坏了，也可能没电了，我先试试换个电池能不能用，如果新电池放进去也不能用就是宝宝摔坏了哦。我换好电池后遥控器就能用了。宝宝说："姥姥太厉害了，一下就修好了！"那个小表情满是惊喜。好玩极了！（用了"一下子"这个词，是否夸张）

9. 她最近突然对造句编歌产生了浓厚的兴趣。《上学歌》里面的歌词："太阳当空照，花儿对我笑。小鸟说，早早早，你为什么背上小书包？""太阳当空照"，宝宝不知道啥意思，唱成"太阳戴口罩"，当我们给她纠错并解释了意思之后，她每次还故意唱成"太阳戴口罩"，边唱边笑。（拟人，是不是特别好玩）

10. 宝宝在床上折腾着，突然发现裤子有个洞。宝宝说："裤子破了。"我看看告诉她开线了，不影响穿。她一定要脱下来看，还一边喃喃自语地说："怎么破的？是不是打屁股打破的？"（异想天开）

《童年的秘密》中曾多次说到语言敏感期的注意要诀。

儿童对于"说话"的敏感，还没有引起人们的注意。事实上，由于儿童周围都是成年人，他们之间的对话为儿童语言能力的发展提供了必要的条件。

在书中，蒙台梭利还分享了一个故事：

有一天，我们谈论西西里岛所发生的巨大灾难，在那里，地震彻底摧毁了墨西哥城，导致数千人死亡。一个大约5岁的儿童站起来，走到黑板前写下："我感到很遗憾……"我们注视着他，希望对所发生的事件表示悲哀。而他继续写道："我为我只是一个小孩感到遗憾。"这实在是一种奇怪的评论，但这个小家伙又接着写："如果我是个大人，我会去帮助他们。"他已经写出了一篇小文章，并表露了他内心的善良。他的母亲是靠在街头卖草药养家糊口的。

这样纯真友爱的童心，真是太让人感动了。如果我们驻足聆听孩子心语，会更惊叹自然神奇、生命智慧与人间温暖。

（七）老教师遇到了新学生

说起来，外公带娃是一件快乐的事，可我是一个从业40年的老教师，好为人师的天性与职业病，都让我难以摆脱《春香闹学》里的私塾先生陈最良一样的结局。老教师遭遇了新学生，其间的苦恼着实不少。

1. 跳舞风波

最奇怪的是妮可怎么会爱跳舞。说起来她父母双方的家族都没有舞蹈细胞。

我带她出小区，到一个商厦门前的空地看别人跳广场舞，音乐节奏感很强，她也随音乐起舞。兴致勃勃地舞了几曲之后，我肚子一抽，跟她商量，外公想上厕所，先回家，让姥姥带她再来。她只管甩手踮脚晃头扭腰不理我，我有些生气，大声告诉她："那外公走了！"我就离开了，走了几百米，想想不放心，躲在远远的一个丰巢收储柜子后面偷眼观望。

她还在兴奋地跳着，过了好一阵子，音乐停了，舞蹈歇了，人们陆续回家。她慢慢走，往东走走，又往西走走，漫无方向。既没有哭，也没有闹，只是在广场上游荡。看她只是有些茫然，对身边有没有我没有什么异样的感觉，我心里不知道是失落还是高兴。这个地方，姥姥常带她来跳舞，大约她太小，经历这样的事情不多，还不知道害怕吧。

爱跳舞本来是好事，可是，她常常是音乐不止，跳舞不息，玩起来就不走了。唉！爱上一个不回家的人，真让我们手足无措啊！

《童年的秘密》中写到儿童对音乐、游戏、运动痴迷时，时常提醒大人不要太多干涉，这个原理我懂，可是，我们成年人一是时间有限，二是难免"人有三急"，在当下的世道，谁会放心把孩子一个人扔在无法看管的地方呢？

2. 爬高忧虑

最让人惊恐的妮可爱登高。

前文说过，妮可胆子大，现在我接着说她胆子大的2.0版——没有恐高症。

为了怕她爬高处，我们在她出生时就扎扎实实地做了防范措施。首先是把木楼梯扶手的直栏横杆加上编织紧密的粗尼龙网，防止她钻出来跌落；其次又把院子的池塘加上了粗大防腐木搭建的大平台，以免她不慎落水。还想把二三楼的落地窗、大飘窗、阳台全部用铝合金封闭，后来鉴于工程太过浩大，也考虑到都有玻璃阻隔，打开也不容易，等她能够独自开门开窗，应该是七八岁的事了，那时大概也可以跟她说明高处的危险了吧。或者，等那时再看情况处理。

前文曾写她爱吊单杠、荡秋千，最近天冷，这两项游戏不玩了，于是她又迷上了一项新运动。

我家有一架大撑梯，9步，每步30厘米。因为我原来热衷种树，从深山老林移植了不少赏花的紫薇、玉兰，赏叶的银杏、红枫等，均为枝干挺拔且直立参天的大树，为了便于修剪，特制了此梯。这下，她找到好玩具了。她让姥姥守在梯子下，然后一步一步地往上爬，一直爬到第八步，在上面手舞足蹈，吃东西，扔玻璃球。

每次几乎都吓得我心脏病发作。

奇怪！这么一个小不点，她的胆子为什么这么大？

游戏和运动的好处在《童年的秘密》中屡有阐述，前文也曾提到。蒙台梭利还说：“儿童是通过个人的努力和从事活动而得到发展的。因此，他的发展既依靠心理的因素也依靠身体的因素。”

3. 觉少烦恼

最让我崩溃的是妮可的睡眠。

通常医生会告诉我们：2—3岁为12至13个小时左右，不用说，妮可必然是没有的，她就像一块功能强大的快充电池，瞬间充电，持续释放。不管早上几点起床，午睡肯定是没有的。当我进入人生最低谷的午后时分，她肯定在我旁边唱歌、跳舞、游戏，兴致之浓，分贝之高，持续时间之长，都是让我觉得生无可恋的。相比较而言，她看手机“小红书”，或者看投影《小猪佩奇》，是我很幸福的时光，除了偶尔喊一声，其他倒还算安静，我可以眯一会儿。

她真是生来就不爱睡觉的。记得更小的时候，我给她唱歌催眠，无论是朝鲜歌曲《歌唱吧，万景台的岔路口》，还是舒伯特的《睡吧，睡吧，我亲爱的宝贝》，无论是革命歌曲《这里是毛主席到过的地方》，还是印尼民歌《星星索》，她都很兴奋。当第N次唱“望着旧居敞开的家门，又奔向前方”时，当第N次唱“风儿呀吹动我的船帆”时，唱歌的我都快要梦见“爪哇岛”了，她还是睁着圆溜溜的大眼睛看着我。唉！妮可宝宝，你怎么不睡觉呢？

我怀疑这个奇怪的生物特性，最直接的遗传是她父母亲。小两口，两位夜游神，当我把明天的课备好，打算补写一篇白天没有时间写的论文时，我分明听见时钟“当”的一声响，啊！都凌晨一点了，小两口房间里依然还有键盘敲击声，他们俩实在睡得太晚了。

关于晚睡，蒙台梭利没有给我什么启示。

4. 打人风波

一天早晨，我90岁的老爸对我说：“你这个外孙女手很有力唉！”

这是表扬吗？看看我爸的脸色，结合我自己的遭遇，我小心翼翼地问：“是不是妮可打您了？”

爸爸黑着脸，喘着气，半晌才语重心长地说：“是！又快，又重！要好好管教一下了。三岁看大，七岁看老；别到时候后悔来不及。”

我一下子就愤怒起来：“反了！反了！两三岁的小囡，竟然如此犯上作乱！我都不敢惹老爸生气！”我答应着，心想：这个小东西的确该教训一下，她翻脸比翻书还快。我站起身，就要去跟爱打人的小女孩论一下理。

一旁的妮可姥姥轻声细语地对我说："你平时蒙台梭利的书都白读了吧？两三岁的孩子，是不适合在一件事过去一段时间后再跟她讲道理的，她是靠感觉来感知世界的。她扣不准分寸，不知道成人世界打人这件事的后果。真要制止她打人，是当时就抓牢她的手，让她无法动弹。事后，再及时告诉她不能这样做。"

蒙台梭利怎么看待此事呢？《童年的秘密》中有一些意味深长的话：

> 耶稣基督为了把人们从盲目中唤醒并给他们指出通往天国的路，他抱起一个儿童说："如果你不能成为一个真正的儿童，就不能进入天国。"成人对这个警告却置若罔闻，仍迷恋于把儿童纳入自己的生活方式，并把自己作为儿童完美的榜样。
>
> 儿童发脾气或反抗，只是因为儿童想发挥创造的欲望，而他所热爱的成年人却置之不理，由此儿童与成人之间产生了严重的冲突。当儿童不听话或发脾气时，成人应该想到这种冲突，把它看作是儿童成长中的必然，是儿童所做的一种无意识的自我保护。

这上面没有明确的操作方法，怎么办？

网上有人写自己的育儿经——讲道理和有耐心，他说："我家孩子打人的那个阶段，我就给他总讲《小手乖乖不打人》这个故事，非常有作用！"

我也尝试一下，便拿了一支棒棒糖，抱着妮可，很温柔很耐心地告诉她：要"尊老爱幼"，要"五讲四美三热爱"。她乖巧地在我怀里坐着，说了一句"我可喜欢阿公啦"，话音刚落，只听"啪"的一声响，一巴掌已经打在我脸上了。

5. 结语

一个走过长路的旅人，跨过冰封化冻的江堤，走过夏雨滂沱的小径，现在，他漫步在秋风萧瑟的大路，前方隐约可见苍茫无垠的雪原，散发着幽蓝的光。这时，他停下脚步，在路旁一块光洁的石头上坐下，稍稍休息一下。忽然，他看见黑土地上一株小花在迎风摇曳，红红的花瓣犹如活泼欢快的小脸，你说，他该有怎样的惊喜。这，正是我凝望妮可时抑制不住的心绪。

凝望一个奶声奶气的孩子，我会不由自主地想起朝霞、新月、春芽、蓓蕾，总之，会不由自主地想起崭新的世界和美好的事物。我写的这一段外公带娃经历，温馨美好，天真烂漫，童趣横生，有些地方似乎颇为搞笑。但是，在带娃的每一天都会承担许多的意外与辛苦，其中还有惊吓。

现在的妮可，正处于人生的第一个叛逆期，俗称“恐怖的两岁”。比如，我给她拍照，她就不愿意配合，要么低头，要么背对，要么跑开。明明玩得很开心，一见我摆弄相机，就各种拒绝。

这个周末天气好，数九中响晴响晴的冬日，和风轻抚，犹如阳春。我们在三楼玩耍，妮可又唱又笑，跑来跑去。我举起相机，响亮地“自言自语”道：“我要对前面拍照，别挡住我的镜头。”

妮可立刻跑到我镜头前背对着我。

我又继续“自言自语”道：“别把脸对着我笑哈！”

妮可立刻转身冲着我笑。

我一边不停地拍照，一边“沮丧”地说：“哎呀！糟糕！我什么都拍不到了，只看见一张宝宝的脸呀。走开，让我拍照。”

妮可固执地对着镜头，呈现各种鬼脸，见我们笑声大作，她也随着哈哈大笑。

我就很“没有诚信”地利用了她的逆反，得到了满意的收获。可是，大人们的笑容还没有收敛，我的相机还没有收进摄影包，就听见她惊天动地的哭声。根据这个声音判断，一定出什么大事了。果然，她把什么异物塞入了自己的鼻腔。

姥姥拿着镊子夹了好几次，无效；她是近视眼，加之关心则乱，两只手一直在发抖，那个异物似乎越来越深了。

姥姥让我往出取，我说："宝宝不哭哈！阿公眼睛好，阿公来处理。"

我拿着镊子，让妮可的鼻孔对着阳光，鼻腔很狭窄，什么都看不清楚。当然也夹不住那个亮闪闪的玩意儿，我忍不住抱怨："宝宝，你怎么把什么都往你的鼻子里塞呀。不是跟你说过很多次危险了吗？"

姥姥在旁边笑出声来："你刚才的好照片怎么来的？"

我想了想，说："要么让宝宝擤鼻涕吧？"

姥姥说："已经试过了。"

我夹不住异物，又不敢在鼻腔里乱捅，打算开车去医院，后来又想还是试试看再擤一次鼻涕。我们把妮可另一个鼻孔堵住，让宝宝使劲。

"扑"的一声，一粒黑乎乎的东西擤了出来。

我们这才大大地松了一口气。

和孩子的每一天，都很欢乐，也很忙碌。外公外婆带娃的日子还在继续，要写的内容当然还有。很多东西能够从蒙台梭利的理论中找到科学依据，但也有很多我们早知阙如，只能自行摸索。当然，真理可以证伪，可以反驳，蒙氏理论在21世纪的今天，还在不断丰富完善。

请看她的《童年的秘密》中的最后一句结语：儿童就像弥赛亚，他降临到堕落的人间，是为了引导他（一说"人"）们重返天国。

我认为，蒙台梭利理论不管有什么瑕疵和缺憾，都不影响她在人类育儿史上的熠熠光辉。

我的外公带娃系列，至此告一段落。这些琐碎的记载，只是一个人初到人间的本能生命活动，只是一个家庭的日常生活记录，只是蒙台梭利宏大教育诗篇里的一个小小逗点，只是人类历史沧海中微不足道的一滴水珠。但仅此，也足以影响一个婴幼儿的健康成长，映照一个家庭的幸福未来，培育一个健康快乐的人类社会基因。

孩子总是伴随着滑稽可笑的趣事、可以想见的琐事、让人担忧的坏事而成长起来的。每一个儿童都是一个广袤无边的宇宙，在这蒙昧、幽暗的世界，有太多的未知之谜等待我们探索，蒙台梭利的学说犹如一盏明灯，消除了人们的迷茫困惑，照亮了我们的前行道路。

从1907年开始，蒙台梭利在罗马贫民区建立“儿童之家”，招收3—6岁的儿童加以教育，她运用自己独创的方法进行教学，结果出现了惊人的效果；那些普通的、贫寒的儿童，几年后，心智发生了巨大的转变，被培养成了一个个聪明自信、有教养的、生机勃勃的少年英才。蒙台梭利崭新的、具有巨大教育魅力的教学方法，轰动了整个欧洲。

1929年8月，国际蒙台梭利协会在荷兰成立，蒙台梭利担任会长。此后，10多个国家相继成立了蒙台梭利分会。从1929年至1951年蒙台梭利逝世前，蒙台梭利学会共召开了9次大会，蒙台梭利连任9届大会主席。到1952年蒙台梭利逝世时，欧美和印度等地都建立了蒙台梭利分会。

截至目前的数字，直接署名蒙台梭利的学校有3万多家，采用其教育方法的学校或“儿童之家”则更是不计其数，遍及世界各地。

蒙台梭利为促进儿童智力发展和实现世界和平奋斗了一生。她生前曾经获得许多荣誉和奖励，反映了世界各国人民对她的热爱与尊敬。例如，法国授予她“荣誉社团会员勋章”；她的故乡安科纳和米兰等地授予她“荣誉公民”的称号；荷兰阿姆斯特丹大学授予她“名誉哲学博士”学位；苏格兰教育研究院授予她“荣誉院士”称号。

回望蒙台梭利的成就，不由得让人惊叹她的杰出贡献。

让我们向这位杰出的儿童教育家致敬！

三、经典语录

1．爱并不是原因，而是结果，它像一颗行星，得到来自太阳的光芒。

2．当心灵得到升华时，儿童会自愿拒绝这些没有意义的外在的乐趣。

3．现在，孩子的心灵与他们所处的环境之间再也不存在障碍了，他们自然地展现着生命，就像展开白色花瓣、散发出阵阵花香的莲花，沐浴在太阳的光辉中一样。

4．心理上的压抑会影响新陈代谢，降低一个人的活力。

5．儿童抵制的事物：奖励和惩罚，单词拼写书，教学大纲和考试，玩具和糖果。儿童重要的是：一个适当的环境，一个谦逊的教师和一些让他们工作的物品。

6．我们对新生儿怀有的感情不应是怜悯，而应该是一种对造物主的崇敬之情，我们应把这个小生命的心灵视为一个无法完全被解读的神秘世界。

7．成人常常刚愎自用地认定，婴儿是在他们的照顾与帮助下才神奇地成长起来的，他们把对婴儿的"帮助"视为一种责任，并认为是自己塑造了儿童，创造了他们的心理生活。而成人所做的一切都仅仅只是"表面文章"，儿童个性发展的关键在于他们自己，他们拥有独特的发展方式，并会遵循特定的规律发展。在儿童体内存在一种神奇的力量，成人不恰当的打扰只会阻碍这种力量的发挥。

8．与其说父母的结合创造了自己的孩子，不如说是婴儿促使了父母的产生。

9．儿童的秩序感与成人是不同的，经验使成人变得麻木，但儿童正处于感知外界的过程中，他们是单纯的。他们由一无所知到不断地体验成长的艰辛，而我们成人就像一个富翁的儿子，我们无法理解孩子处于白手起家阶段所承受的劳苦和艰辛。

10．一种强烈的、外在的刺激会引起儿童的注意，但这其实仅仅是一种无关紧要的现象，它与儿童内心的发展并没有必然的联系。而儿童的内心才是决定其发展的真正动力。

11．当成人看到儿童的动作节奏缓慢时，会忍不住插手，用自己的行动代替儿童，这样做不仅不能帮助儿童的心理需求，反而剥夺了他们做自己喜欢事情的权利和机会。甚至还会阻碍儿童的自由行动，这本身也成为儿童自然成长发展中最大的障碍。

12．儿童渴望工作，这是他们生命本能的一种体现。只有在工作中，他们才能塑造自己的个性。人都是在工作中成长和发展的，不管是他人的关心爱护还是自身的身体健康，都无法取代工作的价值。

13．有些成人通过所谓的教育，努力把儿童强行地拉入自己的生活轨道。成人如果变成了蝴蝶，如果真能这样的话，他们肯定会戳破幼虫的茧，鼓励幼虫早早学会飞行。如果他们变成青蛙，他会把蝌蚪拉上岸，让蝌蚪在岸上呼吸，并设法把蝌蚪的皮肤变成绿色，因为青蛙自己的皮肤是绿色的。成人或多或少在用这样的方式对待儿童。成人向儿童炫耀他们自身的成熟和完善，并让儿童以历史人物为榜样，希望儿童能模仿他们。成人没有意识到儿童所需要的却是一种不同的环境和生长方式。

14．实际上，所有道德上的偏差都来自爱和占有之间做抉择时所跨出的第一步。

15．如果我们思考的是生命，而不是学校或班级，那么我们所采取的视角就必须远比只是研究一套教育体系更加深刻和广阔。

16．因为对所处环境充满爱，而不是对它漠不关心，所以儿童可以看到成年人看不到的东西。

17．儿童对工作的渴望代表着一种至关重要的本能，因为不工作他就无法形成自己的人格。

18．一个成年人的完美取决于他在童年所付出的努力。

19. 成人的幸福是与他的儿童时期所过的那种生活紧密相连的。我们的错误会落到儿童身上，给他们留下一个不可磨灭的痕迹。我们会死去，但我们的儿童将会承受因为我们的错误而酿成的后果。对儿童的任何影响都会影响人类，因为一个人的教育就是在他的心灵的敏感和秘密时期完成的。

20. 儿童自身隐藏着一种生机勃勃的秘密，它能揭开遮住人的心灵的面纱；儿童自身具有某种东西，一旦被发现它就能帮助成人解决他们自己的个人和社会问题。

21. 现在人们认识到，治疗任何疾病，不管是身体的还是心理的，都应该考虑一个人童年时所发生的事情。那些可以追溯到童年的疾病，通常说来是最难治愈的和最严重的，其理由是，成人生活的模式在他的早期就已确定了。

22. 儿童的父母不是他的创造者，而只是他的监护人。

（浙江省杭州市英特外国语学校　汪啸波）

《论语》

一、孔子与《论语》

孔子的个人档案

姓名：孔丘；字：仲尼；尊称：孔子

性别：男；国籍：春秋时期鲁国

身高：九尺六寸（约1.96米，被称为“长人”）

出生日期：公元前551年9月28日；逝世日期：公元前479年4月11日

职业：中国第一位“民办教师”

出生地：鲁国陬（邹）邑昌平乡（今山东曲阜市南辛镇）

天不生仲尼，万古如长夜。孔子是儒家学说的创始人，中国古代伟大的思想家、政治家、教育家，与弟子周游列国十三年，晚年修订六经，即《诗》《书》《礼》《乐》《易》《春秋》。孔子是中华文化的象征，其言行思想具有超越时空的价值，是全人类的共同财富，联合国教科文组织将孔子列为“世界十大文化名人”之首，还专门设立了“孔子教育奖”。

《论语》一书是如何成书的？相传，孔子有弟子三千，其中有贤人七十二。孔子去世后，其弟子及其再传弟子把孔子及其弟子们的言行语录和思想记录下来，整理编成儒家经典《论语》。对此，班固《汉书·艺文志》如是说："孔子应答弟子、时人及弟子相与言，而接闻于夫子之语也。当时弟子各有所记，夫子既卒，门人相与辑而论纂，故谓之《论语》。"

《论语》是中华文化不朽经典之一，影响中国文化两千多年，尤其南宋朱熹将《孟子》以及《礼记》中的《大学》《中庸》两篇合编为"四书"，作为儒家经典的普及本以后，流传极广。南宋以后，中国的科举考试题目、内容均出自"四书"。所以，南宋、元、明、清四代对《论语》更加重视，其中的思想遂成为人们社会生活中各种活动的指导思想。

开卷有益，品味经典更能让肩负教书育人神圣职责的教师从中汲取智慧。作为一部优秀的语录体散文集，《论语》以言简意赅、含蓄隽永的语言，记述了先圣孔子的言论，向我们展现了孔子丰沛灿烂的精神世界。《论语》中所记孔子循循善诱的教诲之言，或简单应答，点到即止；或启发论辩，侃侃而谈；或富于变化，娓娓动人。

儒家以人伦教化为己任，但圣贤是全民之师，绝不把自己与众生隔绝。在《论语》这本书中，没有高高在上、不可亲近的孔圣人，只有一个带着弟子们颠沛流离、周游列国，希望自己的治国为政思想能被国君采纳的老人家，只有一个虽处逆境，却仍然乐观、豁达，端坐于杏坛之上，弦歌鼓琴的孔夫子。

"圣人语人不语神，语常不语怪。"《论语》通篇看起来都在讲"修齐治平"的义理，却不会让人觉得艰深晦涩。杨绛先生曾在《我是怎样读〈论语〉的》一文中如是说——"四书"中我最喜欢《论语》，因为最有趣。读《论语》，读的是一句一句话，看见的却是一个一个人。翻阅《论语》，犹如和一位睿智慈祥的长者对话，可以给我们很多启迪。

二、导读评析

“半部论语治天下。”在传统社会，《论语》是所有求学者的必读之书，很多语句都被奉为治国理政的圭臬。赵光义抢班夺权成为宋太宗后，继续任用赵普为宰相。有一天，他问赵普：“人家说你是个粗鲁汉子，只读过《论语》一部书，是这样的吗？”赵普回答说：“臣这一辈子所知道的，实在只有这一部书。过去我用它的一半，辅佐太祖安定天下，现在打算用它的一半，辅佐陛下实现天下太平。”

赵普的话，或许有些夸张，但一部《论语》，道尽了为政之理和做人之道，确实值得教师反复揣摩，品味其中所蕴含的育人之道。身处全球化、信息化的现代社会，教育的硬件、交流、课程、理论等虽然早已今非昔比，但孔子的言行思想依然具有超越时空的价值，值得继承发扬。

（一）《论语》的教育宗旨：学会做人

“求学何为？学为人而已。”近代著名教育家经亨颐先生，可谓一语道出了教育的根本旨归。而《论语》一书着重告诉我们，在如何做人、如何做事、如何做学问三者之间，做人是根本，并提出了做人的道理以及相关要求、方法，感受做一个“君子”的乐趣。

令人遗憾的是，在教育内卷日益激烈的当下，不少学校的管理者和老师们却有些忘记了教育的初心，“学会做人”很多时候只是一句挂在嘴上的口号。在这样的情形下，我们更有必要从先圣孔子处温故回味教育的宗旨。唯其如此，才能确保教育的航向不会发生偏差。

“君子不器。”君子是孔子心目中具有理想人格的人，也是其育人的终极目标。要想成为君子，首先要有容纳百川的大胸襟、大气度、大境界，应当博学多识，具有多方面才干，不能拘泥于某个方面，这样才能担负起治国安邦平天下的重任。而器具终究有所局限，一个人如果像个器具，就会心胸褊狭、行动局促，难以通达天下。

“大学之道，在明明德，在亲民，在止于至善。”孔子的育人目标在儒家经典的《大学》中，也有深刻诠释。所谓大学之道，不是就业，不是成功，而是成人（成就人格，使人成为人，成为一个健全的完整的人）；不是为了一己谋生，而是为天下人谋生；不是为谋得一己一生的安逸，而是要谋得天下的太平，要臻全人类的福祉。“十有五而志于学”的孔子，践行的正是“大学”之道。

具体而言，“大学”之道就是将探究宇宙人生的大道作为自己的使命，将研究历史的文化作为自己的职责，将提高自己的人格境界臻于至善作为自己的目标。孔子广收弟子，周游列国，在整个社会道德危机、生灵涂炭之时，他希望整个社会重新回到秩序井然的礼乐文明时代，以王道代替霸道，缔造礼仪之邦。他这种充满理想主义色彩的人生追求，虽然在严酷的现实面前屡屡碰得头破血流，但依然初心不改，这着实令人肃然起敬。北宋大儒张载先生的“横渠四句”可谓是对“大学”之道的经典阐释：为天地立心，为生民立命，为往圣继绝学，为万世开太平！

个体所追求境界的大小最终决定自己成长的边界。孔子的“不器”思想启迪我们：教育学生时要注重培养其视野格局。如果老师只盯着分数，学生只知道刷题，那培养出来的就是机器而不是人才，更不可能成为兼济天下的君子。

“己所不欲，勿施于人。”除了这句被誉为国际道德金律的千古名言，《论语》中还有很多“金句”，可以让我们从中领悟做人的道理和准则。如“君子欲讷于言而敏于行”“学而不思则罔，思而不学则殆”“三十而立，四十而不惑，五十而知天命”“发愤忘食，乐以忘忧，不知老之将至云尔”“不学礼无以立”“仁者乐山，智者乐水”“温故而知新”“见贤思齐焉，见不贤而内自省也”……

“刚日读经，柔日读史。”在心境平和的状态下，如果能好好品味《论语》中所蕴含的人生哲理，感受古圣先贤的谆谆教诲，人生的格局境界自然就会与众不同。身为教师，倘若能好好学习《论语》，深入领会其中的精髓，切实提升自身涵养，对于教书育人可谓善莫大焉。

（二）《论语》的师生关系：中庸之道

老师和学生分别作为教和学的主体，两者是否能融洽相处，直接关乎乃至决定教育教学的效果。“一日为师，终身为父。”在传统的“师道尊严”模式下，“师”被披上神圣的光环，成为真理的化身，具有绝对的权威。于是乎，戒尺飞舞，体罚盛行，禁锢了学生的思想，扭曲了学生的心灵，流弊无穷。世易时移，教育思想也发生了巨大的变化：大力倡导以学生为本，关注学生的个性发展。这就给老师如何处理协调与学生之间的关系提出了新的要求和带来严峻的挑战。

“中庸之为德也，其至矣乎！”师生之间具体如何相处，当然要因人因事而异，但万变不离其宗，所遵循的基本原则应该是共同的。中庸之道是儒家的核心思想，其所蕴含的智慧一直受到历代圣贤和文人墨客的推崇。中庸是一种高度和谐的思想，不是和稀泥，不是“骑墙”，而是一种完满状态。不偏不倚，选择行为之恰到好处，谓之中；就日常生活之长期坚持，谓之庸。中庸又被理解为“中道”，中道就是不偏于对立双方的任何一方，使双方保持均衡状态。

《论语》把中庸作为一种至高无上的道德，同样也适用于指导师生相处之道。简而言之，老师对待学生，既要关心爱护，又要保持一定的距离。唯有师生之间各安本分，并相互关爱，才是一种理想的和谐教育状态。

爱是教育的灵魂，但老师毕竟是老师，见识观念应该与学生有所不同。如果老师与学生之间没有任何距离，“浑然一体”，不仅乱了师生关系，也会让老师在学生心目中失去威信，严重影响教育效果。反之，倘若师生之间只强调“差异”而忽略了关爱，那师生关系就会显得冰冷无情，没有温度的教育绝非今日今时教育应该有的样子。

大道至简。但是，真的要把握好中庸之道营造的和谐师生关系，这非常不容易。一些刚走出校门踏上讲台的年轻老师，因为与学生们年龄相仿，没什么代沟，有时候容易对学生太“好”，甚至与学生称兄道弟勾肩搭背，令人啼笑皆非。具体缘由，固然不一而足，但究其根源，应该是没有把握住师生交往的度，需要从中庸之道中汲取智慧。

现实中，老师“端”着架子拒学生千里之外的情况更为常见。在不少老师心目中，认为自己的职责就是管理学生。一旦学生犯了错误，那就毫不客气地进行批评指责，师生之间常常闹得不愉快。笔者曾经历过的一桩真实案例，就颇具代表性。

女生小雨是小刚老师班里的体育特招生。正常情况下，小雨每天下午放学后要参加体育训练，因为训练后还要洗澡吃饭，往往无法参加第一节晚自习。可是，小雨将近有半个学期没有去参加训练，但在作息时间上却基本保持着训练的假象。当小刚老师从教练处得知后，十分震怒，便将小雨请进了办公室，毫不留情地予以揭穿并严厉训斥了小雨。

之后，小刚老师又追问小雨没去训练的时候躲在哪儿，审查她这段时间是否存在违背校规校纪的行为。小雨则一口咬定自己没有任何触犯校规校纪的行为，除了部分时候待在寝室里，大多时候都在教室，肯定是小刚老师检查时没有注意或者恰巧自己暂时不在。一时之间，局面陷入了僵持之中。无奈之下，小刚老师只好要求小雨将自己的同桌请来做证。随着小雨到教室请来先后与自己同桌过的几位证人走进办公室，场面发生了意想不到的变化：一位说时间隔得太久自己记不清楚了，另一位则说小雨好像基本在教室，还有一位的回答更是引发了众人的哄笑……于是一场严肃的调查取证便宣告无疾而终，对小雨的教育训诫也只好草草收场。

实事求是地讲，不少老师在教育违纪学生时，都会犯小刚老师式的错误。教育立场（出发点）应该是帮助、引导学生还是审查学生，这是问题的最关键之处。按理说，教育学生自然是为了使学生更好地成长。但在现实中，不少教师却往往会因一时情绪失控而将之抛诸脑后：或者是恨铁不成钢；或者是事发突然，仓促间应对失当；或者是杂事缠身、身心疲惫……以本人之见，小刚老师的教育之所以徒劳无功，最根本的问题就是在震怒之中迷失了教育的立场，不自觉中将教导的过程异化为审查的过程。一旦忘却教育的初心，教育效果自然大打折扣，甚至极易造成僵局乃至激烈对抗。

事情虽然不大，却具有极强的警示意义。“教室里有什么样的老师，就有什么样的教育。有什么样的教育，就有什么样的国民。”倘若老师们能熟读《论语》，好好品味中庸之道，时刻不忘关爱学生，自然就能保持良好的情绪与状态，也就不会轻易犯低级错误。

（三）《论语》的教育原则：有教无类

众所周知，教育公平是社会的底线公平。随着时代的发展，“有学上”早已不是问题，“上好学”成了公众最迫切的需求。窃以为，“上好学”除了学校的硬件设施以外，更在于软件——教学质量。教学质量当然是诸多因素综合作用的结果，但其中教师是否对所有学生一视同仁无疑是关键所系。否则，即便坐在同一个班级，如果老师对待孩子时不能做到一碗水端平，那么也无法实现教育公平。

对此，先圣孔子在创办私学时，就旗帜鲜明地喊出了“有教无类”的口号。在孔子眼中，不分贵贱贤愚，对各类人都可以进行教育，“自行束脩以上，吾未尝无诲焉”。在中国教育史上，教育在很长一段时间里都是贵族阶层的特权，普通人根本没有受教育的权利。孔子的私学首倡有教无类，就是把教育推广到普通民众，这无疑具有划时代的伟大意义。

“有教无类”是孔子整个教育思想体系的总纲。孔子有弟子三千，贤人七十。七十贤人中属于贵族出身的有孟懿子、南宫敬叔、孟武伯、司马牛4人；属于城市贫民和卑贱之人的有颜路、颜回、仲弓、原宪、闵子骞等人；甚至连颜涿聚这样的“梁父之大盗”也列入门墙。

孔子招收学生是不分智愚的，所教学生的知识、智能、学习态度都各不相同。如颜回、子贡的接受能力较强，而高柴、曾参相对较差，但经孔子的教育，最终都成为高才生。孔子招收学生的年龄也不受限制，有的比孔子小几岁，也有比孔子年长几十岁的，孔子都收为弟子加以精心培育。孔子一视同仁对待学生的态度，值得每一位教师效仿学习。

（四）《论语》的教育内容：小六艺与大六艺

礼、乐、射、御、书、数是春秋战国时期读书人必须学习的六种技艺。

礼，周礼。礼就是那个时候的礼节礼仪，人与人之间的礼数，不同场合有不同的礼仪。在礼中蕴含了国家政治，征战外交，生老病死，各种情感以及无数的生活细节。

乐，乐舞，与礼密切相关。古代中国，音乐在社会生活中占有重要的地位，除了作为陶冶人们情操的艺术以外，它还承担着更加复杂的责任。在那个等级森严的礼法社会，音乐成了调和感情的重要纽带，在维护社会和谐方面起到了不可替代的作用。

射，射箭。古代君子，并非想象中的文弱书生。为了应付治理国家可能面对的各种问题，文武双全是对他们最起码的要求。六艺中的射箭，便是古代君子重要的“敲门砖”之一。

御，古代打仗要驾战车，所以还要会驾车，驾车的技巧因此成了君子们的必修课，按今天的说法就是要有驾照。六艺中的御，便教授给君子们从日常行驶到特技表演等诸多驾驶技巧。

书，写字。要求有一定的文学修养和文字功底。

数，数术又称术数，是计算、数学的技术。在古代中国，数学和阴阳风水等“迷信”活动一起，被归入术数类。六艺中的数同样是一门基础课，它的主要功能除了解决日常的丈量土地、算账收税等实际问题，就是要计算天体，推演历法。

小六艺相当于那个时代公务员的六门必备基本功。孔子的私学除了这些内容，还增加了另外的要求：《诗》《书》《易》《礼》《乐》《春秋》，后被称之为大六艺。小六艺是培养技艺的，而孔子所提的大六艺则是培养学问的。

比如，孔子教《诗经》侧重于讲四个字——兴、观、群、怨。“兴”就是把人培养成有情怀、有热情、有性情、有温度的人；“观”就是把人培养成有观察力、有洞察力、有判断力的人；“群”就是把人培养成有群体意识有公共意识的人，要能关心公共福祉而不仅仅关注自己一己之私；“怨”则是对群的一个补充，人在人群里面不可能没有怨。人有个性，所以怨就是把一个人培养成能坚持自己独立的见解，能对社会进行批判并且善于批判，在积极融入集体的同时又能保持一己独立的人。简简单单“兴观群怨”四个字，包含着情感教育、理智教育、道德教育和个性教育。所谓管中窥豹，足见圣人教学之功，也启示现在的教师，不能只注重向学生传授知识和技能，更要拓展学生的视野，培养学生对问题的独到见解。

（五）《论语》的教育方法：因材施教，启发式教学

教学有法，教无定法，贵在得法。每一位教师都深知教学方法的重要性，很多智商正常的学生之所以学不好，往往就是因为教师的教育不得法。作为一位伟大的教育家，孔子深谙教育之道，提炼总结出诸多方法，可以给现今的教师们提供借鉴。

1. 因材施教

每一个孩子都是不一样的，如果用同样的要求、同样的成长路径和未来的发展方向去要求他们，这是不符合教育规律的。孔子对于不同的对象，考虑其不同的素质特点、进德修业的具体情况，给予不同的教诲。据《论语·颜渊》载，同是弟子问“仁”，孔子有不同的回答：答颜渊“克己复礼为仁”，答仲弓“己所不欲，勿施于人”“己所欲，慎施于人”，答司马耕“仁者，其言也讱”。颜渊学养高深，故答以“仁”学纲领，对仲弓

和司马牛则答以细目。

其中，对司马耕的回答尤其耐人寻味。孔子的弟子司马耕，字子牛，在《史记·仲尼弟子列传》中对他的评价是“言多而躁”，善言谈而性子急躁。什么是讱？讱就是言不轻出，说话谨慎。孔子教导他“一个有仁德的人，心思笃厚，说话时总好像是克制着，不肯轻易出口”。也就是要他凡事三思后行，言语要慎重，不要急躁。

又如，同是问“闻斯行诸”：一天子路问孔子，老师啊，闻斯行诸，我如果听到一个正确的道理，我是不是马上就可以做，就照着这个道理去做啊？孔子说那怎么行，有父兄在，一个人做事怎么能自作主张，要问问父亲问问大哥，他们都说行之后你再做。不久，冉求也来问同样的问题。孔子却爽快地说，那当然，你既然知道是正确的，应该毫不犹豫马上去做。

小徒弟公西华比老师孔子小40来岁，这两次问答他都在场，对老师给出的这两个完全针锋相对的答案，他感到非常奇怪。纳闷不已的他向老师请教：前两天大师兄子路来问你，你说不行，要听听父兄的意见，今天冉求师兄来问，你说马上就做，为什么答案不一样？孔子回答说，子路这个人太莽撞，个性太急，所以我要让他做事谨慎一点；而冉求这人做事太犹豫太小心，以至常常丧失机会，所以我让他果断一点。宋代的朱熹对孔子的这种教育进行了精辟的概括：夫子教人各因其才。即孔子教人是根据学生各自的才能来教的，这便是我们常说的因材施教。

值得一提的是，随着时代的发展，现在的因材施教不只是针对学生的个性差异，还应该关注一些因生理发育而导致的读写障碍等问题。多年前，媒体曾报道过一桩典型案例。杭州市保俶塔实验学校的孙志君老师做了一个小实验——把试卷放大一倍，让班里的个别学生做放大的试卷，结果发现平时成绩中下等的学生取得了前所未有的好成绩。此举印证了孙老师的判断：这位平时很努力但总是要“慢一拍”的孩子，很可能是因为视知觉辨析能力较弱，造成读写障碍，这只是生理发育方面的问题，不是懒，更不是笨。

这些有读写障碍的学生不适应常规性的学习，书写或是阅读会出现加字、漏字、用别的字（词）替代，重复阅读，书写颠倒或是笔画不对……其实，这样的“皮孩子”，在现实生活中并不少见。华中师范大学教授张微长期致力于学习障碍方面的研究，他估算我国大约有10%的学龄儿童存在不同程度的阅读障碍。如果缺乏科学的认知，这些孩子可能会被认为是懒惰、粗心或愚笨，在无法克服的困难和持续不断的指责中，失去学习的兴趣，甚至成为笼罩一生的梦魇。遇到这样的孩子，老师要秉承因材施教的理念，多一些理解，多给孩子一些时间和空间，进行有针对性的指点和辅导。让每一个“特殊”孩子都不被落下，这才是教育高质量发展的应有之义。

2. 启发式教育

“不愤不启，不悱不发，举一隅不以三隅反，则不复也。”正是基于《论语·述而》中的这句话，后人将孔子视作启发式教学的首创者。

“愤”和“悱”，都是形容学生追求知识的一种急切的心理状态。具体而言，“愤”是学生“心求通而未得之意”，即学生经过思考理解了其中一部分含义，但又未能彻底弄清楚。“悱”是学生“口欲言而未能之貌”，学生经过思考想把自己的思想表达出来，可是又找不到恰当的语言，说不清楚。在这样的状态下，学生心里会很着急，这时教师再适当给予指点，学生就会有很大的收获，从而取得良好的教学效果。如果学生还没有经过自己的思考琢磨，没有急切的求知欲望，教师即便苦口婆心地讲了一遍又一遍，也不会有什么效果，甚至是在做无用功。

以孔子为创始人的儒家，其教育方法的最本质特征是启发式的教育。孔子讲学，不拘形式，或席地而谈，或信步于江河之畔、松柏之间，借眼前实物进行现场教学；老师可以提问学生，边启发边指点，学生亦可向老师请教，在共同探讨中明究学理。

孔子很少空洞说教，大多因事而发，寓理于象，由表及里，循情析理，以古喻今，借景赋志，举一反三，启迪学生抓住旨要。“岁寒，然后知松柏之后凋也。”启发学生修身养性应像松柏那样，即使寒冬来临，身处困境，也要坚守节操，不屈从恶劣的环境；孔子与学生来到河岸，长风振衣，天地苍茫，他望着滔滔而去的河水，发出了“逝者如斯夫，不舍昼夜”的感慨，劝教学生珍惜光阴，努力上进，同时把学生带入了宏阔苍远的历史长河中——既有对生生不息大自然的无限敬畏，更有对人生短暂的无尽惆怅，学生的思想境界由此得以深化。

在这种教育方式下，每个人都可以畅所欲言，可以对老师提出质疑，甚至互相争论。比如，子路就常常对孔子的言行提出质疑，甚至指责。又如，宰我曾对三年之丧发生过怀疑，孔子也只是问以不行三年之丧于心安否，宰我告以安，孔子则说如果心安，那就算了。因为三年之丧本来是出于心所不能已的哀伤之情，连这种哀情都没有，勉强服三年之丧也没有什么意义了？再如，孔子称赞颜渊好学，指出其学习的一个重要特点就是老师讲什么总是耐心地听，似乎无所质疑，很愚笨的样子，但颜渊回去后一个人静静地思索，往往能有进一步的发现。正因为这样，子贡自认不如可以“闻一而知十”的颜渊。此外，孔子经常鼓励学生说出自己的志向，或赞许、或批评，但也只是“各言尔志”罢了，都可以但说无妨。在这样的状态下听课，学习无疑成了一种享受。

启发式教学的最大价值在于调动学生学习的主动性和积极性，今天仍有其科学性和现实意义，有利于改变当前课堂老师一讲到底，学生被动“填鸭”的现状。心理学研究证明，问题情境的难度在50%左右最有利于激发学习动机。在教学过程中要尽量引导学生主动地学习，教师的讲解代替不了学生主动思考问题，而教师的作用在于因势利导，在恰当的时候启发、指点、引导。实施启发式教学，对教师提出了更高的要求，我们要向先圣学习，不仅要抓住“启”的时机，而且还要善于发问，提出具有层次性、针对性和引导性的优质问题。

3. 温故而知新

出自《论语·为政》，子曰："温故而知新，可以为师矣。"大意是温习旧的知识时，能有新的收获，就可以当老师了。对此，朱熹在《论语集注》中如是解释："故者，旧所闻。新者，今所得。言学能时习旧闻，而每有新得，则所学在我，而其应不穷，故可以为人师。若夫记问之学，则无得于心，而所知有限，故《学记》讥其'不足以为人师'，正与此意互相发也。"人们的新知识、新学问往往都是在过去所学知识的基础上发展而来的，温故而知新是一个具有普遍适用性的学习方法。

4. 终身教育

1972年，联合国教科文组织发表了《学会生存》一书，极力倡导终身教育理念，而早在2500多年前的孔子，就已经有了类似的理念。《论语·为政》："吾十五而有志于学，三十而立，四十而不惑，五十而知天命，六十而耳顺，七十而从心所欲不逾矩。"孔子的教育思想涵盖人生的各个阶段，其本人对终身教育学习有非常深刻的认知，可以说是活到老、学到老的典范。孔子曾颇有感慨地说："发愤忘食，乐以忘忧，不知老之将至云尔。"唯有不断学习，终身求学，才能够不断成长，日臻善境。

三、名句赏析

"学而不思则罔，思而不学则殆。"——《论语·为政》

一味读书而不思考，就会被书本牵着鼻子走，而失去主见，迷惑而无所得，所谓尽信书不如无书，即指此意。而如果一味空想却不去进行实实在在的学习和钻研，只是思考却不学习就会精神疲倦，终究是沙上建塔，一无所得。学习与思考是相辅相成的，缺一不可，只有把学习和思考结合起来，才能学到切实有用的真知。

“性相近也，习相远也。”——《论语·阳货》

这句话的意思本身很简单，就是说人的本性是相近的，由于环境、习惯等不同才相互有了差别。第一句“性相近”，指的是本性；第二句“习相远也”，指的是习性。本性，是本来的性质或个性；习性，在某种自然环境中或社会环境中养成的特性。这句话提醒教育者既要看到每个学生本性中所蕴藏的东西，更要注意环境的重要育人功能。无论孔子还是孟子，都承认现实生活环境对人成长的影响，这种影响有可能让人背离本质。但人本来完美，本来健全，教育能使先天的本性转变为现实的生活样态。

“三人行，必有我师焉；择其善者而从之，其不善者而改之。”——《论语·述而》

这句话里的“三”是虚数，泛指多个人。大意是：别人的言行举止，必定有值得我学习的地方。选择别人好的东西认真学习，看到别人缺点，也要反省自身有没有同样的缺点，如果有则加以改正。一方面，择其善者而从之，见人之善就学，是虚心好学的精神；另一方面，其不善者而改之，见人之不善就引以为戒，反省自己，是自觉修养的精神。这样，无论同行相处的人善与不善，都可以为师，这其中包含了深刻的哲理。孔子的这段话，对于指导我们处事待人、修身养性、增长知识，都不无裨益。

“君子食无求饱，居无求安，敏于事而慎于言，就有道而正焉，可谓好学也已。”——《论语·学而》

孔子认为，作为一个君子，不应当过多地讲究自己的饮食与居处，而应当在工作方面勤劳敏捷，谨慎小心，而且能经常检讨自己，请有道德的人对自己的言行加以匡正，这便算好学。不去追求物质享受，不贪图安乐，把注意力放在做有意义的事情上面，追求真理。既有勤奋的精神，又有高明的方法，才可以算作是热爱学习。这是孔子对学生的教诲，也是孔子一生求学精神的真实写照。

孔子认为，君子要善于抵制物欲，要尽可能地把精力用于追求理想和真理上。人活着不仅仅是为了求得饱暖安逸，还应该有一种对理想的追求精神。倘若如此，就不会沉溺于物质的欲望，把对物质的追求提升为对真善美的追求以及精神的独立上来。这样就不会去计较私欲得失、蝇营狗苟，而会敏于事慎于言，怀着清净的心灵去接近有道之人来匡正自己。

“质胜文则野，文胜质则史。文质彬彬，然后君子。”——《论语·雍也》

一个人过于质朴，缺乏文采，就显得粗俗；文采过多，不够质朴，就显得轻浮。质朴和文采两方面结合得好，才称得上君子。这句话提醒我们，要教育学生做一个内外兼修的人：外在方面注重自己的个人形象和礼仪，给别人留下好的第一印象；内在方面则要坚守本心，保持本色。

“其身正，不令而行；其身不正，虽令不从。”——《论语·子路》

当管理者自身端正（做了表率）时，不用下命令，被管理者也就会跟着行动起来；相反，如果管理者自身不端正（而要求被管理者端正），那么纵然三令五申，被管理者也不会服从的。这句话对于广大教师而言，可谓是金玉良言。在教育管理学生的过程中，只有教师做到“身正为范”，才能取信于学生，充分发挥教育者的作用。否则，再多的说教都是苍白无力的。

（浙江省衢州市第二中学　胡欣红）

《学记》

一、有争议的作者和特殊的成书背景

孔子传授弟子的《诗》《书》《礼》《乐》《易》《春秋》，后人多有解读。如儒家学者在学习记载周代的祭、冠、婚、丧等礼法的《礼》的过程中，撰写了诸多阐发礼制的学术论文，后来西汉戴德、戴圣叔侄编撰整理，各传《大戴礼记》和《小戴礼记》。《大戴礼记》85篇，在流传过程中亡佚大半；而《小戴礼记》由于东汉郑玄的注释而流行于世，后人所说的《礼记》指的便是《小戴礼记》。《礼记》在郑玄作“注”之后受世人推崇，唐时孔颖达编《五经正义》，《小戴礼记》取代《仪礼》成为五经中的《礼》；至宋，《小戴礼记》里的《大学》《中庸》被朱熹从中摘录出来与《论语》《孟子》并称“四书”且逐渐得到认可，《礼记》之后成为“十三经”之一，是中国古代学者的必读书目。

《学记》是《礼记》中的一篇，至于《学记》出于何人之手，历来备受争议，古文献记载不详，现代学者的见解也不一。如王夫之认为《学记》之义与《大学》相表里，冯友兰先生认为它是出于荀派之作，郭沫若先生则认为是孟子后学乐正克所作。顾树森比较支持郭沫若的说法，认为"可能是孟轲弟子乐正克所作"。福建师范大学高时良教授通过与《大学》《孟子》《中庸》等进行比较，认同作者是子思的学生乐正克："第一，乐正克是孟轲的得意门生，受孟轲思想熏陶较深。第二，乐正氏亦师承曾参，'乐正子言吾闻诸曾子也'。第三，乐正本是学官，《礼记·王制》：'乐正崇四术，立四教。'学官后裔论教育，有其家学渊源。"不过北京师范大学王炳照、阎国华的《中国教育思想史》等还是对此说法持怀疑态度。当然，又有人认为它的作者是谁已经难以考察了。

在浩瀚的中华语言文化长河中，涉及教育的文章论著也是数不胜数，《学记》是我国乃至世界上最早的自成体系的教育学专著，全文共一千二百二十九字，篇幅虽小，却字字珠玑，在看似松散的表述背后，比较系统而全面地总结和概括了中国先秦时期的教育经验，阐明了教育的目的及作用，教育和教学的制度、原则和方法，教师的地位和作用、师生关系以及同学之间的关系。

那么是怎样的环境才能创作出这样的瑰宝？

当时，周王朝的实力趋于衰微，"礼乐征伐自天子出"的局面逐渐被打破，诸侯国开始互相征伐。三百六十多年的兼并战争让诸侯在战国初期被重组成二十多个大国，实力雄厚的诸侯国之间你死我活的武力斗争和激烈的外交斗争比比皆是，掌权者们开始意识到要依靠人才辅佐来提高自身的综合实力，开始向天下招贤纳士，诸如战国齐孟尝君、魏信陵君、赵平原君、楚春申君四公子皆喜养士，"食客三千"并不一定是夸张的说法。同时为了确保谋士的忠诚，诸侯们更着力于利用教育来培养本土人才，在人才培养方面纷纷给予良好的政治引导和支持，但是官学的教学规模和课程设置都满足不了社会的需求，因而促使家塾、党庠、术序等不同规模的私学兴起。此外，教育重点也由西周时期国家大事"唯戎与祀"逐渐转化到"戎与治"。反映在《学记》中则有"化民成俗，其必由学"，为使

“民”得到教育，便出现了诸多教育场所，“家有塾，党有庠，术有序，国有学”，百姓开始有了受教育的机会，在社会生活中扮演着越来越重要的角色。正是各诸侯国政治领导和军事管理的需要而采取的政治措施推动着教育改革，这种相对宽松和自由的治学环境促使许多优秀的教学思想应运而生，这样的政治背景成为《学记》产生的坚实基础。

马克思主义经济学认为，经济基础和上层建筑是相互联系的，经济基础决定上层建筑，上层建筑也会反作用于经济基础。虽然处于长期分裂和战争频繁的战国时代，商业和农业等社会生产力往往要受到巨大破坏，人们要追求的是解决基础温饱问题的生理需求和保证人身安全的健康需求，但因为冶炼铁的技术的发展、牛耕方式的推广、家庭为单位的生产方式的出现等多种原因让社会生产效率大为提升，农民、手工业者和商人不断创造社会财富和提高政治地位，他们接受文化教育的自我实现意识却越来越强烈，引起了社会的重视。上层统治者希望最大限度地利用这些人的力量更好地建设国家，于是在原有知识与经验的基础上继续开展教育活动，对他们进行文化推广和道德教化，让他们发挥应有的作用，提升国家综合实力。良好的经济环境使得教育的发展保持着快速平稳地行进速度，在充足的物质条件支持下，人们对于教育的种种思考也在一如既往地进行。此时儒家学派应运而生，他们不仅呼吁改善人民生活，还强调教化的重要性，这在儒家的“有教无类”等思想中都有体现，在《学记》中也提到过“人不学，不知道”的观点可作为印证。

西周规定的等级制度十分森严，士虽属于统治阶层，地位却仅高于平民与奴隶。直到战国时期礼崩乐坏，士才在社会中拥有相对独立的地位。他们开始四处游说、讲学，既通过对万事万物作出解释或提出主张来进行创造性思考以开拓文化视野，同时又争相创办私学招生，将教育渗透到基层群众，通过获得百姓的认同感来提高社会影响力，最终谋求获取统治阶层的赏识。诸子百家都积极推广着自家的学说，在“百家争鸣”的过程中，教育问题始终都是一个中心问题，每家学派也都认识到教育的重要作用，因此，“百家争鸣”也包含教育思想的争鸣、教育理论的争鸣。各家学派也争相创办私学，在传道授业时逐渐发现教育教学过程中存在的诸多问题，在彼此的诘难中尝试提出解决方案，分别记录在各自的代表作中。在这场空前绝后的“百家争鸣”中涌现出的优秀教学思想，给予编写《学记》过程中强而有力的支持。

简而言之，稍有实力、有抱负的国君或权臣都开始注意到士人的能力，以“养士”的形式来招纳才学兼备的门客在经济、政治、军事等多个领域出谋划策。寻常百姓也开始意识到知识改变命运的作用，他们不再局限于关心衣食住行，纷纷投入学习来提高自身的文学素养和政治眼界。这些无形中共同推动着教育的发展进程。《学记》就在这样的背景中诞生。

二、《学记》的教育设想

《学记》全书一共一千两百二十九个字，其篇幅短小精悍，内容相当精辟深刻，是中国先秦时期教育思想和教育实践的概括和总结，其内容涉及诸多方面，可谓是浓缩的精华。尤其是《学记》的教学目的是通过教育感化民众维护政治统治。虽然思想上具有不可避免的落后性，但符合当时的社会形态，在当时具有开创性和进步性。它倡导的受教育群体是平民，继承和发展了孔子有教无类的观点，即人人享有受教育的权利。《学记》虽然是通过教育维护统治阶级的管理来获得统治阶级的支持，却对民众个体素养的提升做出了实际的巨大贡献，其全民教育、九年教育、知类通达等对今天的终身教育、义务教育、全面发展依然有极大的影响，甚至在世界教育史上都是具有前瞻性的。

（一）教育目的及其重要性

《学记》继承了先秦儒家的一贯思想，把教育作为实施政治抱负、进行社会管理的最有效手段，所以《学记》一开篇就论述了教育的目的与作用，认为教化百姓，形成好的风俗，就是学习的总体目标。“发虑宪，求善良，足以谀闻，不足以动众；就贤体远，足以动众，未足以化民。君子如欲化民成俗，其必由学乎！”当时的统治者们已经开始意识到发布政令和任用贤人都不能从根本上治理国家的，仅仅依靠发布政令、求贤就士等手段是不可能很好地治理国家，因此统治者要想使百姓自觉遵守社会秩序，形成良风美俗，从而达到天下大治的目的，就必须通过社会教育手段，提高全体国民的文化素养和道德自觉来实现，也就是说，“化民成俗”必须通过大众的学习来实现。

篇中通过多个比喻和反复论证谈学习的重要意义和作用。“玉不琢，不成器；人不学，不知道。是故古之王者建国君民，教学为先。”不管人性本善还是人性本恶，不接受教育、不经过努力学习，就无法懂得道理，无法在思想上变得强大、行为上遵纪守法，这就像一块美玉一样，质地虽美，但不经过仔细的雕琢，就不能成为好使的器物一样。从国家兴亡、人人有责的角度谈学习之重要，可以说把学习放到至高无上的程度。统治者们深谙此理，他们高度重视发展教育，使其优先发展。

《学记》以托古改制的方式，用格言式的精美语言阐发了教育在移风易俗和建国君民中的作用，强调了教育为社会政治服务的目的，从而把教育与个人发展与社会进步密切相连，尤其突出了教育的政治功能，形成了中国古代教育的突出特色。

“古之学者，比物丑类。鼓无当于五声，五声弗得不和；水无当于五色，五色弗得不章；学无当于五官，五官弗得不治；师无当于五服，五服弗得不亲。”这段话的意思是比较众多的事物并将它们归类。众类中主要包括“五声”“五色”“五官”“五服”等。“鼓”不属于五声，但处于让五声和谐的基础地位；“水”不属于五色，但处于调和五色的基础地位；教育和学习不属于五官（身、口、耳、目、心，呼应“貌、言、听、视、思”），但处于让五官正常发挥功能的基础地位。老师不属于五服的亲属关系，但如果没有老师的教诲，也就不会有五服亲近和谐的关系。可见若无师教则五服不亲，故而儒家应是最重师教的，这也充分体现了教育在家庭伦理和社会伦理中的基础地位。如果一个人没能力孝顺长辈、养活妻儿，那他很大可能是六亲不和的；若他能够将自己待亲待子之心推及他人，往往经过一定的社会教育，有了一定的学养才能做到。不过应当注意的是，理解这句话的时候，不要用当今民众的素养和知识储备来推及古人的生活。

“大德不官，大道不器，大信不约，大时不齐。察于此四者，可以有志于本矣。”这句话的意思是说具有大德的人不拘守于职位高低，真理不受形器制约，至诚之人不用立约而自然守信，天地时令、天地万物消长不能整齐划一。在这四者中，大德是各种职官之本，大道是各种形器之本，大信是各种契约之本，大时是各种气象之本。那么什么是个人修身、社会治理的本呢？按《学记》所说，这个根本就是教育、学习。

《学记》最后一段“三王之祭川也，皆先河而后海，或源也，或委也。此之谓务本”中，“源”是源头，“委”是归宿。河是源头，海是归宿。“三王之祭川也，皆先河而后海”，是“务本”的做法。在《学记》的思想中，教育就是源头、根本，只有明确了教育在个人修身和社会治理中的本源地位，才能真正认识到教育的重要性，才能意识到抓好教育就是“化民成俗”“建国君民”的“务本”。

在儒家的道德伦理学说中，“本”有各种不同的观点，《论语》认为孝悌是为人之本，《大学》以修身为本，《中庸》以夫妇家庭伦理为本。《学记》说“师无当于五服，五服弗得不亲”，在“五服”之亲中包括了夫妇之正、父子之亲，而五服之亲和又不能没有师教。因此师教也是“本”，这就是《学记》所强调的“务本”，“化民成俗，其必由学”“建国君民，教学为先”。

（二）学校制度与教学内容

第一，论述学校的规模等级。

“古之教者，家有塾，党有庠，术有序，国有学。”古代学校的规模是每二十五家的“闾”设有学校叫“塾”，每五百家的“党”设有学校叫“庠”，每一万二千五百家的“术”设有学校叫“序”，在天子或诸侯的国都设立有太学。古代学校的规模、层次还是很规范、严格的，既有国学，也有乡学，比较健全。

第二，论述学制和考试。

“比年入学，中年考校。一年视离经辨志；三年视敬业乐群；五年视博习亲师；七年视论学取友，谓之小成。九年知类通达，强立而不反，谓之大成。”它提倡建立严格的考核制度，平时的小考要经常进行，大的成绩考核要每隔一年进行一次，每次考核必须有明确的标准。大学每年都招收新生入学，大的成绩考核每隔一年进行一次：第一年考查学生给经书断句的能力和学习志趣；第三年考查学生有没有做到“敬业乐群”；第五年考查学生是否可以“博习亲师”；第七年考查学生“论学取友”的能力，符合标准的，叫“小成”；第九年考查学生对知识是否能融会贯通，其思想和行为是否是坚实不移，符合标准的就叫“大成”。

《学记》的学校分级设置和考核制度，对之后的学制，包括当今的学制都有奠基的作用。当然，那时候的考试则没有现在那么勤，每两年考一次，但是考核更广，不仅考知识，还考核品德修养、与人和谐相处、尊敬老师等方面的内容。

第三，是相关仪式和纪律要求。

“大学始教，皮弁祭菜，示敬道也。《宵雅》肄三，官其始也。入学鼓箧，孙其业也。夏楚二物，收其威也。未卜禘不视学，游其志也。时观而弗语，存其心也。幼者听而弗问，学不躐等也。此七者，教之大伦也。”学校开学仪式非常隆重，它不仅仅是师生的仪式，朝廷对相关官员也有要求，如官吏穿着礼服，学生吟诵《诗经·小雅》的三首诗，以示尊师重道。学生按鼓声开箱取出学习用品，以戒尺维持秩序，学生要注意听，而不要插问，学习要循序渐进，不能投机取巧或偷工减料等。由此可见，当时不仅学校正规，仪式隆重，规章制度也很健全。

尤其值得一提的是，天子本人或天子委派的官员不到夏季大祭完毕，不要到学校里来视察和考核学生的学业成绩，这样学校和学生才有更充裕的时间按自己的志趣从容地教学和学习。简单地说，就是与教学无直接关联的事情不能轻易地进入校园，即使是天子也不例外。这种天子按时视学制度后来被继承下来，成为中国封建教育制度的优良传统。

第四，对于教学内容的论述。

从入学初的“离经辨志”（析句分段）、“敬业乐群”（专心学业，与周围的人和睦相处）、“博习亲师”（知识广博，亲近老师）、“论学取友”（研究学问的本领和识别朋友的能力），直至第九年“知类通达”（触类旁通，闻一知十，政治上成熟，立场坚定不移），即开篇提到的“化民移俗”。除此以外，所敬之业、所论之学、所博习的知识均应包括课内的正课乐、诗、礼，又包括课外的“操缦”“博依”“杂服”。这些内容既注重学生品德的培养，又蕴含着丰富的美育成分。我们今天对学生所要求和期盼的“德、智、体、美、劳全面发展”可以说是对《学记》的继承和发展。“人不学，不知道”和“虽有至道，弗学不知其善也”，在追求“至道”的路上，学习是最好的方法。

三、《学记》中的教学原则和教学方法

所谓教学，是由教与学两个方面组成，要想取得成功，教的人与学的人都要遵循一定的原则，教的人和学的人也都需要掌握一定的学习方法，这样才能保证教学的顺利进行。

《学记》指出了当时教学过程中所存在的一些问题，尤其是教师的教学方式的不恰当之处。所谓“呻其占毕”指学生只大声朗读课文，却不注重独立思考能力的培养；“多其讯言”类似于今天的“填鸭式”教育，忽视了对学生主动精神的培养；“及其数进而不顾其安”指教学过程中为赶速度而不考虑学生的接受能力，这是对学情的不够了解；“使人不由其诚”批评的是不考虑学生的内心需要；“教人不尽其材”是指教学“一刀切”，没有因材施教。

《学记》指出教师问题的同时，也有对学生不良习惯的批评：“或失则多”批评的是学生中一味求全求快，贪多嚼不烂的现象，“或失则寡”是批评那些孤陋寡闻，不敢或不愿去探索感知新知识的人；“或失则易”是对“马虎先生”和“随便小姐”们的批评；“或失则止”是对故步自封、浅尝辄止现象的否定。

《学记》总结先秦以来教育成功与失败的经验教训，以指出问题为切入点，提出教育、教学过程中必须遵循的原则和应该采用的方法。

一是教学相长的原则。学海无涯，教无止境，教和学不是孤立的，而是相辅相成的两个方面，是相互促进的。

“虽有嘉肴，弗食不知其旨也；虽有至道，弗学不知其善也。是故学然后知不足，教然后知困。知不足，然后能自反也；知困，然后能自强也。故曰：教学相长也。”学的人通过学习知道自己不足，教的人通过教别人知道自己还有难解点，然后都再去进一步钻研，所以无论学的人还是教的人都能通过教学过程得到提高。这个原则可以说把语文教学中“教”和“学”完美地结合在一起，它反映了教师和学生之间不仅存在着相互促进、渗透，也存在平等、和谐、合作、发展的关系。“教”因为“学”才能深入发展，“学”因为“教”才会进步，只有让教与学的双边活动一起开展，才能够发挥最佳的状态。这是对师生之间教与学关系的经典概括，不仅要各自进步，还要相互学习。这个观念备受推崇，如后世韩愈“无贵无贱，无长无少，道之所存，师之所存”和“弟子不必不如师，师不必贤于弟子，闻道有先后，术业有专攻，如是而已”都是对它的继承和发扬。直到今天，依旧提倡师生两方面互相促进，共同提高。

二是藏息相辅的原则，即是课内与课外、劳与逸相结合的原则。

“大学之教也，时教必有正业，退息必有居学。不学操缦，不能安弦；不学博依，不能安《诗》；不学杂服，不能安《礼》；不兴其艺，不能乐学。故君子之于学也，藏焉，脩焉，息焉，游焉。”从这段话可以看出，课内学习乐、诗、礼；课外学习操缦、博依、杂服等技艺，用课外技能补充课内知识，课内知识延伸到课外，一定会取得好的成效；学习时认真努力，休息时劳逸结合，这样张弛有度、藏息相辅就会很容易达到安其学乐其友、亲其师信其道的境界，才会学有所成。《学记》注重的是一种全身心的学习，在课内和课外都有适当的安排和要求，在学习的过程中贯彻了“学而时习之”的原则。传统的教学内容并不是枯燥无味，而是丰富多彩、情趣盎然，使学生“乐学”而没有厌学情绪。两千多年前的古人就能够对课内知识与课外技能互为补充有如此深刻的认识，的确是难能可贵的。

三是循序渐进的原则。学习要讲时机，更要遵循一定的顺序，而且要日积月累，逐渐提高，这是古人一直倡导的学习原则。

《学记》讲到“学不躐等”，指的是学习的内容应该是一个严密而有序的逻辑系统，要有连贯的顺序，不能随意打乱顺序和超越等级，慢慢提高。“当其可之谓时，不凌节而施之谓孙。”意即任何内容的学习都有适合它的时机，要及时学习，还要合乎顺序，根据学习者的才能及年龄特征来进行，否则就会“时过然后学，则勤苦而难成；杂施而不孙，则坏乱而不脩”。所以，在教学中，切忌揠苗助长，毫不考虑学生的接受能力一味“填鸭式”地灌输。

四是观摩互学的原则，“相关而善之谓摩”，“摩”同“磨”，即琢磨，引申为人与人之间思想的交流与切磋，教育学中是指师生、生生之间的关系。“观摩”即同学之间相互学习叫作观摩，学者要互相观摩，互相学习，取长补短，共同提高。《学记》对此还有多处论述，“七年视论学取友”，要多与朋友交流切磋，如果“独学而无友”就会“孤陋而寡闻”，难以取得好的学习效果，但交友要有所选择，否则也会“燕朋逆其师，燕辟废其学”。因此在教学过程中，教师要有意识地指导学生相互学习观摩，学生在教师的引导下也要大胆积极地相互切磋，合作学习，取长补短。

五是启发诱导的原则，即教师要善于启喻、引导学生。《学记》中谈道：“故君子之教，喻也：道而弗牵，强而弗抑，开而弗达。道而弗牵则和，强而弗抑则易，开而弗达则思。和、易、以思，可谓善喻矣。”这是对启发式原则最为经典的阐释，“喻”就是启发引导。引导学生而不是牵着学生，勉励学生而不强制学生，指点学生而不替学生下结论。引导学生、鼓励学生，启发学生独立思考，而不是把话说尽，这样的启发式教学，则可以使师生和谐，使学生能从容地独立思考、自强上进。“善问者如攻坚木，先其易者，后其节目，及其久也，相说以解。”同时老师还要鼓励学生提出问题，老师成为善待问者，“善待问者如撞钟，叩之以小者则小鸣，叩之以大者则大鸣，待其从客，然后尽其声。不善答问者反此。”

六是长善救失的原则。教育就是要关注不同学生的特长，纠正其偏失，要求教师要了解不同学生的心理素质、他们的优失所在，对不同的学生要因材施教。“学者有四失，教者必知之。人之学也，或失则多，或失则寡，或失则易，或失则止。此四者，心之莫同也。知其心，然后能救其失也。教也者，长善而救其失者也。”学生的心智不同，所掌握的知识、能力也不同，教师要全面深入地了解，尤其要知道学生容易出现的过失，主要是贪多、片面、轻率、畏难等，教师要了解学生的个性差异，因材施教，要有针对性地帮助学生发扬优点，克服缺点。扬学生之长、补学生之短是合格教师的必经之路，因优点而自信、因缺点而努力是学生进步的有效方法。这些给后世的教者和学者诸多方面的启示。

《学记》作为最早的教育专著，不仅谈到了教学目的、教学内容、教学原则等宏观方面，也谈及了教学方法等具体的问题，总结出了四点“教之所由兴”、六点“教之所由废”、学者的四失等，论述精要概括，极有借鉴意义。在其字里行间，也不乏教学方法的论述，有观摩法、启发法、讲解法、问答法、类比法等。前面谈到的诸多原则，在具体的实践中也可以体现为观摩法、启发法和问答法，还有关于讲解法的论述：如“善歌者，使人继其声。善教者，使人继其志。其言也，约而达，微而臧，罕譬而喻，可谓继志矣”，这段话讲的就是教师在讲解时语言要简约明确，精练完整，举例不多却很有启发性，这样才能达到让学生跟着学习的目的。还谈到“良冶之子，必学为裘；良弓之子，必学为箕；始驾（马）者反之，车在马前。君子察于此三者，可以有志于学矣。古之学者，比物丑类”，这应该是对类比法的阐释，通过比较，不同的事物可以发现相同的道理，要善于举一反三、触类旁通，这样学生才会对知识领会得更好、更透彻。

《学记》特别强调教育方法的重要性，把教育方法是否得当提升到教育之兴废的高度。它所讲的教育方法，对古今教育都有一定的指导作用。

四、《学记》中“古代教师发展的核心素养”和“古代学生发展核心素养”的全面论述

《学记》认为“大学之教也，时教必有正业，退息必有居学”，教学形式既有正常的课上教学，也有辅助的课后作业，教学形式内容避免单一化，讲求丰富、全面、生动。要给学生准备丰富多彩而不是枯燥乏味的学习内容，从现代意义上讲，就是德、智、体、美、劳全面发展。在这个过程中，教师的引导、自身的素养等起着不可估量的作用。

《学记》中的“豫、时、孙、摩”等教学原则也需要教师的参与和引导。因此要求师者要具有预见性，不论是在教学过程中还是在管理学生方

面，要准确把握好时机，知道什么时候该讲什么、什么时候不该讲什么，而且要结合学生的接受能力和整个课堂的教学氛围来进行循序渐进的讲解，即把握“时”与“孙”。“摩”虽然是针对学生之间来说的，但在学生相互学习观摩的过程中，仍然不可缺少教师的参与和引导。

《学记》中强调要加强教师的语言表达能力，“喻”可以理解为一种修辞手法，即把抽象理性的难懂的概念通过生动形象的语言表达出来，这样可以扩大语言的丰富性和张力，也可以使学生更容易理解和学习。如“君子知至学之难易，而知其美恶，然后能博喻；能博喻，然后能为师；能为师，然后能为长；能为长，然后能为君。故师也者所以学为君也，是故择师不可不慎也”。教师必须知道学习知识、达到深刻学理的难易程度以及学习效果的好坏，然后循循善诱，因材施教，这样就能够做教师，能做好的教师就能够做官长，能做好的官长就能够做君主。在《学记》的作者看来，能做好的教师就可以学习做好的君主。当然，在秦以后的政治体制中，儒家学者就很难再说出“能为师，然后能为长；能为长，然后能为君”这样“大逆不道”的话了。再如“善歌者使人继其声，善教者使人继其志。其言也约而达，微而臧，罕譬而喻，可谓继志矣”。教师在讲解的过程中要运用简洁明了的语言，碰到微妙难懂的道理，要学会运用恰当的比喻说明道理。

教师还需要有渊博的知识，“记问之学，不足以为人师”，教师如果只会现买现卖将学到的一点浅薄知识马上“贩卖”给学生是不配称之为教师的。教师面对学生的提问，无力准确解答深入剖析问题的关键因素，对学生来说贻害无穷。《学记》明确提出了要想做一位真正的教师，肩负起身上传道授业的重任，就要拥有广博丰富的知识，单靠“记问”之学，是万万没有资格做教师的。

同时，《学记》也强调师道尊严，“师严然后道尊，道尊然后民知敬学”“大学之礼，虽诏于天子无北面，所以尊师也”。如果想要实现“化民成俗”，首先就要有师道尊严，怎样才能有师道尊严呢？首先是君主要尊师。《学记》的作者已认识到“凡学之道，严师为难”，根源实在于君主制、官本位的政治体制，虽然尊师重教莫过于《学记》，但若真正做到尊师重教，其关键还在于改变君主制、官本位的政治体制。这些在当今社会也是需要人们深思的。

教学环节。《学记》中除了有对老师的建议，也有对学生的严格要求。

学生需要有学习的内驱力。“玉不琢，不成器；人不学，不知道”和“虽有嘉肴，弗食不知其旨也；虽有至道，弗学不知其善也”，这些论述都强调学生要懂得学习的目的和重要性，作为学生，本职任务是学习，因而就应该把激情投入到学习中去，培养自己爱学习的品质。

做任何一项任务，光有热情是不够的，还要有方法，学习也要讲方法，这就要求学生在爱学习的基础上还要会学习。做“善学者”和“善问者”，善学者不用老师费太大的力气就事半功倍，学生还会归功于老师的教育得当，可见教学过程不单纯是老师的独角戏，师生之间的互动、学生的积极发言用于提问也是教学不可或缺的环节。“善问者”不仅仅指教师要善于对待学生的问题，更要求学生善于发现自己欠缺什么。

“故君子之于学也，藏焉，脩焉，息焉，游焉。”懂得学习的人会劳逸结合，更会通过复习和预习来完成整个学习环节，把学过的知识串联贯通，运用时才会游刃有余。这里提出的学生复习预习的重要性，非常具有教育学价值。

“相观而善之谓摩”和“独学而无友，孤陋而寡闻。燕朋逆其师，燕辟废其学”，倡导同学之间应该相互观摩学习，如果只会闭门造车，没有同学的辅助，就很难得到知识的增长和学业的进步。但交友也要慎重，如果平时总跟表现不好、品行不端正的同学在一起，就会受其影响，甚至荒废学业。

五、《学记》的历史意义

《学记》虽然篇幅短小，但里面蕴含的内容着实丰富，它作为最早的教育学专著，在我国教育史上承“百花齐放、百家争鸣”的先秦文明，下启东汉之后的教育理论与实践的建构，又影响着我国自秦至清朝乃至近现代的教育理念。

《学记》有对先秦文明的继承和创新。《学记》与《论语》《孟子》《荀子》在某些教育思想上是具有一致性的，《学记》的问世在这三本著作之后，又是儒家弟子所做，其对于儒家经典之作的借鉴继承是顺理成章的事情。可贵之处是，《学记》并没有一味地承袭，而是在对经典继承和传承的基础上又进行了创造性的突破和总结，形成了专门的教育学论著，并对后世的教育发展有着深远的影响。

历史上诸多学者文人进行创作时都曾有过借鉴《学记》的教学思想。《吕氏春秋》中提出“善学者，假人之长以补短”的思想，汉代董仲舒主张“变民风，化民俗”“预禁于未然之前”“不知则问，不能则学”等，东汉王充“天地之间，含血之类，无性知者”就是指不论是庸人还是贤人都不是生而知之者，《颜氏家训》用“种树”比学，类似于《学记》中以“琢玉”比学，明代王守仁的“食味之美恶，必待入口而后知”和《学记》中的“弗食，不知其旨也”相同，“歌诗”“习礼”等和《学记》的“安弦”“安诗”“安礼”相似。通过上述观点，我们足以看出《学记》对后世的教育具有深远的影响。

《学记》还被外国教育学者大量引用和翻译，这对于文化交流，也可以说是“东学西渐”，居功甚伟。虽然全世界各个国家、民族的教育家及其教育学论著层出不穷，但从成书年代看，《学记》却比西方第一部教育学论著夸美纽斯的《大教学论》早了近两千年。《学记》还先后被翻译成英文和日文，美国哈佛大学教授罗伯特·乌里奇在其所著《三千年的教育智慧》中将《学记》全文翻译并进行引用；在日本更是受到高度评价和赞誉，日本和光学院校长谷口武认为“《学记》是中国最早的一部教育学经典著作，在我国古代学术界也是备受推崇的名著”。可以说《学记》在世界教育史上也占有一席之地。

（浙江省金华市第十五中学　周昉）

《蔡元培教育论著选》

一、蔡元培生平

蔡元培（1868—1940年），原字鹤卿，旋改字仲申，号鹤庼，又号孑民，生于浙江绍兴。清末，中秀才、举人、进士，授翰林院编修。教育家、革命家、政治家，民主进步人士，国民党中央执委、中华民国国民政府委员兼监察院院长、中华民国首任教育总长，景星学社名誉主席，国民党四大元老之一，与中国近现代文教界代表人物厉麟似等并称“影响中国历史的十位教育大家”。

1898年，蔡元培目睹戊戌变法的失败，毅然弃官出京，就任绍郡中西学堂总理，这是他“开始服务于新式学校的开始”。与此同时，撰印《学堂教科论》，编制各级学校课程。1901年，应上海南洋公学聘请，任特班总教习。此时又与蒋智由等建设中国教育会并被推举为会长。1902年由日本回国后，因同情学生而创设爱国学社，被推为总理。该社因与《苏报》馆及留日学生合作，鼓吹反清革命，爆发了震惊中外的“苏报案”。此外，蔡元培还组织各学社学校的学生进行军事训练，为反清革命做准备。

1907年，蔡元培先生赴德国莱比锡大学研究学习各类教育学课程。1912年中华民国成立后，担任民国第一任教育总长，起草了大量教育法令，进行了一系列的教育改革，提出了军国民教育、实利教育、公民道德、世界观、美育五项教育宗旨。

1916年，蔡元培先生与李石曾、吴玉章等联同法国名流学者组织华法教育会，推动我国贫寒青年以半工半读方式赴法国留学。同年12月，被任命为北京大学校长。他在任期内聘请陈独秀、李大钊、胡适、马寅初、陶孟和、钱玄同、刘半农等学者来校任教，循思想自由原则，取兼容并包主义，提倡百家争鸣，使北大成为新文化运动的中心。1919年五四运动爆发后，蔡元培因同情支持学生，带头保释被捕学生，向政府提出辞职。这一举动引发激烈学潮，全国学生提出“挽留蔡校长”这一政治诉求，成为五四运动重要的组成部分。随着新文化运动和五四运动的胜利，中国社会发生了深刻的变化。

1921年，蔡元培先生前往欧美各国考察高等教育。1927年10月，蔡元培先生就任管理全国学术及教育的最高机关大学院院长，主持多次会议，推进多项改革措施，但最终由于一些人的反对，于1928年8月辞去该职务及其他职务，专任中央研究院院长。此后他不再主持教育行政，但依旧为教育做了大量工作，奔走于各个进步机构和抗日活动场所，直至弥留之际，仍在撰写各类教育著作。

1940年3月5日，蔡元培病逝于香港，举国震悼。中共中央和毛泽东主席分别发送了两份唁电：“先生……为发展中国教育文化事业勋劳卓著，培植无数革命青年”“孑民先生，学界泰斗，人世楷模”。这几句话，确切地概括了蔡元培尽瘁教育的一生。

二、导读评析

《蔡元培教育论著选》属于人民教育出版社出版的《中国教育名著丛书》中的其中一册。中国历史纵贯几千年，在漫长的历史长河中留下了丰富而宝贵的教育思想成果，涌现出一大批伟大的教育家，为中华文明添上了浓墨重彩的一笔。因此，为了全面探讨我国教育的历史和现状，系统总结我国教育思想智慧，发扬光大我国教育的优良传统，这套丛书应运而生。蔡元培先生作为中国近代杰出的教育家，是中国教育史里程碑式的人物，同时也对中国近代史产生过重要影响。因此，人民教育出版社特请我国著名近代史专家、蔡元培研究专家——南开大学高平叔教授编纂整理成本册，成为研究蔡元培先生教育思想理论的重要依据和参考书，同时也具有极高的史料价值。

1980年和1987年，高平叔教授编纂了《蔡元培教育文选》和《蔡元培教育论集》。1988年在上述基础上，按年份对蔡元培先生自1912年至1939年间的各类教育思想文篇编排整理编成本书，全书共收280余篇文章。故读者在本书基础上，配合《蔡元培教育文选》《蔡元培教育论集》的阅读，有利于全面地了解蔡元培先生的教育思想。

（一）蔡元培先生提出的“五育”并举的教育思想，是其博大理论的最杰出成就之一

“五育”教育包括体育（军国民教育）、智育（实利主义教育）、德育（公民道德教育）、世界观教育和美育。其中德育是其核心，体育与智育是其基础，世界观教育和美育是为发展要求，这就形成了一套完整的教育观。“五育”的形成离不开其学习生涯中打下的深厚中国传统文化教育基础，而也正是由于他同时有开放的思想、爱国的意志，将国外的先进教育思想与理念带到中国，“五育”的内容也充满世界思维，从而形成了此般中西教育思想融汇交流的理论成就。

“五育”中首要的也是最为基础的是体育。彼时的体育除了要求学生有强健的体魄之外，还有军事和武力训练的内容，在必要的时候能够自我防卫甚至保家卫国，故称为军国民教育。此种称呼皆因其时代的特殊性：“然在我国，则强邻交逼，亟图自卫，而历年丧失之国权，非凭借武力，势难恢复。”在中国内忧外患的背景下，对学生进行军国民教育有很大的必要性。且考虑到“军人革命以后，难保无军人执政之一时期，非行举国皆兵之制，将使军人社会，永为全国中特别之阶级，而无以平均其势力”，从革命长远着想，此种教育也是社会力量平衡的基础，所以“诚今日所不能不采者也”。

其二是智育。它首先要求学生要学好科学文化知识发展智力，而其内容则与社会谋生的能力息息相关，与中国传统的科考拘泥于经义全然不同，故曰实利主义教育。蔡元培先生看来，在当时之社会，世界各国之竞争，不只是在于武力的角力，也有财力之对抗，且武力的基础也以经济实力为支撑，所以要发展实利主义的教育，“以人民生计为普通教育之中坚”。所以他认为普通学术，当“悉寓于树艺、烹饪、裁缝及金、木、土工之中”。而当时的中国资源开发还不够完善，“实业界之组织尚幼稚，人民失业者至多，而国甚贫”，所以实利主义教育是当务之急。

其三为德育，即为公民道德教育。前二者军国民教育和实利主义教育是强兵富国之主义，但若仅有此种教育，兵可强但可能流于私斗，国可富但不免恃强凌弱现象发生，从而出现严重的贫富分化并演化为严重的社会矛盾，其解决的重要途径在于公民道德教育。何为公民道德教育？蔡元培先生认为要旨即为“法兰西之革命也，所标揭者，曰自由、平等、亲爱”，同时用“恕”“仁”为其找到了中国传统文化之注脚。在中西方大潮交汇的历史背景下，蔡元培先生所要求的德育内容同时包含了继承和发扬中国传统的道德教育和学习吸收西方公民德行教育两个方面，具有强烈的时代性与先进性。

其四世界观教育则是蔡元培先生之首创。在他看来公民道德教育并不是教育的最终目的，这只能满足部分人的幸福而非最大多数人的幸福。因“一人之幸福，丰衣足食，无灾无害”，此为现世之幸福。而现世之幸福，“临死而消灭”，“人而仅仅以临死消灭之幸福为鹄的，则所谓人生者有何等价值”。在教育家看来，幸福不止是现世的幸福。因此他认为世界有两个方面：一为现象世界，二为实体世界。“前者相对，而后者绝对；前者范围于因果律，而后者超轶乎因果律；前者与空间时间有不可离之关系，而后者无空间时间之可言；前者可以经验，而后者全恃直观。”所以实体世界是各哲学和宗教流派所追求的最高境界。为追求并领悟这一实体世界，从而形成的教育活动称为世界观教育。此外他反对以宗教认识实体世界。

最后是为美育。蔡元培先生认为美是普遍的，也是超越的，美育便是现实世界和实体世界联通的桥梁。“例如采莲煮豆，饮食之事也，而一入诗歌，则别成兴趣。火山赤舌，大风破舟，可骇可怖之景也，而一入图画，则转堪转玩。”人在现象世界中产生了美感，“与造物者为友”，就已接触到了实体世界之观念。所以美感之教育是现实世界向精神世界的转向，使其上升到哲学的境界。

（二）自由主义是蔡元培教育思想的基础，对自由的追求贯穿了其一生的教育思想和教育实践

蔡元培先生认为，不同的文化应当互相接触、取长补短，从而形成具有“生命力”的文化。因此他致力于在不牺牲中国传统文化优秀品格的前提下同时吸收西方文化的精华，以发展和创造中国之新文化，此为其自由之理想。由于受到康德哲学的影响，蔡元培把世界分为现象世界和实体世界，而教育是个体从现象世界进入实体世界的桥梁。教育使人完成对物质的超越，获得令人沉醉的精神享受，同时完成个体对社会、群体和共性的超越，认识到“我”，从而达到一种自由的境界，实现天人合一，此为自

由之人格。

任北大校长期间，蔡元培制定了“思想自由，兼容并包”的办学方针。他认为中国之高校应当循世界大学之例，各个学说言之成理都应有自由发展之权利，其命运与价值应当由其自身主导，此为自由之学术。最后，蔡元培在考察了德国和法国等西方国家教育制度后认为教育应当是独立的，是超轶政治之教育，为此他付出了巨大的努力，以期使教育独立并超越于政党与教会之外，此为自由之教育。

“教育者，养成人格之事业也。”在蔡元培先生看来，人格的培养即为教育。“君主时代之教育方针，不从受教育者本体上着想，用一个人主义或用一部分人主义，利用一种方法，驱使受教育者迁就他之主义。”他认为旧时代的教育是不健全的，不适应新时代的要求，“教育是帮助被教育的人，给他能发展自己的能力，完成他的人格，于人类文化上尽一份子的责任”。所以人格的培养，应为使受教育者在军国民教育、实利主义教育、公民道德教育、世界观教育和美育即五育各方面和谐发展，从而实现人格的自由与独立，“从受教育者本体上着想”。

为实现人格的自由与独立，就要营造教育环境的自由与独立，“昔之教育，使儿童受教于成人；今之教育，乃使成人受教于儿童。何谓成人受教于儿童？谓成人不敢自存成见，立于儿童之地位而体验之，以定教育之方法”，“知教育者，与其守成法，毋宁尚自然；与其求划一，毋宁展个性”。他倡导“诸育并举、多育并通”“崇尚自然、发展个性”。而在其实践中，提出了“思想自由、兼容并包”的办学方针，力主教育独立于政党与宗教之外。在《普通教育和职业教育——在新加坡南洋华侨中学演说词》中，蔡元培先生详细系统地阐述了其人格培育的教育思想。

（三）蔡元培先生从职业教育与普通教育的区别入手，阐述其各自的内涵与定义

“职业教育好像一所房屋，内分教室、寝室等，有各别的用处；普通

教育则像一所房屋的地基，有了地基，便可把楼台亭阁等建筑起来。”所以职业教育是很专门的学问，掌握的是专业的技能长处或知识，甚至在蔡元培先生看来是“有时研究到极精微处，也许有和日常生活绝不相干的情形，……有一切另外的事都完全不管的态度”。但普通教育的方向却和这非常的不同。无论造什么样的房子，牢固的地基是摆在第一位的，因此在教育中无论哪个主体都要关注到普通教育的重要性。假如一个学生在中小学时代能够受到良好训练，进入大学再研究高深的学问便不再困难，反之则难以补救了。所以在1918年审查教育会中，当时将普通教育的宗旨定为两方面，其一是养成健全的人格，其二是发展共和的精神。

蔡元培先生对于健全人格的培养有体系化的认识，建立在其原有理论基础上，指出人格之健全建立在四个支柱之上：体育、智育、德育、美育。在向西方学习的热潮中，国人越来越感受到体育的重要性。在体育的发展中，教育者们也意识到体育不只是在竞技场上争得何种名次，更重要的是引起全民对体育的兴趣。蔡元培先生认为“体育最要紧的，是合于生理。若只求个人的胜利，或一校的名誉，……且成一种机械的作用，便失却体育的价值了”，如果一味地贪图名利，心理便会变得狭隘，学生浸淫在竞赛之中便会养成旺盛的虚荣心，去到社会中便也脱不开这份虚荣，这对社会是有害的。如果加以合理的引导，让学生明白体育的真正价值，便能实现强身健体和培养积极向上的社会氛围的目标。

其次是智育的方面。蔡元培先生明确地指出“我们教书，并不是像注入水瓶一样，注满了就算完事，最要是引起学生读书的兴味”，当老师千万不能照本宣科，一字一字一句一句将所教内容都讲给学生，要充分发挥学生的能动性，让他们能够产生自己研究的动力。而直到学生花尽最大努力，在学习中实在不能更进一步时，老师才去启发点拨他，所谓“不愤不启，不悱不发”，进行启发式教学。好的教学不是指挥其天天来学校把教科书熟读就算完事，因为书本的容量是有限的，其中的例子不可能概括所有的情况。如果学生在书本上习得对菊花烂熟于胸，但见到梅花却不知其同样是花的一种，那这般教育便是失败的，此为教育的“举一反三”之功。此外，智育还要做到“因材施教”。学生的个性不同，有的喜欢文学，有的喜欢算术；有的学习进步快，有的进步慢；有的天赋极高，有的资质普通。所以要从教师和学生两方面多加思考与平衡，探索更灵活的教育途径。

至于德育方面，蔡元培先生也明确地提出，“并不是照前人预定的格言做去就算数”，反映了教育思想要冲破束缚与藩篱。不可以因为今天这样，以后便永远这样。

美育，在以前是包含在德育之中的。但蔡元培先生认为，当时的社会对美育过于忽视，所以在审查教育会中单独把美育分出来。在中国古代，礼、乐二艺有严肃优美的特点。西方社会也非常注重美感的呈现，唯独是近代的中国，几乎将美育丢弃，因此提出要加强美育教育，对社会进行警醒。美育同样不能称为机械的活动。以临摹书法为例，写字之人若是只是模仿，依样画葫芦，写出的字只有柳体，只有颜体，便已经失去了自己的活力和生机，称为一种写字的机器，美感也就随之散失了。这样的现象普遍存在绘画、游戏、音乐等各种教育活动中，全然是机械的教育，称为培养机器人的教育。“最好叫学生以己意取材，喜图画的，教他图画，喜雕刻的，就教他雕刻；引起他美的兴趣。不然，学生喜欢的不教，不喜欢的硬叫他去做，要求进步，很难说的。”在追求美的道路上，蔡元培先生依旧是要求从学生的个性出发。

在四育的道路上，学生的能动性便是极为重要的，在教师的引导培育下，要让学生自己发芽、自己成长、自己茁壮、自己结果，如此才能培养健全的人格。“学校的教习，每说我要学生圆就圆，要学生方就方，这便大误。最好使学生自学，教者不宜硬以自己的意思，压到学生身上。不过看各人的个性，去帮助他们作业罢了。”

本文对普通教育于健全人格的养成之论述极为精彩，即便放在今日也值得细细品味。蔡元培先生的人格教育思想，改变了中国教育史的发展方向，革新了教育的内涵，是中国近代以来思想革命发展的需要，顺应历史发展的潮流，推动了我国社会的近代化转型，是中国教育史上划时代的一笔。

三、名篇赏析

《以美育代宗教说——在北京神州学会演说词》赏析

何为宗教？蔡元培先生以其见闻与研究作答。他认为，宗教起源于人之精神构成。普通人的精神分为知识、意志、感情三类，而最早期的宗教也主要由此构成。“盖以吾人当未开化时代，脑力简单，视吾人一身与世界万物，均为一种不可思议之事。生自何来？死将何往？创造之者何人？管理之者何术？凡此种种，皆当时之人所提出之问题，以求解答者”，宗教便给予这些问题最早的解答，这也是知识依附于宗教的原因；随着社会的演变，人类意识到简单的利己主义会导致社会的混乱，宗教便教人利他，这是意志依附于宗教的原因；最后宗教的领导者也非常善于利用雕刻、图画等具有美感的事物吸引人们的信仰，此为宗教的感情依附。

但随着社会历史文化的发展，人们开始用科学来解释世间万物的现象，“日星之现象，地球之缘起，动植物之分布，人种之差别，皆得以理化、博物、人种、古物诸科学证明之”。因此，知识便慢慢脱离了宗教。随之而来的宗教所规定的一成不变的社会种群规则受到挑战。古代人们随着生产经济活动的推动和交通工具的进步，开始去到世界的各个角落，大家发现世界各地的规则、道德等竟大不一样，甚至相互矛盾。人们开始意识到社会族群的具体道德规则是随着社会、时代而随时随地变化的，其原则也不是可以简单归纳的，这就和宗教固定不变的规则产生巨大矛盾。慢慢地，意志也开始脱离宗教，所剩下的依附就仅存情感作用。

情感作用便是人之所谓美感，古今中外宗教皆着力与以美感来使其引人入胜。蔡元培先生提到“凡宗教之建筑，多择山水最胜之处，吾国人所谓天下名山僧占多，即其例也”，其建筑“恒有峻秀之塔，崇闳幽邃之殿堂，饰以精致之造像，瑰丽之壁画，构成黯淡之光线，佐以微妙之音乐。赞美者必有著名之歌词，演说者必有雄辩之素养，凡此种种，皆为美术作用，故能引人入胜。”同样的，欧洲中世纪所遗留的最有影响力的建筑皆为教堂。其中雕刻绘画的留存都来自宗教经典，音乐戏剧也是如此。但是随着文艺复兴的到来，在人文主义运动的发展下，学校、剧院、博物馆等开始变得越来越宏伟，越来越有审美价值，而教堂却开始变得越来越普通，其他的美学题材也越来越多地取材于自然与社会等世俗世界而非宗教世界，可以看出美育与宗教在西欧出现了分流。

蔡元培先生认为美育依附宗教有一极大弊端——“美育之附丽于宗教者，常受宗教之累，失其陶养之作用，而转以激刺感情”。如何激刺感情？便是宗教的扩张与攻击异教，便是各宗教自古以来的攻讦与征伐。因此蔡元培先生认为相较于依附于宗教，美术情感价值依附于教育将会更加纯粹，“鉴激刺感情之弊，而专尚陶养情感之术，则莫如舍宗教而易以纯粹之美育”，故有“纯粹之美育，所以陶养吾人之感情，使有高尚纯洁之习惯，而使人我之见、利己损人之思念，以渐消沮者也”。

美是有很强的普遍性的。若如食物，吃下去只能让自己感到饱腹，衣服穿在我身上别人不会感到温暖。但美不一样，同样的景物我能感到美，别人也能感到美，“隔千里兮共明月，我与人均不得而私之”，世界各国的名胜古迹，博物馆与私人藏品，都可供大家游览观赏。正是因为这种普遍性，美不再有人我关系，更不会有利害关系，便会更为纯粹，便有更大的教育价值。现实生活中，人们看到牛马狮虎，植物花鸟之美，价值便显现，教育亦完成几分。而当人们看到世界至大者海天相连浩荡无涯，夜空繁星无止境，便感受到自身之渺小；若是看到至刚者火山地震、狂风暴雨、巨浪洪水，便“不知何者为好胜”。此至大至刚融为一体，便让人感到无限的审美愉悦。若是在美感中加入悲剧的成分，会使人破除贪恋幸福之思想，另外滑稽之中也能令人发笑。让人感到优美、壮美，打破“人我之见，去厉害得失之计较，则其所以陶养性灵，使之日进于高尚者”，以上这些都是纯粹美育的价值。因此蔡元培先生提倡以美育代替宗教。

《对于学生的希望》赏析

1920年蔡元培先生应湖南教育会邀请，与著名哲学家、教育家罗素、杜威等一同前往长沙，并举行多次演讲会，此篇即为其在湖南的一次演讲。五四运动后，全国上下尤其是学生们所处的环境发生了巨大变化，社会出现了许多新的现象，新的变化，蔡元培先生在演讲中将其总结为两个觉悟，其中表达了对学生们的殷切希望。

第一个觉悟蔡元培先生将其总结为四个方面。其一为自己尊重自己。在蔡先生看来，从19世纪末清廷开办学堂二十多年来，学习的风气并未发生根本的变化，仍然因循科举时代的旧思想，“熬上几个年头，得到文凭一纸，……自己的成绩好不好，毕业以后中用不中用，一概不问”。学习的目的极为简单、功利，这也导致了对学习过程的漠视，“平时荒嬉既多，一临考试，或抄袭课本，或打听题目，或请划范围，目的只图敷衍，骗到一张证书而已”。至于自己以后要做一个怎样的人，自己与社会之间的关系是全然不考虑的。这便是五四以前的社会现状。但五四以后一切都发生了变化，学生成为激扬社会污浊的重要力量，而社会也从看不起学生变为重视学生。所以蔡元培先生呼吁学生们要了解自己所身负的责任，“知道自己在人类社会占何种位置，……于现在及将来应如何打算，……而发生一种向前进取，开拓自己命运的心”。

第二端称为化孤独为共同。从前的学生遵奉的是“各人自扫门前雪，不管他人瓦上霜”，奉行独善其身。同样是到了五四运动以后，学生们感受到了社会的存在，与之产生互动，人与人之间也互相帮助，渐渐意识到“如想做事真要成功，目的真要达到，非将学问、思维推及于自己以外的人不可”。随之而来的是学生们越来越积极参与社会之活动，常常与志同道合者共同行动，组织开展社会演讲，将新思想向社会推开去。

第三端为对自己学问能力的切实了解。以往的学生不知自己能力在何处，不知自己的长处与短处。随着思想的进步与解放，渐渐发现了自身学问的不足，便开始在社会的方方面面留意，主动学习于己于社会有益的学问。

以上种种自我意识的觉醒带来了第四端的改变，便是有计画的运动，一场运动需要组织，需要计划方能成功。蔡元培对学生说，“凡非常举动，最要审时度势”。以五四运动为例，起初北京学生并未要打曹、章、陆等人，偶然成功下次再做便是流血的失败。此后，学生们便吸取教训，知道了要解决问题首先要有计划和研究。蔡先生同样也告诫学生，再遇到重大的政治社会事件，学生们要保持克制，做好分析，研究问题，“要有沉静的预备、精密的打算，然后才有把握去达到我们要达到之目的”，不要轻易发起运动。

以上都是在演讲中蔡元培总结的五四运动前后学生之变化，有让人欣喜的进步，也有值得总结反思的教训，其中四端是为其希望学生们应有的第一种觉悟。此后，蔡先生又对学生提出了第二种觉悟的要求，其中又包含了五个方面。

其一是在学校不能单靠教科书和老师，要自动求学，“课堂功课固然要紧，自动自习，随时注意，自己发见求学的门径和学问的兴趣，更为要紧”。

其二要自己料理自己的行为。与以往的观念不同，学生对社会的影响应当是越来越大，所以对自己的行为应当是有自我认知与掌握的。“有些学生不喜教职员管理，自己却一意放纵，做出种种坏行”，平民主义不是不守秩序，自由不是对规则的破坏，两者不是一对完全的矛盾，因此学生应当做好自我的管理与约束。

其三是要有平等和劳动的观念。蔡元培先生提及了其友以往遇到的情事："学生倡言要与教职员平等，但其使令工役，横眼厉色，又俨然以主人自居，以奴隶待人。"平等不是自己的平等，也是各人的平等，以何种标准要求别人，也当以同样标准要求自己。另外其时社会流行勤工俭学，蔡元培先生也提倡同学们一边读书，一边工作，"凡吃饭不做事专门暴殄天物的人，是吾们所最反对的"，以此警醒学生们。

其四蔡先生让学生们注意美的享乐。他提到"近来学生多有为麻雀、扑克或阅恶劣小说等不正当之消遣。……甚有生趣索然，意兴无聊，因而自杀者"。在此现象下当务之急是发展美育，美化人的心灵，使人性灵寄托于美好的事物。在学校当中多开展美的教育，如音乐、图画、旅行、游戏、演剧等，将一些不良的爱好和消遣取而代之。平常也要有人多多组织引导，长此以往学生们的情操可以提升，同学之间的感情也会调和，矛盾与争执也会减少，校园环境和个人情趣都会变得活泼有生趣。最后是提倡学生们为社会服务。五四以后，越来越多学生投身于社会各界进行知识的普及，实现了国家财力所不及的社会教育层面。而在遇到各类社会动荡混乱甚至灾情时，学生也能联合起来，运用自己的能力对事件进行调查统计，并将结果向社会告示，博得更多的关注与帮助，这对当时的旧社会是难能可贵的探索，对于社会的发展与进步有极大的积极作用。

大学是学生进入社会的预科班，社会欲往何处去学校便要培养怎样的学生，学生的学习不可全然脱离社会的变化与发展，这份责任对于大学来说是巨大的。蔡元培先生正是在深入调查社会现状与发展后对学生提出了以上的谆谆教诲，字字句句都是他对当时社会最深刻的见解以及对教育使命的责任感，无愧于当时教育界领袖的称为。

《美育实施的方法》赏析

蔡元培先生在其多篇论述中对其五育观进行了系统的阐述，而美育作为其中重要的一个部分，蔡元培先生也对其内涵、目标、实施等各个环节进行剖析，本文就对美育的实施给出了具体的方案与计划。

同普遍的教育状况一样，美育可以分为三个方面：一是家庭教育；二是学校教育；三是社会教育。蔡元培先生认为，彻底的教育要着眼于最早的一步，要从优生入手，以胎教为起点。孕妇所居住的胎教院应该远离城市污浊的空气，设立在风景优美的地方，建筑设计要有艺术的气息，要有安排宽敞的空间以供运动，要有花鸟虫鱼以供观赏。如此种种设计都要遵守优美的特征，因此粗犷、猥亵、悲惨、怪诞的艺术作品都不应当出现，避免强烈的刺激性，给孕妇和胎儿提供一个平和活泼的氛围。在胎儿出生后，要保持其健康，而在环境的营造上，包括音乐、人们的语言与走动甚至各位的衣着，都要保持优美的状态。这些便是家庭美育的一部分。

待到儿童进了幼稚园，便进入了家庭教育和学校教育的过渡阶段。这时候的儿童已经能够主动感受并表达美了，因此在学习课程的安排上，要迎合其心理特征。到了小学，儿童的审美体验愈来愈丰富，个性表达愈来愈强，能接受的信息也愈来愈复杂，因此美育便不局限于具体的几门课，而是孕育在各课之中。如数学中，美感孕于数与型之中：数学的比例与节奏，数的关系，形的应用，黄金分割点，皆是数学之美，无论物理学上的磁电、化学上的火焰、生物学中的竞逐乃至地理学上的云霞风雪，这些也都是学科之美。

由普通教育进入专门教育后，美便变得专门化。学生可以根据各自的兴趣爱好选择各自心仪的高校，社会也专门开设了音乐学校、美术学校、戏剧学校以及大学的各类各科院系。但离开学校并不意味着美育的终止，社会也应当承担起美育的责任。社会美育需要各种各样的专设的机关，如美术馆、美术展览会、音乐会、剧院、影戏馆、历史博物馆、古物学陈列所、人类学博物馆、博物学陈列所与植物园、动物园等。除了这些特别的机构，还应有普遍的日常设备，地方之美化。如果人们平常所耳濡目染的皆“是些卑丑的形状，美育就不完全”。

地方的美化，首先是道路的美化。蔡元培先生等各位有识之士在各国考察过程中，发现欧洲宽广的道路皆有完善的设计，“两旁为人行道，其次公车来往道，又间以种树、艺花，及游人列坐的地方二三列”。道路宽敞平坦，交叉之处“必须留一空场，置喷泉、花畦、雕刻品等”。

其次是欧洲的建筑也是极有设计的，花园与建筑错落建设，极富匠心，一个城市往往是为“花园城”。

再次是公园。公园有两种：一种公园是有严格的区分的，有门有围墙；另一种公园则与自然合二为一，有绿地河流和树木，其间开通小路以供散步。在欧洲尽管市中心的地价昂贵，但仍有这类大型公园分布。第四类是名胜的布置。西方各国有许多风景优美之所在，国家便会进行保护和总体规划，不得由私人随意占领。反观国内，如黄山、西湖等，交通不便，漫无限制，甚至造了许多拙劣的建筑，破坏了自然之美。具有同样情况的是作为第五类的古迹，也应受到国家的重视。第六点是为公坟。这一点是少为人所提及的。“我们中国人的做坟，可算是混乱极了。……石工墓木，也是‘千篇一律’，一点没有美意”，“照我们南方各省，满山是坟，不但太不经济，也是破坏自然美的一端”。这些方面应当如西方一样有统一规划，或是推行火葬。

此文中，蔡元培先生对美育进行了详细的规划与设计，从出生到死亡，形成了一套系统的工程，对如今的社会也有巨大的借鉴意义，无愧于其时代最伟大的教育家之一。

（浙江省衢州市第二中学　林颂雨）

《中国教育改造》

一、陶行知生平

陶行知（1891—1946年），安徽歙县人，教育家、思想家，中国人民救国会和中国民主同盟的主要领导人之一。原名陶文濬，1934年受到王阳明学说影响，认为“行是知之始，知是行之成”，改名为陶行知。

1908年，陶行知开始了他的求学生涯，在国内他先后辗转于杭州广济医学堂、南京汇文书院、金陵大学等。求学期间，他由于受到辛亥革命的影响，在校积极参加爱国救亡活动。1914年，他以总分第一名的成绩毕业后赴美国伊利诺伊大学求学，半年后转入哥伦比亚大学深造，师从杜威、孟禄、克伯屈等著名教育学家。1917年秋，陶行知回国，先后在南京高等师范学校、国立东南大学任职，开启了他伟大的教育生涯。

此后，陶行知先后与蔡元培等发起成立中华教育改进社，与晏阳初等人发起成立中华平民教育促进会总会，与厉麟似、杨亮功等来自政学两界的知名人士在上海发起成立中国教育学会，推动中国的各项教育改革运动。

1927年3月，陶行知在南京北郊晓庄创办乡村师范学校晓庄学校，创办第一个乡村幼稚园燕子矶幼稚园。此后，他进行了各项教育办学实践，先后创建了山海工学团，提出“工以养生，学以明生，团以保生”；成立国难教育社，把生活教育和民族民主革命斗争结合起来；倡导举办了“中华业余学校”，推动香港同胞们共赴国难；在四川重庆创办育才学校，培养有特殊才能的儿童；1945年，陶行知在重庆创办社会大学提出“人民创造大社会，社会变成大学堂”的宗旨，有力地推动了民主教育的进程。被毛泽东和宋庆龄等称为“伟大的人民教育家”和“万世师表”。

陶行知的教育生涯伴随着跌宕起伏的抗日救亡运动。1930年，陶行知由于遭国民党通缉被迫流亡日本，1935年随着“华北事变”的爆发，在中国共产党“八一宣言”的感召下积极投身抗日救亡运动。先后参与“上海文化界救国会”、国民参政会，成立中国战时教育协会，参与发起成立中国民主政团同盟，并于1945年加入中国民主同盟，同年当选中国民主同盟中央常委兼教育委员会主任委员。此外，他还当选为全国各界救国联合会执委和常委，并在出访欧洲、美洲、亚洲、非洲期间，在布鲁塞尔当选世界和平大会中国执行委员。

1946年陶行知回到上海后，立即投入反独裁、争民主，反内战、争和平的斗争。在他生命的最后100天，他依旧在工厂、学校、机关、广场不断发表演讲100余次。

1946年7月25日上午，因长期劳累过度，健康状况不佳，又受李、闻事件的刺激过深，突发脑出血。听闻此消息后，周恩来、邓颖超、沈钧儒等第一时间赶往探视。但因抢救无效，陶行知不幸逝世于上海，享年55岁。

二、导读评析

《中国教育改造》是1928年陶行知先生主持晓庄师范学校工作时，为庆祝母亲六十寿辰，将自己撰写的文章，选编成一本教育文集并命以此名。书中收录了其从1918年底至1928年初写作的32篇文章，内容概括了1928年以前各个时期他对中国教育的考察、研究，深入实际提出的教育改造的理论原则和实践方法。关于此书，陶行知先生如是写道："这部书代表我在中国教育里摸黑路所见着的几线光明。从'教授'写到'教学'，从'教学'写到'教学做'，人家怕要疑我前后思想矛盾，其实我的矛盾处，便是我的长进处，当选择旧稿时，我曾下了一个决心，凡是为外国教育制度拉洋车的文字一概删除不留，所留的都是我所体验出来的。所以我写的便是我所信的，也就是我所行的。"

《中国教育改造》的出版历经坎坷。原稿最初由上海东亚图书馆于1928年4月印刷发行，先后共印7次，但两年后陶行知先生本人受到通缉，晓庄师范学校被政府查封，此书自然受到牵连。直到党的十一届三中全会以后，学术界研究陶行知教育思想的人士日益增多，才进行了重版。

（一）陶行知先生教育思想的精髓在于"生活即教育""社会即学校""教学做合一"等生活教育理论

"生活即教育"是陶先生最根本的教育思想，是其教育思想的主题。在传统教育不断僵化的背景下，学生"读死书"而先生"教死书"，教育越来越缺乏生命力。在当时的时代背景下，受到杜威教育理论的影响，时人流行"教育即生活"的教育理念。但陶先生认为大家只是将这么一句话挂在嘴边，却从来没问过为什么有这么一句话。他认为在理论的发展过程中，美国的教育理论最初源自零碎的实验，将教育与生活割裂开来。随着实践的发展，生活与教育联系在了一起，教育即生活的表达也就产生了，但依旧是实践不充分的体现，将生活的大概念局限在了教育的小概念之中，使教育不能充分发挥其应有的作用。所以陶行知先生认为，随着研究的深入，实践与理论不断融合的情况下，杜威也必定会主张“生活即教育”，因为这是一种更有生命力的教育。

“生活即教育”是“供给人生需要的教育，不是作假的教育。人生需要什么，我们就教什么。人生需要面包，我们就过面包生活，受面包的教育；人生需要恋爱，我们就得过恋爱生活，也受恋爱的教育。照此类推，照加上去，是那样的生活就是那样的教育”。因此“生活即教育”便是一种着眼现实的进步的教育。他主张学生要积极参与社会活动，在事件中掌握知识受到教育，认为“生活教育是生活所原有，生活所自营，生活所必需的教育。教育的根本意义是生活之变化。生活无时不变，即生活无时不含有教育的意义”，“生活教育与生俱来，与生同去。出世便是破蒙，进棺材才算毕业”。这便是教育具有伴随一生的属性。

“社会即学校”是其生活教育的重要内容。在陶行知先生所说的“蟠桃园”中，成熟的“桃子”都被“猴王”吃了，即是反映了在近代中国，教育的资源都集中在少部分人的手中，因此他极力推崇大众的普及教育。他提出要扩大教育对象与教育内容，力图让更多的人受到教育，“我们主张‘社会即学校’，是因为在‘学校即社会’的主张下，学校里的东西太少，不如反过来主张‘社会即学校’，教育的材料、教育的方法、教育的工具、教育的环境，都可以大大地增加。学生、先生可以多起来”，让教育不只是“少爷小姐”们的教育。

作为一名教育家，陶行知先生不只把眼光放在校园之中，而是把校园放在社会之中，“学校生活只是社会生活的一部分。学校不是道士观、和尚庙，必须与社会生活息息相通”。作为一位新公民，“要有化社会的能力，先要情愿社会化”，而“学校生活是社会生活的起点”。他主张不能把学校自我束缚起来，应该着眼于整个社会，让社会成为教育的平台，让受教育者在社会中学习成长，从而适应社会，解决社会中存在的问题，这种观念具有极强的现实引领性。因此可以看出“社会即学校”与“生活即教育”是一脉相承的思想理念。

陶先生认为如果把学生仅仅囿于院墙之中，学校之内，而不接触社会，就像把小鸟关在了笼子里，“学校即社会，就好像把一只活泼的小鸟从天空里捉来关在笼子里一样。它要以一个小的学校去把社会所有的一切东西都吸收进来，所以容易弄假”。所以陶行知先生主张打破学校与社会之间的高墙，“把笼中的小鸟放到天空中，使它能任意翱翔”，“把学校的一切伸张到大自然里去”。当社会成为学校，学生便成为天地间万物知识的自由吸收者，未来便会成为社会中的完整人格者，成为当时历史背景下最直接的改革者与建设者，从而实现教育的目的与价值。

（二）在教学方法上，“教学做合一”是其理论的创新，陶行知先生所创办的晓庄师范学院的校训便是这五个字

教什么？怎样教？教谁？谁教？这是师范学校的几个基本问题，也是教育教学的基本问题。关于教什么，“施教的人不能无中生有，他必得要运用环境所已有的事物去引起学生之活动”，教的内容不是凭空产生的，是与生活与社会息息相关的，因而也是与实践紧密相连的。而怎样教，“教的法子要根据学的法子；学的法子要根据做的法子。教法、学法、做法是应当合一的”“教学做是一件事，不是三件事。我们要在做上教，在做上学”，教法就应当以学生的学法为导向，而学生的学法就要以社会所需的做法为导向。

陶先生以鲁滨孙为例，“一天烧饭，他看见一块泥土被火烧得像石头样的硬。他想，一块碎土既有如此变化，那么，用这土造成一个东西，或者也能如此变化。他要试试看。他动手用土造成三个小缸的样子，架起火来把它们烧得通红，渐渐的冷下去，便成了三只坚固而不漏水的小缸。这里有行动，有思想，有新价值之产生……这是做。这是教学做合一之做”，这个行为过程便是教育目标实现的过程，教育的有效性离不开教学做三者

的紧密联系。

而在生活中，于事来说是做，于人之长进来说是学，于人之影响来说是教，是为生活一事之三个方面，故应是统一的，“事怎样做便怎样学，怎样学便怎样教”“教而不做，不能算是教；学而不做，不能算是学”“教与学都以做为中心”。这样的教学方法是反对传统教育的教条主义与形式主义的，要求人把实践和认识结合在一起，从而获得有效的习得。因此在陶先生探访各地学校过程中，往往欣然于发现学校引导学生去做去实践的做法，在看到宝山县立师范学校把“教学做合一”改为“做学教合一”，便产生了极大的兴趣，对把“做”放在第一位表现出积极的态度。

（三）陶行知的幼儿教育思想

在此书的自序中提及其母平时最喜称其孙儿为“她的蟠桃”，故陶行知先生便将他的教育思想整理成册作为其母六十大寿的寿礼，以期“把她爱蟠桃的心推广出去使全国的蟠桃都得到他们所应得的爱护”。而正是这种胸怀天下的格局给他带来了深深的忧虑，在中国教育环境下，陶先生以蟠桃为喻“我踏进蟠桃园里去看了看，知道这蟠桃园已由玉皇大帝交给专好‘升赏’的猴王看管了”。玉皇大帝只晓得给“猴王”有事可做，勿生事端，谁知“猴王”不好好做事，只顾在园中玩耍吃桃，到最后园中只剩小桃、中桃，熟的都被吃尽了。

对于这种现象，陶先生大声疾呼“这不是中国儿童教育的缩影吗！我们要想彻底改造蟠桃园，不但要请出如来法掌去收服猴王，还要‘瑶池王母自栽培’才能使它‘夭夭灼灼花盈树，颗颗株株果压枝’咧”。因此在众多文段中，他提出要打破只有“少爷小姐”们受教育的局面，让教育成为真正人民大众的教育。而要做到繁花满树果实丰收，陶先生呼吁大家“把整个的心捧出来献给小孩子才能实现真正的改造”。

陶行知对儿童教育的关心，体现在他对幼稚园的建设上。在其《幼稚园之新大陆——工厂与农村》《创设乡村幼稚园宣言书》《如何使幼稚教育普及?》等文中对幼稚园的系列问题做了系统性的回答。

首先，什么地方最需要幼稚园，幼稚园应当去哪里？陶行知先生在《幼稚园之新大陆——工厂与农村》中认为，最需要幼稚园的是女工区域，这个回答是非常现实的。这里的理由非常简单，随着时代的发展，妇女积极参与到社会劳动当中来，成为新时代的劳动者，如此一来孩子在家便无人照应，而若是带在身边，工厂的环境又不适合儿童们的健康发展。因此在工厂边开设幼稚园是非常必要的，一方面能让女工们能够减少牵挂，提高工作效率，另一方面也能够让孩子们健康发展，是一种双赢的方案。

其次，农村当中也非常需要幼稚园的存在，道理与工厂同：农忙的时候一家老小都要工作，无暇顾及孩子。所以农村中有了幼稚园，一方面能减少大人们的工作压力，另一方面同样给予孩子们足够的教育，想必也是会受极大的欢迎的。因此看得出来，陶行知先生的思考出发点都是社会经济的发展与儿童教育的结合与双赢，非常切合社会的发展，极具务实的精神，而不是一味空谈理论。

而作为一位伟大的教育家，陶行知先生非常关注的是教育的普及化，儿童教育也是如此，他致力于让全国人民都能吃到好的“蟠桃”，而不是被少数人独占。《创设乡村幼稚园宣言书》中他提到中国当时的教育犯了三大坏病：一是外国病，二是花钱病，三是富贵病。

“试一参观今日之所谓之幼稚园，耳目所接，哪样不是外国货？……中国的幼稚园几乎成了外国货的贩卖场，先生做了外国货的贩子。可怜的儿童居然做了外国货的主顾。”“国内幼稚园花钱太多，有时超过小学好几倍。……费钱既多，自然不易推广。”“幼稚园既是多花钱，就得多弄钱。学费于是不得不高，学费高，只有富贵子弟可以享受它的幸福。所以幼稚园只是富贵人家的专用品，平民是没有份的。”如此于时代大潮之中为平民的儿童教育鼓与呼，如何不能称之为伟大的教育家？

为了建设中国的、省钱的、平民的幼稚园，陶行知给出了具有建设性的方向和具体的方案。“我们在这里要力谋幼儿教育之适合国情，不采取狭义的国家主义。我们要充分运用眼前的音乐、诗歌、故事、玩具及自然界陶冶儿童。”中国作为一个有着悠久历史和灿烂文化的国家，如何不能用中国自己的教育素材去陶冶儿童呢？教育的理论是相通的，中国孩子们也应当有自己的活动与成长环境而不必照搬外国货。

如何建设省钱的幼稚园？首先要打破对外国迷信的固有思维，并训练本土的师资力量。陶行知先生认为，一村一地之中必然会有一些天资聪明、极富同情心的妇女，因此可以对这些人进行一定的训练，从而来让她们担任乡村幼稚园的教师。如此一来，一方面可以降低师资等各方面的成本，另一方面也可以为这些人找到工作的出路，同样是一举两得。甚至对于这些妇女的人选，陶先生也给出了相当具体的范围：“这些妇女中最可有贡献而应最先训练的无过于乡村教员校长之夫人、姊妹及年长的女学生。”

再次，教具玩具不购外国货当从何而来？他提出可以借助小学手工科以及本地工匠的力量，仿制这些教具与玩具，便可大大降低成本。而随着幼稚园越来越省钱，塑造了一个中国化的环境后，门槛也就降低，自然成了平民的幼稚园。但陶行知先生的思考不止于此：一个真正的幼稚园是否平民化，关键在于是否真正适合平民的需要。因此，在经考察实践后，最终得出了乡村幼稚园是农民普遍需求的结论。

关于幼稚教育的普及，陶行知先生在《如何使幼稚教育普及?》文中也进行了论述。除了创办更省钱的幼稚园，陶先生还提出要改变态度。文中提到“一般人的态度总以小孩子的教育不关重要；早学一两年，或迟学一两年，没有多大关系。我们很漠视小孩子的需要、能力、兴味、情感。……我们要想提倡幼稚园必须根本化除这种漠视小孩子的态度。我们必须唤醒国人明白幼年的生活是最重要的生活，幼年的教育是最重要的教育”，且如此重要教育的普及也要打破“富贵人家的孩子是好孩子，贫苦人家的孩子是坏孩子”的成见，更要打破幼稚园作为“富贵太太们打麻将时用之临时托儿所”高高在上的地位，“应当把整个的幼稚园献给全社会的儿童”。

至于教师的训练，这也是一个很大的问题。陶行知先生认为最合适的方式是徒弟制度，“我看三百六十行，行行有徒弟，行行有普及。木匠到处都有，他们是怎样办到这个地步的？徒弟制”。但徒弟制也存在缺陷，因此要对其进行改造，使其适应幼稚园的普及模式。因此为推行徒弟制度，陶行知先生进行了大量的实践与尝试。此上种种可以看出，陶行知先生的伟大之处在于他的心中时刻装有最广大的劳动人民，时刻为推行普及的教育思考与实践，是一位伟大的人民教育家。

三、名篇赏析

《评陈著之〈家庭教育〉——愿与天下父母共读之》赏析

家庭教育是许多家长非常关心的问题，古今中外莫不如是。在一百多年前，一些有识之士意识到教育的重要性，便投入到教育书籍的编写工作中。在文中提到《家庭教育》这本书是东南大学教育学专业所出丛书之一本，陶行知先生称其为“系近今中国出版教育专书中最有价值之著作”。该书中小孩子“从醒到睡，从笑到哭，从吃到撒，从健康到生病，从待人到接物的种种问题，都得了很充分的讨论”，可以看出当时的教育家们非常关注儿童的教育。在他们看来，儿童是中国的未来，儿童如何教育，未来的中国便是如何。此外作者们也提出了非常具体的案例与方法，使教育有相当的可操作性，非常有阅读价值和指导意义。此书素材主要来自作者陈著之的儿子一鸣，陶行知先生也说该书可以作《一鸣之教育》看。我们可以看到其中提到一个案例深受陶行知先生赞赏。

今天（十三年四月十八日）下午我手里拿着一只照相机，叫我的妻子把我们的女儿秀雅放在摇椅里，预备要替她拍照的时候，一鸣就捷足先登，爬到椅子里去，也要我替他拍照。我再三劝告他，他总不肯。后来我笑嘻嘻的对他说："一鸣！你听着！我叫一、二、三；我叫'三'的时候你就爬出来，爬得愈快愈好。"他看见我同他玩，也很高兴的答应我。歇了一歇，我就一、二、三的叫起来，说到"二"的时候，他一只足踏在椅子的坐板上，两只手挨在椅子边上，目光闪闪的朝我看着，等我说到"三"的时候，他就一跃而出，以显出他敏捷的样子。

这实在是一次精彩的教育示范。男孩在小时候的"调皮捣蛋"是很多家长头疼的问题，但陈先生以游戏的方式进行了教育，可以说是艺术化的教育方式。在小女儿即将拍照的时候，位置却被儿子占了去，若是平常家长，免不了一顿呵斥，而呵斥恐怕也不能有效解决问题，反而徒增许多麻烦。而陈先生准确抓住了儿子的心理：男孩所谓的"捣乱"有时并不是有意而为之，而是一种探险心态的游戏，一种对新奇事物的探索。既然是游戏，便以游戏引导——我们换一个更有趣的游戏。"一、二、三"一声令下，男孩的好胜心便被激发起来，早早准备好，以最快的速度离开椅子，以展示他敏捷的身段。这次教育完美地避开了家长与孩子之间的矛盾，高效地达成了预设的目标，这一切都源于对特定教育对象心理的准确把握。

因此，陶行知先生认为，家长若是不会教育，孩子便少不了每日的哭声，"醒了要哭，吃奶要哭，穿衣服要哭，换尿布要哭，洗脸要哭，拭鼻涕要哭，看见生人要哭……"总之这样的家庭不会幸福。而若是有了这本书，陶行知先生认为，孩子会有更多笑声，父母也可以少受些烦恼，家庭便也就幸福了。

而如今的社会中，家庭教育的重要性实在是不言而喻，大家两两相聚，不免会谈起家庭教育。大部分父母不是放任自流，便是过度呵护。一些人常常忘了孩子即便是父母的孩子，也是一个独立的个体，有着自己的想法与行动；相反，也有很多父母同样也忘了孩子即便是独立的个体，也毕竟是一个不成熟的个体，需要家庭的引导与教育。这其中的平衡点往往在每个家庭每个个体上都有很大不同，受到相当多先天与后天因素的影响，相当难以把握。所以好的父母必然也是好的教育家，家庭教育也自然是一个永恒的话题，而陶行知先生为我们提供了很好的范例。

《〈行是知之始〉〈在劳力上劳心〉》赏析

认知和实践的关系是陶行知先生非常关心的话题，从其改名便可看出，而在本书中，他在《行是知之始》和《在劳力上劳心》等篇中进行了理论的阐述。首先从小孩的现象出发，“他起初必定是烫了手了才知道火是热的；冰了手才知道雪是冷的；……太阳地里晒过几回，厨房里烧饭时去过几次，夏天的生活尝过几回，才知道抽象的热。雪菩萨做过几次，霜风吹过几次，冰淇淋吃过几杯，才知道抽象的冷。……才烫了手又冰了脸，那末，冷与热更能知道明白了。……凡此种种，我们都看得清楚行是知之始，知是行之成”。

如此现象证明了阳明先生所说“知是行之始，行是知之成”是存在问题的，而陶行知先生认为有了实践和感受，才会有认识和思考，“富兰克林放了风筝，才知道电气可以由一根线从天空引到地下”，科学发明的实践也证明着“行是知之始，知是行之成”。

陶先生还提到《墨辩》中提到三种智识：亲知、闻知和说知。亲知指的是亲身得来的智识，闻知是从他人处获得的智识，而说知是推想出来的智识。在学校当中所学的基本都属于闻知一类，所以亲知和说知往往被人所忽略，但事实上，所有的智识都来自亲知这一源头，所以“行”是为智识之根本。为了说明其中关系，陶行知先生举了一个例子。他提到，若是对一群毫无机器工厂劳动经验的青年演讲八小时工作的道理，效果无异于耳旁风。为何会如此？因为这些人没有实际的工厂工作经验，就无法对八小时工作形成概念。所以他进一步提到，若是其中有一个人曾在上海纱厂工作过，对八小时制度就会有深入的理解。有人说这是费力的事情，为了这个制度而亲身去工厂工作，陶行知先生却认为“天下最经济的事无过这种亲知之取得”，获得这种亲知，“无异于取得近代政治经济问题的钥匙”。

在如此行与知的思维逻辑上，陶行知先生提出了“在劳力上劳心”的主张。他认为世界上有四种人：一种是劳心的人；一种是劳力的人；一种是劳心兼劳力的人；一种是在劳力上劳心的人。一般社会当中，往往出现劳心的人专门在心上做工夫，而劳力的人只管闷起头来干，出现了“劳心者治人，劳力者治于人”的情况。在此社会分层下，劳力者不思考便不能创新，劳心者不实践，其思想就会玄之又玄，越来越空洞，两者的分家便会阻碍社会的进步，所以两者不能分割。

在此基础之上，陶行知先生认为两者的并重是存在先后的，要在劳力的基础上劳心。在劳力上劳心，能用心思去指挥力量，明了对象之变化，如此便能“改造世界，叫世界变色”。“事事在劳力上劳心便可得事物之真理。人人在劳力上劳心便可无废人，便可无阶级。……我们必须把人间的劳心者、劳力者、劳力兼劳心者一齐化为在劳力上劳心的人，然后万物之真理都可一一探获，人间之阶级都可一一化除，而我们理想之极乐世界乃有实现之可能。”而这种引导教育之功夫，“这个担子是要教师挑的”。可以看出来，陶行知先生对“行”与“知”的关系的探讨是非常深入的，这也是他“教学做合一”、生活教育等理论的基础。

《“伪智识”阶级》赏析

“伪智识”概念的探讨是在关于陶行知的众多的教育研究理论中属于比较冷门的方面，但于个人看来，这是其教育理论中最为精彩的一部分论述之一，综合了其思想之大成，具有相当深邃的特点，极具有研究和思考价值，对现代社会方方面面都具有借鉴意义。

随着俄国革命的爆发，"智识阶级"受到了当时人们的注意。自1915年该词从国外传入国内以来，其含义不断被中国的研究者们重新解读，构成了其复杂的内涵，并不断流变。但本文中我们不做过多解读，仅讨论陶行知先生的一些观点和想法。

首先陶先生区别了"智慧"与"智识"，"智慧是生成的；智识是学来的"，"说话的能力是生成的，属于智慧；说中国话、日本话、柏林话……便是学成的，属于智识"。人与人的智慧有一定的差别，但不是鸿沟式的，陶行知先生将人以身高排队，"从矮子看到长子，只见各人也是渐渐的一个比一个长。在寻常状态之下，我们找不出一大群的长子，叫做长子阶级，也找不出一大群的矮子，叫矮子阶级。……智慧只有渐渐的差别，没有对垒的阶级"。如此一来便无所谓之阶级。

其次便是智识的真伪问题。且谈真智识。真智识源于经验，根本在于智慧，智慧是渐变的没有阶级，智识便也是渐变的没有阶级，"倘使要把三百六十行的上智联合起来，称为智识阶级，再把三百六十行的下愚联合起来，称为无智识阶级，那就是一件很勉强很不自然的事了"。真智识没有阶级，但伪智识却有阶级！何为伪智识？"不是从经验里发生来的智识便是伪智识。""倘若对于某种智识，自己的经验上无根可找，那末，无论如何勉强，也是接不活的。""倘自己对于冷热的经验丝毫没有，那末，这些智识，虽是学而时习之，背得熟透了，也是于他无关的伪智识。"但不得不承认，智识往往是以书面文字的形式出现的，那么哪些是真智识，哪些是伪智识呢？陶行知先生以钞票为例，经验比如准备金，文字比如钞票，钞票是准备金的代表，文字便是经验的代表。"学者不愿自欺欺人，必得根据经验去发表文字。文字是不可滥写的。滥发钞票，钞票便不值钱。滥写文字，文字也不值钱。"

在进行准确的定义后，在此基础上的逻辑推理便开始了，论述也愈来愈精彩。陶行知认为，古代的圣贤如老子、孔子、孟子、庄子、墨子等，都能根据自己的经验发表文字。而到了两宋以后，八股文发展到了极点，全国人便借着“四书”“五经”开始滥发钞票了，至此中国的智识真正濒于破产了，剩下横行的便是有毒的伪智识了。那么泛滥的伪智识为何能够流行呢？

陶行知先生的推论更为大胆，“伪智识”阶级能够形成是有人在背后推波助澜，而这个人正是封建时代的统治者——皇帝。统治者为什么要塑造如此一个伪智识阶级呢？原因无非是为了统治的稳定。社会中必然会有许许多多的聪明人，在集权体制下这样的人在统治集团以外，长久以后必然会对统治产生动摇，那么统治者便要设计一个制度，把这些聪明人收入袋中，而要做的就是让他们“离开真智识而去取伪智识”。为了做到这一点，具体做法便是把科举稍加改造，吸引大批的聪明人把精力放在考取功名获得荣华富贵的希望上。而以往的智识还有一点真，随着八股取士的开展，“全国士人三更灯火五更鸡去钻取的智识乃是彻底不值钱的伪智识了”。

伪智识阶级的形成对于旧社会的统治有好处，但若是遇到外来的力量，发生了国与国的竞争，伪智识需要接受真智识的挑战，此无异于以卵击石。一次次战争的失败，统治者才知道伪智识靠不住，便要废八股，兴学堂，便要变法改革。但历史的惯性已经形成，整个伪智识阶级已经相当庞大，最后的改革结果便是产生了一批“洋秀才、洋贡生、洋举人、洋进士、洋翰林、洋状元”——换汤不换药罢了。最后这些名目也要废除，便只得说学士等于秀才，硕士等于举人，博士等于翰林等。陶行知先生高呼：“真正的科学家在哪里？青年的学子！书本的科学是洋版的八股，在讲堂上高谈阔论的科学客，与童蒙馆的冬烘先生是同胞兄弟，别给他们骗走了啊！”

陶行知先生在本文的最后郑重说道：“二十世纪以后的世界属于努力

探获真智识的民族。凡是崇拜伪智识的民族都要渐就衰弱以至于灭亡。……东西两半球上面也没有中华书呆国的立足点。……伪智识是流沙，千万不可在它上面流连忘返。早一点觉悟，便是早一点离开死路。也就是早一点走向生路。……凡事手到心到——在劳力上劳心——便是骑着千里驹在生路上飞跑了。”

（浙江省衢州市第二中学　林颂雨）